Manfred Sader, Hannelore Weber
Psychologie der Persönlichkeit

Grundlagentexte Psychologie

Herausgegeben von
Manfred Sader

Manfred Sader, Hannelore Weber

Psychologie
der Persönlichkeit

2. Auflage 2000

Juventa Verlag Weinheim und München

Die AutorInnen

Manfred Sader ist Professor emeritus für Psychologie an der Westfälischen Wilhelms-Universität Münster. Er war dort von 1968 bis 1984 Direktor des Psychologischen Instituts. Seine Hauptarbeitsgebiete liegen in den Bereichen der Persönlichkeits- und Sozialpsychologie.

Hannelore Weber, Jg. 1955, Dr. phil., ist Professorin für Differentielle und Persönlichkeitspsychologie/Psychologische Diagnostik an der Ernst-Moritz-Arndt-Universität Greifswald.

Die Deutsche Bibliothek - CIP-Einheitsaufnahme

Ein Titeldatensatz für diese Publikation ist bei
Der Deutschen Bibliothek erhältlich.

© 1980 Juventa Verlag München
© 1996 Juventa Verlag Weinheim und München
Umschlaggestaltung: Atelier Warminski, 63654 Büdingen
Umschlagabbildung: A. R. Penck, Jule und Anna, II. Zustand 1986
Printed in Germany

ISBN 3-7799-0318-0

Vorwort

Das vorliegende Buch ist eine völlige Neubearbeitung der „Psychologie der Persönlichkeit" von Sader (1980). Während sich Inhalt und Aufbau weitgehend geändert haben, sind einige Grundideen für die Konzeption einer Einführung in die Persönlichkeitspsychologie konstant geblieben, und auf diese wollen wir kurz eingehen. Die vielen Veränderungen gehen aus der Lektüre des Buches hervor.

Was ist geblieben? Nun, geblieben ist zum ersten die Erkenntnis, daß es ohne eine radikale Selektion der Themen nicht geht, wenn man ein einigermaßen handliches Buch schreiben will. Dagegen ist im Prinzip auch nichts einzuwenden, aber es ist nur fair, von vornherein mitzuteilen, nach welchen Kriterien die Auswahl getroffen wurde. Wir haben uns für zwei Kriterien entschieden. Kriterium Nr. 1 sind unsere persönlichen Vorlieben: Wir haben Themen ausgewählt, die wir für besonders wichtig, nützlich, spannend, anregend und fruchtbar halten. Dieser subjektiven Auswahl haben wir jedoch die für einen Lehrbuchtext notwendigen Grenzen gesetzt, indem wir uns bemüht haben (Kriterium Nr. 2), die in der aktuellen und zum Teil auch vergangenen Persönlichkeitspsychologie vieldiskutierten Konzepte und Ideen zumindest im Ansatz zu präsentieren. Wie schnell die Darstellung veraltet sein wird, können wir nicht abschätzen, aber wir haben eine Reihe von klassischen Themen ausgewählt, die die Zeit sicherlich überstehen werden.

Wir werden insgesamt sechs grundlegende Versuche darstellen, den Gegenstandsbereich „Persönlichkeit" zu strukturieren. Jeder der von uns so genannten „Strukturierungsversuche", hinter denen sich entweder einzelne Theorien oder ganze Theoriengruppen verbergen, zeichnet sich durch ein oder zwei Leitkonzepte aus, mit denen aus Sicht der jeweiligen Theorien Struktur und Dynamik der menschlichen Persönlichkeit gewinnbringend beschrieben werden können: Persönliche Konstrukte, Attribuierungen und Attributionsstile, Eigenschaften, Ziele und Strategien, Selbstkonzept und Selbstschemata, Triebe und Abwehr. Die einzelnen Ansätze müssen wir notwendigerweise in einer gedrängten Form vorstellen, und wir sind uns bewußt, daß diese Einführung allenfalls so weit hilft, daß einigermaßen begründet entschieden werden kann, ob man sich mit den jeweiligen Ansätzen gründlicher auseinandersetzen will.

Das Ergebnis ist ein relativ dünnes Buch, das, so hoffen wir, die gebotene Vielfalt mit subjektiven Akzent- und Schwerpunktsetzungen vereint. Geschrieben wurde es mit viel Liebe zum Fachgebiet selbst. Die Persönlichkeitspsychologie hat in den vergangenen Jahrzehnten nicht immer die Beachtung gefunden, die sie verdient. Aber sie ist im Aufwind, und den wünschen wir ihr.

Fulda und Greifswald, im April 1995
Manfred Sader und Hannelore Weber

Inhalt

0. Einführung
Was ist Persönlichkeitspsychologie?

Theorien sind gewöhnlich Übereilungen eines ungeduldigen Verstandes, der die Phänomene gern los sein möchte und an ihrer Stelle deswegen Bilder, Begriffe, ja oft nur Worte einschiebt. (Goethe)

Es ist ein üblicher Einstieg in einen einführenden Text in die Persönlichkeitspsychologie, auf den (bedauerlichen) Umstand hinzuweisen, daß es keine Übereinstimmung hinsichtlich der Definition und der Bereichsabgrenzung dessen gibt, was wir *Persönlichkeit* nennen sollten. Bisweilen wird als Beleg eine Reihe von Definitionen unterschiedlichster Reichweite und Präzision aufgezählt; hier läßt sich gut auf Allport (1937/1949) verweisen, der über fünfzig verschiedene Verwendungsweisen des Begriffs „Persönlichkeit" zusammenstellt hat. Daß dieser „geradezu chaotische" (Herrmann, 1991, S. 23) Wortgebrauch auch heute noch nicht überwunden ist, zeigt die vergleichende Lektüre von Lehrbüchern und den dort angebotenen Definitionen von Persönlichkeit. Es gibt eine unterschiedliche *Weite* in den Definitionen, es gibt unterschiedliche *Akzentsetzungen*, und es gibt schließlich eine unterschiedliche *Präzision* in der Festlegung, was der einzelne Autor unter Persönlichkeit und Persönlichkeitspsychologie verstehen möchte.

Bei dieser Sachlage ist es unvermeidlich, aber wohl auch nützlich, mit einigen Überlegungen darüber zu beginnen, wie diese Uneinigkeit begründet ist, und wie wir uns verhalten sollten, wenn wir uns mit Persönlichkeit und Persönlichkeitspsychologie auseinandersetzen wollen: Mutig eine eigene Definition wählen? Die häufigste Definition durch Auszählung ermitteln und verwenden? Die des renommiertesten Autors auswählen? Die des eigenen wissenschaftlichen Lehrers oder Lehrerin benutzen? Auf Definitionen ganz verzichten?

Zur Definition von Persönlichkeit

Beginnen wir bei möglichen Wortbedeutungen des Begriffs Persönlichkeit. In der Umgangssprache finden wir zwei grob unterscheidbare Arten der Begriffsverwendung; der Begriff kann *bewertend* (evaluativ), und er

9

kann *beschreibend* (deskriptiv) gebraucht werden. Die bewertende Verwendung des Begriffs Persönlichkeit ist in der Alltagssprache und im Alltagsdenken häufig und führt zu Aussagen wie: „Frau O. ist eine starke Persönlichkeit" oder „Herr P. hat keine Persönlichkeit". Jemandem zuzuschreiben, eine Persönlichkeit zu sein oder eine Persönlichkeit zu haben, ist als Auszeichnung gedacht; sie soll einem Menschen beispielsweise bescheinigen, daß er oder sie

— einen nachhaltigen Eindruck hinterläßt,
— einen hohen Prestigewert besitzt,
— eine besondere Rolle spielt,
— durchsetzungsfähig ist.

Die bewertende Zuerkennung oder Aberkennung des Prädikats „Persönlichkeit" ist nicht — oder nur sehr am Rande — Gegenstand der Persönlichkeitspsychologie; es wird hier weder diskutiert, wie man eine „Persönlichkeit" wird, noch, wie man „Persönlichkeiten" von anderen Leuten unterscheidet. In der Persönlichkeitspsychologie wird der Begriff der Persönlichkeit nicht bewertend, sondern durchweg *beschreibend* verwendet.

Bei einer beschreibenden Verwendung des Persönlichkeitsbegriffs kann man zum ersten eine unterschiedliche *Weite* oder einen mehr oder weniger großen Begriffsumfang unterscheiden: Man kann Persönlichkeit den *engen* Bereich dessen nennen, was bei uns früher „Charakter" hieß und sich damit gewissermaßen auf den inneren personalen Kern des Individuums beschränken: Ihre Aufrichtigkeit, ihr moralisches Engagement, ihre inneren menschlichen Werte rechne ich dann zur Persönlichkeit; ihre Fähigkeiten und Leistungsbereitschaften hingegen nicht; daß sie stenografieren kann oder gut Volleyball spielt, hat nichts mit ihrer Persönlichkeit zu tun. Bei einer *weiten* Fassung würde hingegen alles unter Persönlichkeit subsumiert werden, was uns gestattet, Menschen *voneinander zu unterscheiden*, und das kann durchaus die Begeisterung für Volleyball sein. Soweit in der Umgangssprache überhaupt die rein beschreibende Auffassung von Persönlichkeit üblich ist, wird dabei zumeist die enge Fassung benutzt. In der wissenschaftlichen Persönlichkeitspsychologie hingegen findet die *weite* Fassung mehr Anklang, wie sie beispielsweise in der Umschreibung des amerikanischen Psychologen Guilford (1964) zum Ausdruck kommt: „Die Persönlichkeit eines Individuums ist seine einzigartige Struktur von Persönlichkeitszügen (traits). Ein Trait ist jeder abstrahierbare und relativ konstante Persönlichkeitszug, hinsichtlich dessen eine Person von anderen Personen unterscheidbar ist" (S. 6).

Zum zweiten werden in den Definitionen von Persönlichkeit unterschiedliche *Akzentsetzungen* erkennbar. Einige Autoren betonen in ihrem Verständnis von Persönlichkeit deren Einzigartigkeit, andere ihre Beständigkeit, wieder andere ihre Veränderbarkeit und den Prozeßcharakter ihrer Entwicklung, noch einmal andere das Moment der Integration einzelner Merkmale zu einer kohärenten Struktur. Solche Akzent-setzungen variieren mit zeitgenössischen Vorlieben und ideologischen Traditionen. So führt Herrmann (1991) aus, wie Unterschiede in den Schwerpunktsetzungen auf unterschiedliche philosophische Grundan-schauungen zurückgeführt werden können. Im Anschluß an Allport un-terscheidet er zwischen *angelsächsischen* Theorien, die das konkrete Ver-halten und die relative Modifizierbarkeit der Persönlichkeit betonen, und *kontinentalen* Theorien, die ihren Schwerpunkt bei inneren Anlagen und relativer struktureller Festigkeit setzen. Während die ersteren auf John Locke zurückgeführt werden, stehen die kontinentalen Theorien eher in der Tradition von Leibniz und Kant.

Bei der gegebenen Vielfalt an Definitionen erscheint es unzweckmäßig, sich vorab und generell für eine der möglichen zu entscheiden. For-schungsstrategisch nützlicher ist es, und hier folgen wir vielen anderen Autoren, sich auf eine *Minimaldefinition* zu beschränken und die nähere Festlegung in der jeweils konkreten Forschungsarbeit vorzunehmen. Wir übernehmen dabei die Minimaldefinition, die Herrmann (1991, S. 29) als ein Kondensat aus vorliegenden Definitionen vorgeschlagen hat: *„Persönlichkeit ... als ein bei jedem Menschen einzigartiges, relativ stabiles und den Zeitablauf überdauerndes Verhaltenskorrelat."* Eine solche Mini-maldefinition legt einiges fest, und sie läßt einiges offen.

Die Definition legt fest,
— daß Persönlichkeit nicht einfach als das Gesamt des Verhaltens gesehen wird, sondern als Ordnung oder Abstraktion des konkreten Verhaltens („Kor-relat"), ohne hier jedoch nähere erkenntnistheoretische Zusammenhänge zu postulieren,
— daß Gegenstand der Persönlichkeitsforschung nur relativ konstante, über-dauernde Merkmale oder Züge sein sollten,
— daß jeder Mensch einzigartig ist.

Die Definition läßt offen,
— wie eng oder weit der Rahmen dessen gesteckt werden soll, was der Persön-lichkeit des Einzelnen zuzurechnen ist,
— welche inhaltlichen Schwerpunkte gesetzt werden sollen,
— in welchem Ausmaß und in welcher Richtung das persönlichkeitspsycholo-gische Begriffssystem durch weltanschauliche und erkenntnistheoretische Vorannahmen geprägt und mitbestimmt werden soll.

Zum Verständnis von Persönlichkeitspsychologie

Versucht man nun, Persönlichkeitspsychologie im Sinne der Minimalde-finition einfach als den Wissenschaftsbereich zu kennzeichnen, in dem es um die Erforschung eben jener „bei jedem Menschen einzigartigen, relativ stabilen und den Zeitablauf überdauernden Verhaltenskorrelate" geht, so geraten wir in Schwierigkeiten. Persönlichkeitspsychologie läßt sich durch eine solche Bestimmung ihres Gegenstandes nicht befriedigend von anderen Teilbereichen der Psychologie abgrenzen. Auch andere Teildisziplinen der Psychologie befassen sich mit überdauernden Verhaltenskorrelaten (und damit mit Persönlichkeit), so etwa die Entwicklungspsychologie, Teile der Allgemeinen Psychologie, der Psychologischen Diagnostik, wesentliche Teile der Angewandten Psychologie. Wie soll die Persönlichkeitspsychologie da ihr eigenes, „persönliches" Profil gewinnen, wenn sie es über den Begriff der Persönlichkeit nicht schafft? Sie gehört offenbar nicht zu jenen glücklichen Fachgebieten, denen Identitätsprobleme erspart bleiben, da sie bereits durch die Benennung ihres Gegenstandes von Nachbarfächern leidlich abgegrenzt werden können, z.b. Sinologie, Kernphysik oder Dermatologie. Für eine einigermaßen brauchbare Abgrenzung der Persönlichkeitspsychologie sind dagegen außer dem Gegenstand „Persönlichkeit" noch weitere Bestimmungsstücke erforderlich. Wir ergänzen daher: Persönlichkeitspsychologie, und hier haben wir vor allem die *Theorien* der Persönlichkeit vor Augen, befaßt sich *nach wissenschaftlichen Regeln global, integrativ* und *der unmittelbaren Anwendung logisch vorgeordnet* mit menschlichem Erleben und Verhalten. Das klingt umständlich und kompliziert, aber es ist ein Versuch, die nicht ganz klare und manchmal uneindeutige Praxis der Einteilung zu beschreiben. Sehen wir uns die einzelnen Bestimmungsstücke näher an:

1. Der Hinweis „nach wissenschaftlichen Regeln" versteht sich im Grunde von selbst, handelt es sich bei der Persönlichkeitspsychologie doch um eine Wissenschaft; die Hervorhebung soll vor allem dazu dienen, wissenschaftliche Persönlichkeitspsychologie von *Alltags- oder Laientheorien* abzugrenzen. Denn im Alltag gebärden wir uns ständig als Persönlichkeitspsychologen, wir arbeiten mit Annahmen und Theorien darüber, wie andere sich verhalten werden, was für ein Mensch sie sind, was wir von ihnen zu erwarten haben. Von *wissenschaftlicher* Persönlichkeitspsychologie sprechen wir im Unterschied zu diesen Laienkonzepten dann, wenn bei der Erarbeitung und Bewertung von Theorien bestimmte *formale Kriterien* eingehalten werden, denn von ihren *Inhalten* her unterscheiden sich Laientheorien und wissenschaftliche Theorien nicht unbedingt (vgl. dazu Schneewind, 1992). Wichtige formale Kriterien, die wissenschaftliche Aussagensysteme kennzeichnen und von den Alltagstheorien trennen, sind beispielsweise logische Konsistenz und Widerspruchsfreiheit, Präzision und Eindeutigkeit, empirische Prüfbarkeit (vgl. dazu Breuer, 1989; Groeben & Westmeyer, 1975).

2. *Global* meint umfassend, auf den ganzen Menschen bezogen: Persönlichkeitstheorien haben es nicht mit Gedächtnis, mit Farbensehen und mit Leistungsmotivation an sich zu tun, solche Teilbereiche spielen allenfalls im Rahmen einer Gesamtsicht der menschlichen Persönlichkeit eine Rolle, einer Einordnung in übergreifende Bezüge. Unter diesem Aspekt wird gelegentlich auch die *Ganzheitlichkeit* als Kriterium für Persönlichkeitstheorien in Abhebung von anderen psychologischen Theo-

rien herangezogen. Da die Forderung nach „Ganzheitlichkeit" in der Psychologie aber schon lange zum vieldeutigen und verschwommenen Schlagwort degeneriert ist, ist die Bezeichnung *global* unvorgreiflicher.

Wenn man den Begriff der Ganzheitlichkeit im Rahmen solcher theoretischer Diskussionen der Persönlichkeitspsychologie überhaupt verwenden wollte, dann sollte man zumindest vier verschiedene Akzentsetzungen voneinander trennen:

– Ganzheitlichkeit als Forderung nach *Bereichserweiterung*: Nicht das einzelne Persönlichkeitsmerkmal, sondern das Merkmal im Kontext der gesamten Persönlickeit sehen; nicht das Verhalten eines Menschen isoliert, sondern das Verhalten im Kontext seiner Lebenswelt und seiner Biographie sehen.

– Ganzheitlichkeit als Behauptung oder Unterstellung eines *nicht-summativen Zueinanders der Teilgegebenheiten*: Das Ganze ist mehr bzw. anderes als die Summe der Teile.

– Ganzheitlichkeit als Behauptung oder Unterstellung des *Vorranges des Ganzen vor den Teilen*, etwa im Sinne der Leipziger Schule der genetischen Ganzheitspsychologie.

– Ganzheitlichkeit als Thematisierung der *formalen Gesetze der Zusammenhangsbildung und Untergliederung* vor oder anstelle inhaltlicher Thematisierungen (z.B. Gestaltgesetze).

Wenn in der Psychologie von Ganzheit, von Gestalt, von der Notwendigkeit einer ganzheitlichen Sicht die Rede ist, wird meist nur der erste dieser Gesichtspunkte gemeint; die Forschungssubstanz der Gestalttheorie betrifft aber vor allem den vierten Punkt (Koffka, 1935; Metzger, 1975a, 1975b).

3. *Integrativ* meint den Bezug von einzelnen Elementen, Aussagen, Daten oder Begriffen untereinander. Es ist für Persönlichkeitstheorien charakteristisch, daß zwar auf der einen Seite grundlegende Analyseeinheiten konzipiert werden, in die die menschliche Persönlichkeit zerlegt wird (z.B. Eigenschaften, Triebe, Motive, Kompetenzen); diese Teilelemente werden aber in einer dynamischen Gesamtordnung, in einer Struktur befindlich gedacht.

4. *Der unmittelbaren Anwendung logisch vorgeordnet* sind Persönlichkeitstheorien insofern, als persönlichkeitstheoretische Festlegungen und Vorentscheidungen das Handeln in jedem Gegenstandsbereich der Psychologie implizit oder explizit mitdefinieren. Da sich die Psychologie als Wissenschaft vom menschlichen Erleben und Verhalten versteht, spielen Annahmen über die Struktur und Funktionsweise der menschlichen Persönlichkeit letztlich bei allen psychologischen Fragestellungen eine Rolle, und damit haben Persönlichkeitstheorien *Grundlagenfunktion*. Die auf *konkrete Inhalte* bezogene Diskussion des psychologischen Handelns gehört dagegen üblicherweise in den Bereich der psychologischen Einzeldisziplinen, wie beispielsweise der Verkehrspsychologie, der Betriebspsychologie oder der Forensischen Psychologie.

Die Begriffsklärung ist mit der Minimaldefinition und den sie ergänzenden vier Bestimmungsstücken noch nicht ganz beendet, denn innerhalb des Fächerkanons der Psychologie erscheint das Fach gegenwärtig zumeist unter einem Doppelnamen, nämlich als „Differentielle und Persönlichkeitspsychologie", und das stiftet zusätzliche Verwirrung. Zwar herrscht auch hier in den Definitionen kein völliger Konsens, aber im allgemeinen stehen die beiden Begriffe für unterschiedliche Akzentsetzungen oder Arbeitsschwerpunkte. Die *Differentielle Psychologie* nimmt sich, wie der Begriff schon besagt, vor allem der interindividuellen *Unterschiede* an; sie identifiziert die Dimensionen, nach denen Menschen bzw. Gruppen von Menschen unterschieden werden können, verfolgt die Ursachen für Unterschiede und setzt sie zueinander und zu anderen Inhaltsbereichen in Beziehung (siehe Amelang & Bartussek, 1990, als Beispiel für ein Lehrbuch, das sich vor allem der Differentiellen Psychologie widmet). Für die *Persönlichkeitspsychologie* gelten hingegen in erster Linie die Bestimmungsstücke zwei bis vier; sie betont die Momente der Globalität, der Integration und der der Anwendung vorgeschalteten Reflexion und Modellbildung. Die Trennung in Differentielle und Persönlichkeitspsychologie wird nicht von allen Autoren mitvollzogen, und es ist auch ziemlich mühsam, stets den Doppelnamen zu verwenden. Wir sprechen in diesem Einführungsband nur von „Persönlichkeitspsychologie", meinen damit allerdings das *gesamte* Gebiet, die Herausarbeitung interindividueller Unterschiede ebenso wie den Entwurf von Strukturmodellen der Persönlichkeit. Wir beschränken uns nicht aus strategischen Gründen auf einen Begriff, sondern lediglich aus Gründen der Bequemlichkeit: es ist einfach kürzer.

0.1 Aufgaben und Funktionen der Persönlichkeitspsychologie

Aussagen über den Menschen haben von jeher das Interesse vieler gefunden. Seit es geschriebene Literatur gibt, sind Fragen nach dem Menschen, nach der Beschreibung und Bewertung menschlichen Verhaltens bevorzugte Themen. Dabei schien es weder erforderlich gewesen zu sein noch war es üblich, den *Zweck* solcher Reflexionen ausdrücklich zum Thema zu machen. Geschieht es dennoch, so bleiben die Autoren zumeist ganz im Allgemeinen stecken: Vertiefung des Selbstverständnisses, Bestimmung des eigenen Standortes, Nützlichkeit für die eigene geistige Entwicklung. Diese Haltung setzt sich auch weit in die wissenschaftliche Charakterkunde hinein fort. Weder Klages (1872-1956) noch Lersch (1898-1972) oder Wellek (1904-1972) bemühten sich, ihre Leserschaft eingangs davon zu überzeugen, daß es für irgend jemanden wichtig oder gar unerläßlich sei, was sie über psychologische Typologie, über Schichten des Seelischen oder über charakterologische Unterschiede zwischen den Menschen anzubieten haben.

Auch die Autoren von Lehrbüchern der Persönlichkeitspsychologie werden hier zumeist nicht viel konkreter. Im allgemeinen tun sich Lehrbuchautoren leichter, Sinn und Zweck der Persönlichkeitstheorien zu definieren statt für Sinn und Zweck ihrer Disziplin als solche zu werben. Pervin (1993) beispielsweise beschreibt zwar ausführlich Inhalt und Aufgaben von Persönlichkeitstheorien, er geht aber nur wenig auf die Frage ein, wozu man sich überhaupt mit Persönlichkeitspsychologie auseinandersetzen sollte. Im Vorwort zu seinem Lehrbuch beschreibt er allerdings den „Gewinn", den Studierende seiner Überzeugung nach aus der Lektüre seines Buches ziehen werden, und da heißt es für einen Lehrbuchtext einigermaßen unerwartet: „Es geht um eine Würdigung des Geheimnisses der Menschen und der Bemühungen der Psychologen, dieses Geheimnis zu ergründen. . ." (S. 12). An dieser Aussage ist vor allem der Begriff des Geheimnisses bemerkenswert. Damit wird nicht nur die erkenntnistheoretische Position einer zu erkennenden oder zu „ergründenden" Realität nachdrücklich betont (dazu später mehr), sondern der Realität wird auch ein Rest an Unerkennbarkeit und Unergründbarkeit zugestanden. Im allgemeinen schrecken zeitgenössische akademische Psychologen vor einem solch mystischen Verständnis der menschlichen Persönlichkeit eher zurück; vielleicht behält Pervin diese Aussage daher auch dem Vorwort vor.

Im engeren Sinn definieren sich Sinn und Zweck der Persönlichkeitpsychologie über die Aufgaben, die ihr gemeinhin zugeschrieben werden. Folgt man vorliegenden Lehrbüchern, sind es deren vier, auf die sich die meisten Fachvertreter und Fachvertreterinnen verständigen können (hier in der Zusammenstellung nach Schneewind, 1992):

1. *Beschreibung:* Es sollen Beschreibungssysteme für viele oder alle Einzelnen erstellt werden.

2. *Erklärung:* Es soll die mit Hilfe der Beschreibungssysteme erfaßbare Unterschiedlichkeit zwischen Einzelnen theoretisch erklärt werden.

3. *Vorhersage:* Es sollen Aussagen gemacht werden über Möglichkeiten und Grundlagen für Prognosen hinsichtlich des Erlebens und Verhaltens von Einzelnen.

4. *Veränderung:* Es sollen Grundlagen bereitgestellt werden für Veränderungen im Erleben und Verhalten von Einzelnen, die von Psychologen aktiv herbeigeführt werden, also nicht Ergebnis unabhängig sich vollziehender Entwicklungsprozesse sind.

Die vier Aufgaben klingen in der Form ziemlich abstrakt, und sie sind vielleicht nicht sehr motivierend, wenn man von dem vierten Punkt absieht, der für viele der Inbegriff psychologischen Handelns ist und daher keiner weiteren Begründung bedarf. Aber was sollen uns Beschreibungssysteme helfen? Was für einen Erkenntniswert hat die Aufklärung interindividueller Unterschiedlichkeit? Wozu brauchen wir Prognosen? Der Nutzen der Persönlichkeitspsychologie bemißt sich für angehende Psychologen und Psychologinnen sicherlich an viel konkreteren Fragen: Was helfen mir Kenntnisse in Persönlichkeitspsychologie, wenn ich als Therapeutin in der psychosomatischen Klinik, als Lehrer in der Schule, als Psychologin im Industriebetrieb arbeiten will? Ist es für mich nützlich, Persönlichkeitspsychologie zu kennen? Wir haben einmal auf einer ganz pragmatischen Ebene versucht, mögliche Aufgaben und Funktionen der Persönlichkeitspsychologie aufzulisten und sind dabei auf sieben gekommen; die vier herkömmlichen Aufgaben gehören mit dazu.

1. Aufgabe: Die Zuordnung von Begriffen zu Phänomenen zum Thema machen

In der naiven Welt der Laien gibt es Dinge, und es gibt richtige und falsche Bezeichnungen dafür. Was ist das? Das ist ein Stuhl. Nein, das ist kein Stuhl, denn es hat keine Lehne. Es ist ein Schemel. Diese Form der ontologischen Festlegung benutzen wir zumeist auch da, wo es sich klar erkennbar um unsere eigenen Setzungen oder Definitionen handelt. Diebstahl ist, so sagen die Juristen, die Wegnahme einer fremden beweglichen Sache in der Absicht, sie sich rechtswidrig anzueignen... Diese naive Zuordnung von Sache und Begriff verwenden wir auch im Alltag im Umgang mit psychischen Phänomenen. Selbst in der psychologischen Fachliteratur fehlt auch heute noch bisweilen das Verständnis für den Konstruktcharakter der Begriffe, wird nicht selten die Frage erörtert, was Psychologie, Angst, Trotz oder Aggression denn eigentlich *ist*. Dabei sind alle diese Begriffe unsere Schöpfungen, es sind Begriffe, mit denen wir bestimmte Phänomene beschreiben, verstehen und erklären wollen (wir kommen später auf diesen Punkt zurück).

Die Zuordnung von Begriffen zu Phänomenen lernen wir in unserer Sprachentwicklung, indem beispielsweise der Erzieher dem tobenden Kind vorsagt, daß es gerade „Wut" empfinde. Die Art und Weise dieses Lernprozesses ist von vielen Faktoren abhängig, darunter kulturellen Faktoren (vgl. Herrmann & Grabowski, 1994). Es gibt Zuordnungsunterschiede von Phänomen und Begriff in unterschiedlichen Kulturen, in unterschiedlichen Subkulturen, schichtspezifische, geographische, berufsspezifische Unterschiede usw. Das ist nicht bloß eine Frage der *Benennung* von Phänomenen, sondern die Art der Benennung oder Nichtbenennung, der Zuordnung von Begriffen zu Erlebnissen, führt zu *unterschiedlichem Erleben* und *Handeln*. Was ich als Angst erlebe, reflektiere oder verdränge, was eine Lehrerin in der Schulklasse als Aggression von

Schülern erlebt, ist nicht einfach ein schlichter Sachverhalt, für den ich bloß den richtigen Begriff brauche, sondern die Wahrnehmung, das Zur-Kenntnis-Nehmen, die Einordnung ist bereits durch mein – zumeist implizites – Begriffssystem festgelegt. Eine erste wesentliche Aufgabe der Persönlichkeitspsychologie besteht daher darin, diesen Prozeß der Zuordnung von psychischen Phänomenen zu Begriffen der Beschreibung von Personen und ihrem Verhalten zum Thema zu machen und damit für den oft unbedachten Umgang mit Begriffen zu sensibilisieren.

2. Aufgabe: Begriffssysteme für kognitive Ordnungen vorschlagen

In unserer Wahrnehmung und in unserem Erleben kommen Phänomene und Begriffe im allgemeinen nicht je für sich isoliert vor, sondern sie sind in vielfältiger Weise miteinander verknüpft, einander zugeordnet und werden in hierarchischen oder koordinativen Systemen stehend gedacht. Beispielsweise nehmen wir an, daß bestimmte Eigenschaften zusammengehören, oder daß die eine die andere voraussetzt, oder daß die eine Folge der anderen ist, oder daß zwei Eigenschaften sich gegenseitig ausschließen. Ein Beispiel: Güte, so nehmen wir an, verbindet sich mit Weisheit und Humor, alle drei sind das Ergebnis von Lebenserfahrung und Alter, und sie schließen Aggressivität aus.

Annahmen darüber, welche Eigenschaften miteinander zusammenhängen, werden „implizite Persönlichkeitstheorien" genannt. Ihre systematische Erforschung begann in den 50er Jahren (siehe dazu Bruner & Taiguri, 1954). Ein häufig zitiertes Beispiel für eine implizite Persönlichkeitstheorie ist das „wer schön ist, ist gut" Stereotyp. Offenbar hängen wir in hohem Ausmaß der Vorstellung an, daß schöne oder physisch attraktive Menschen über höhere soziale Kompetenzen verfügen, also im Umgang angenehm und gewinnend sind (Eagly, Ashmore, Makhijani & Longo, 1991).

Eine wesentliche Aufgabe der Persönlichkeitspsychologie ist es, kognitive Ordnungssysteme für Begriffe und Phänomene, darunter beispielsweise Eigenschaften und Verhaltensweisen, anzubieten, die im Unterschied zu den impliziten Annahmen systematischer, da nach allen Regeln der wissenschaftlichen Kunst erstellt wurden. Diese Ordnungssysteme kann man Persönlichkeitstheorien oder Teiltheorien der Persönlichkeit nennen, es sind Strukturierungsversuche, die vor allem auch nützlich sein sollten. Im Prinzip kann man natürlich ohne solche wissenschaftlichen Theorien auskommen, und das heißt, bei dem bleiben, was man durch eigene Sozialisation und eigenes Nachdenken an Strukturen findet und erfindet. Es wäre jedoch unökonomisch, wenn jeder einzelne durch eigenes Nachdenken am Punkt Null neu beginnen will. Zudem dürfen wir auch nicht außer acht lassen, daß wir bereits durch einige der bestehenden Persönlichkeitstheorien bzw. durch deren vereinfachte und heruntergekommene Volksausgaben schon in beträchtlichem Maße beeinflußt werden. Das gilt sicher für manche typologischen Ansätze, vor allem aber für die psychoanalytischen Persönlichkeitstheorien, die über Erziehung, Literatur und Verfilmung (man denke nur an Filme von Hitchcock) einen erheblichen indirekt strukturierenden Einfluß auf unser Denken ausüben.

3. Aufgabe: Fragestellungen ins Leben rufen und thematisieren

Wissenschaftliche Arbeit in der Persönlichkeitspsychologie muß nicht notwendigerweise darin bestehen, für eine offene, also bereits zum Thema gewordene Frage eine sinnvolle Antwort zu suchen. Gerade in der Persönlichkeitspsychologie kann — und sollte — die Arbeit häufiger darin bestehen, Selbstverständlichkeiten in Frage zu stellen, auf unbeachtete oder zu wenig beachtete Phänomene aufmerksam zu machen, Fragestellungen und Themen zu identifizieren (dadurch *schaffen* oder konstruieren wir allerdings häufig überhaupt erst Phänomene und Probleme). Die großen theoretischen Ansätze unseres Faches und die einflußreichen, zum Teil weltberühmt gewordenen Experimente waren zumeist gerade solche, die einen Bereich überhaupt erst zum Thema gemacht haben. So geht etwa der weltweite Einfluß von Sigmund Freud viel weniger auf die Methoden und Verfahrensweisen zurück, die er geschaffen hat, viel weniger auf die subtilen einzelnen Aussagen seines vielbändigen Werkes, sondern viel mehr auf die neue und andere Sichtweise, eine neue Konzeption vom Menschen, die er angeregt und vermittelt hat. Für einen solchen Prozeß der Thematisierung genügt im Prinzip bereits die Beschreibung eines einzelnen Sachverhalts; weder Repräsentanzüberlegungen noch andere methodische Qualitäten eines Ansatzes sind dafür erforderlich.

Berühmte Beispiele für themengenerierende Studien: Wertheimers (1911) Arbeiten zum Sehen von Bewegung, die Affenexperimente von Wolfgang Köhler (1921), die Gruppenexperimente von Lewin, Lippitt und White (1960), die Gehorsamkeitsexperimente von Milgram (1982) oder das Ferienlagerexperiment von Sherif (1936).

4. Aufgabe: Erklären = Hilfen anbieten für ein paar Schritte weiter in Richtung Erhellung von Zusammenhängen

Die sicherlich prototypische Aufgabe, die einer Wissenschaft im allgemeinen zugeschrieben wird, ist, daß sie thematisierte Sachverhalte oder identifizierte Probleme innerhalb ihres Arbeitsbereichs *erklären* soll, und das gilt auch für die Persönlichkeitspsychologie. Bei der Reflexion darüber, ob sie das tun kann und sollte, ist freilich zunächst die Schwierigkeit zu überwinden, daß der Begriff „erklären" ziemlich unterschiedlich verwendet wird. Offenbar müssen wir diesen Begriff selbst zunächst erklären.

Groeben und Westmeyer (1975) haben im Anschluß an Stegmüller neun „voranalytische" Erklärungsbegriffe unterschieden. Die häufigste Verwendung in der Wissenschaft, bei den Autoren dementsprechend auch an erster Stelle, ist: „. . . Erklärung als kausale Erklärung von Vorgängen und Tatsachen. In diesem Fall besteht die Erklärung in der Angabe von Ursachen für bestimmte Sachverhalte" (S. 77). Im luftleeren Raum der Wissenschaftstheorie haben wir dazu zunächst ein Explanandum (das ist das, was erklärt werden soll), dann nehmen wir ganz einfach ein Explanans (das ist dasjenige, was erklärt), und fertig ist die Laube. Das sollten wir uns für den Bereich der Persönlichkeitspsychologie allerdings etwas konkretisieren. Dabei wollen wir einmal auf Beispiele aus der Laboratoriumspraxis verzichten, in der üblicherweise kunstvoll alle Variablen bis auf eine oder wenige konstant gehalten werden und dementsprechend wenig Schwierigkeiten mit der Suche nach dem Explanans bestehen. Alltagsfragen sind dagegen zumeist viel komplexer. Wir geben Beispiele:

— Mein Sohn braucht immer mehrere Stunden für die Hausaufgaben; er guckt dabei dauernd träumerisch in der Gegend herum und muß ständig von mir ermahnt werden.
— Meine Freundin ist vor 11 Uhr überhaupt nicht ansprechbar, sie ist wortkarg und mürrisch.
— Wie erklärt man sich die unglaubliche Kreativität und Arbeitsleistung von Mozart?
— Ich habe immer die besten Vorsätze, aber es wird nie etwas daraus. Ich kann einfach nicht durchhalten, was ich mir vornehme.
— Wenn ich als Lehrer vor dieser Klasse stehe, habe ich die größten Disziplinschwierigkeiten. Bei meiner Kollegin ist die Klasse völlig ruhig.
— Obwohl ich seit Monaten täglich mehrere Stunden übe, komme ich beim Schreibmaschinenschreiben nicht über 150 Anschläge.

Wenn wir keine hohen Ansprüche an das Erklären haben (und die haben wir häufig nicht), genügen uns im Alltag zumeist naheliegende „Gründe" folgender Art:

— . . . er ist faul;
— . . . sie ist ein Morgenmuffel;
— . . . er ist ein Genie;
— . . . ich bin willensschwach;
— . . . ich wirke zu wenig selbstsicher;
— . . . mir mangelt es an Handgeschicklichkeit.

Das sieht ziemlich primitiv aus, aber wir sollten uns nicht darüber täuschen: Diese Art der Angabe von „Gründen" ist im Alltag ein häufiges Erklärungsmodell. Wir benutzen Eigenschaftswörter zur Verhaltenserklärung und berufen uns dabei gern auf den „Charakter" eines Menschen („er ist faul"; „ich bin willensschwach"), wir geben dem Phänomen einfach nur einen anderen Namen und glauben es damit zu erklären („sie ist ein Morgenmuffel"), oder wir wählen aus der Vielzahl von Ereignissen einer langen zeitlichen Erstreckung irgendwelche als Gründe aus („ich wirke zu wenig selbstsicher").

Wenn wir uns jedoch nicht damit zufriedengeben wollen, uns selbst oder einen um Erklärung bittenden Menschen rasch das nächstbeste Explanans anzubieten, das uns in den Sinn kommt, müssen wir zwei Dinge im Auge behalten. *Zum ersten*: Verhalten unter komplexen Alltagsbedingungen kann im allgemeinen durch eine Vielzahl möglicher Faktoren bewirkt und beeinflußt werden. Erklären kann daher in den meisten Fällen nicht heißen, daß ich als Außenstehende ohne nähere Kenntnis der Gesamtsituation die entscheidenden Variablen in diesem Fall zutreffend benenne, sondern nur, daß ich der Fragenden Hilfen anbiete, die es ihr selbst gestatten, auf die Suche zu gehen, selbst nachzudenken, selbst zu entscheiden, wie die Dinge liegen. *Zum zweiten*: Wenn wir frühere Ereignisse, das Verhalten anderer Personen, Persönlichkeitseigenschaften von Beteiligten oder andere Dimensionen als „Erklärung" heranziehen, so können wir uns bei solchen „Erklärungen" auf sehr unterschiedliche zeitliche Erstreckungen einlassen: Gründe und Ereignisse der letzten Tage, der letzten Monate, der gesamten individuellen Lebensgeschichte, der genetischen Anlage, der gesamtgesellschaftlichen Bezüge oder derjenigen Bezüge, die in der konkreten Subgruppe zu suchen sind usw. Gleichgültig, wie wir es dabei anstellen, sind auch unsere Explanantia ihrerseits wieder erklärungsbedürftig, was leicht auf einen unendlichen Regreß bis in die Gegend von Adam und Eva hinausläuft, und das sind dann im Zweifelsfalle biologische oder soziologische Faktoren und deren Kombination. Doch an das Ende der Kette gelangen wir, wenn überhaupt, selten, und Erklären wird daher in der Persönlichkeitspsychologie auch in günstigen Fällen zumeist darauf beschränkt bleiben, ein paar Schritte weiter in der Aufhellung von Zusammenhängen zu führen.

Wenn „erklären" in diesem Sinne als „helfen beim klarer werden" verstanden wird, dann ist dies freilich eine wichtige und zentrale Aufgabe der Persönlichkeitspsychologie. Sicher wird die Aufgabe auch einmal darin bestehen können, Ursachen für bestimmte Sachverhalte zu benennen und damit nicht nur aus der Praxis heraus gestellte Fragen zu beantworten, sondern auch Theorien fortzuentwickeln und voranzutreiben. Gerade in der Praxis wird es jedoch häufiger unsere Aufgabe sein, Hilfen anzubieten, die es den Fragenden *selbst* gestatten, ihre Probleme besser zu klären. Dabei genügt freilich nicht die simple Aufforderung: „Denk doch mal selbst ein bißchen nach, woran das liegen könnte!" Vielmehr müssen wir uns schon darauf einlassen, konkrete Hilfen anzubieten, etwa durch

— die Anregung, implizite Annahmen zu hinterfragen;
— Anbieten von Methoden, den Sachverhalt selbst näher zu erforschen;
— die Anregung, die Fragestellung und das Problem in anderen Begriffen zu strukturieren;

– der Hinweis auf mögliche Variablen, die bislang übersehen worden sind;
– der Hinweis auf veränderte Suchstrategien.

Die psychologischen Fachkenntnisse bestehen in diesem Fall nicht darin, inhaltliche Variablen besser zu überschauen als die Fragenden selbst, sondern weiterführende und nützliche Hilfen auf einer Meta-Ebene zu geben.

5. Aufgabe: Eigenes und fremdes Handeln vorhersagen

Wenn in der Persönlichkeitspsychologie von Aufgaben und Funktionen die Rede ist, spielt die Möglichkeit der Verhaltensvorhersage eine entscheidende Rolle. So definiert etwa Cattell (1950) geradezu: „Persönlichkeit ist das, was eine Vorhersage darüber erlaubt, was eine Person in einer gegebenen Situation tun wird" (S. 2). Allgemein herrscht jedoch Übereinstimmung darüber, daß in der konkreten, komplexen Alltagssituation die Vorhersage menschlichen Verhaltens im anspruchsvollen Sinne schwierig ist. Im allgemeinen ist dabei auch nicht die Vorhersage nach Jahrmarktmanier gemeint, sondern vielmehr die Vielzahl von zumeist unreflektierten Annahmen, die wir bezüglich des Verhaltens unserer Mitmenschen treffen, auf die wir im alltäglichen Zusammenleben angewiesen sind. So kann man in bestimmten Grenzen, mit bestimmten Wahrscheinlichkeiten, beispielsweise vorhersagen,

– was der Verkäufer tun wird, wenn man „zehn Brötchen, bitte" sagt;
– was die Sekretärin sagen wird, wenn man kurz vor Dienstschluß mit einem Haufen eiliger Arbeiten ankommt, die unbedingt noch erledigt werden müssen;
– was die Studierenden sagen werden, wenn man ankündigt, die Voraussetzungen für die Vordiplomprüfung erheblich zu verschärfen.

Solche Vorhersagen können natürlich falsch sein, ich kann mich irren. Aber ich bin, um sinnvoll und erfolgreich handeln zu können, nun einmal darauf angewiesen, Pläne zu machen und das Verhalten anderer dabei in Rechnung zu stellen. Natürlich nicht nur das Verhalten *anderer*, auch mein vermutliches *eigenes* Verhalten muß ich in Grenzen vorhersagen können, wenn ich zu vernünftigen und umsetzbaren Handlungsplänen kommen will. Und dabei helfen neben eigenen Erfahrungen persönlichkeitspsychologische Kenntnisse. Implizite und explizite Theorien oder Teiltheorien gestatten mir, die Vielzahl einzelner Verhaltensweisen in größere Zusammenhänge einzuordnen; Wahrscheinlichkeitsaussagen aus dem Wissensbestand der Persönlichkeitspsychologie geben mir die Möglichkeit, Alternativen zu vergleichen, Wahrscheinlichkeiten abzuschätzen oder andere Lösungswege vorzusehen.

6. Aufgabe: Bezugssysteme für psychische Sachverhalte verbessern

Bei allen Urteilen und Aussagen, die wir über uns und andere machen, setzen wir Bezugssysteme voraus, die aber häufig unreflektiert bleiben, die wir uns nicht bewußt machen. Wir sagen zum Beispiel: Ich habe heute *viel* gearbeitet; Peter ist *sehr* ängstlich; ich bin der *unglücklichste* Mensch der Welt. Persönlichkeitspsychologie kann aufgrund theoretischer Reflexionen und empirischer Forschung auch dadurch nützlich sein, daß sie Daten und Orientierungspunkte für solche Vergleiche anbietet. Das läßt sich etwa bei der Studie zeigen, die Kinsey, Martin und Pomera (1948) vorlegten. Hier wurden durch empirische Erhebungen erstmalig Daten über das sexuelle Verhalten des Mannes verfügbar. Vorher war der einzelne zu seiner Orientierung auf die Romanliteratur und im günstigen Falle auf aufrichtige Berichte anderer angewiesen. Wir haben im Alltag wenig Möglichkeiten, unser Verhalten im Vergleich zu dem der anderen realistisch einzuschätzen. Es gibt eine Fülle von Mechanismen, die dafür sorgen, daß es zu systematischen Fehleinschätzungen kommt. Herrmann Hesse macht in „Lektüre für Minuten" (hier zitiert nach der Ausgabe von 1976) einige Vorschläge: „Schwer ist es, die Tugenden, die wir haben, nicht zu überschätzen. Schwerer ist es, die Tugenden, die wir gern haben möchten, nicht zu überschätzen. Leicht unterschätzen wir die Leiden der anderen. Noch leichter überschätzen wir das Glück der anderen" (S. 142).

Wie wichtig uns Bezugssysteme sind, führt Festinger (1954) in seiner Theorie des sozialen Vergleichs aus. Ihm zufolge sind wir geradezu „drivehaft" bestrebt, unsere Erfahrungen, Fähigkeiten und Einstellungen vergleichend zu bewerten, an Maßstäben zu messen. Wenn möglich, halten wir uns dabei an physikalische oder andere objektive Kriterien (ich kann die Zweimeter-Latte eindeutig nicht überspringen). Sind solche eindeutigen Kriterien nicht gegeben (und das ist meist der Fall), werden andere Menschen für uns zum Maßstab. Und diese Funktion können zweifellos auch Studienergebnisse übernehmen, die über das Verhalten der Mitmenschen informieren. Zwar handelt sich dabei zwar in der Regel um subjektive Angaben (z.B. die Einschätzung des Ausmaßes an Glücklichsein), aber diese fremden subjektiven Einschätzungen folgen wahrscheinlich ähnlichen Einschätzungsregeln, nach denen auch wir unsere eigenen Erfahrungen interpretieren. Im übrigen eignen sich auch biographische und autobiographische Darstellungen vortrefflich zum sozialen Vergleich, das ist sicherlich einer der Gründe, weshalb sie so beliebt sind.

7. Aufgabe: Heuristiken für Handeln anbieten

In manchen Fachgebieten ist wissenschaftliches Handeln — stets oder doch in nennenswertem Umfang — auf der Basis wissenschaftlicher Theorien und/oder Forschungsergebnisse möglich. Wir erwarten zumindest vom Brückenbauer, von der Lebensmittelchemikerin und in gewissen Grenzen auch vom Arzt, daß ihr Handeln unmittelbar aus der Wissenschaft ableitbar sein muß, aus gesicherten Theorien oder Befunden unmittelbar übertragbar. Allerdings darf man nicht vergessen, daß auch in den vermeintlich „objektiven" Wissenschaften mit Theorien gearbeitet wird, die eben nur Theorie sind, d.h. eine Möglichkeit darstellen, die Dinge zu sehen (dazu später noch mehr). Und mit der „Entdeckung" oder der Formulierung neuer Theorien ändert sich, was bis dahin als gesichert galt. So erschien es beispielsweise vielen Ärzten undenkbar, Erkrankungen wie Herzinfarkt oder Krebs könnten durch psychische Faktoren mitbedingt sein. Heute haben sich psychosomatische Erkrankungstheorien weitgehend durchgesetzt, und aus ihnen leiten sich auch andere Therapie- und Handlungsanweisungen ab.

In anderen Wissenschaften, etwa in der Philosophie oder in der Politikwissenschaft, ist der Optionscharakter der Theorien von vorneherein offensichtlicher, dort wird auf den ersten Blick deutlich, daß es sich bei einer Theorie lediglich um *eine* mögliche Art und Weise handelt, ein Phänomen zu interpretieren oder zu erklären. Das zeigt sich schon allein darin, daß es zu einem Thema gleich mehrere oder gar etliche Theorien gibt. Und aus jeder Theorie folgen möglicherweise unterschiedliche Handlungsempfehlungen, wenn sie überhaupt gegeben werden. Denn zumeist ist die Anzahl der relevanten Variablen und/oder der Anteil der Wertentscheidungen zu groß, als daß eine direkte und vollständige Regel- oder Technologieableitung aus Theorien oder empirischen Befunden möglich wäre.

In weiten Teilen der Psychologie ist die Sachlage ähnlich, allerdings kann es vorkommen, daß über die einschlägigen Wertentscheidungen in der Gesellschaft oder in einer spezifischen Subgruppe — den Psychologen beispielsweise — Einigkeit herrscht; in solchen Fällen scheint es daher überhaupt nur eine Handlungsmöglichkeit zu geben.

So etwa bei handgreiflichen Erziehungsfehlern (wir haben den Jungen jeden Tag verprügelt, aber er lernt immer noch nicht besser); bei extremer Selbstüberforderung aufgrund unangemessener Leistungsziele oder dergleichen.

Dabei klingt in der wissenschaftstheoretischen Diskussion wie auch innerhalb der Persönlichkeitspsychologie oft ein unterschwelliges Bedauern mit, daß unsere Wissenschaft leider nicht weiter sei und sich eigentlich ein bißchen schämen müsse, „noch nicht" so weit zu sein, Handlungsanweisungen wissenschaftlich aus Theorien abzuleiten. Demgegenüber ist zunächst einmal darauf hinzuweisen, daß dies in weiten Bereichen des Faches *grundsätzlich* nicht möglich sein wird. In der sozialwissenschaftlichen Arbeit ist im allgemeinen die Anzahl der Variablen zu hoch und ihr Zusammenhang zu komplex, als daß hier eindeutige Ableitungen möglich wären, aber es reicht immerhin für Suchstrategien oder Heuristiken. Heuristiken sind, so Bromme (1978), durchaus legitime und festen Regeln gehorchende Verfahrensweisen, sie sind nicht einfach ein Mangelzustand:

> ... eine solche Analyse des Verhältnisses von therapeutischem Handeln und wissenschaftlichen Theorien kann also einerseits dazu dienen, die Erfahrungen, die Psychotherapeuten im eklektizistischen Umgang mit Theorien machen, für die Psychologie selbst zu nutzen, und sie dient außerdem dazu, die Psychotherapeuten selbstbewußter bei ihrem Eklektizismus zu machen, ihnen die Notwendigkeiten und Begrenzungen dieses Eklektizismus zu vermitteln. (S. 476)

Freilich sollte man Heuristiken auch bei längerem Gebrauch nicht allmählich für die Sache selbst oder für einen endgültigen Theorieansatz ansehen, sondern sich ihrer Vorläufigkeit und Ersetzungsbedürftigkeit klar bewußt bleiben.

0.2 Zum Umgang mit Persönlichkeitstheorien

Jeder Blick in ein Lehrbuch der Persönlichkeitspsychologie zeigt, daß es nicht eine Persönlichkeitstheorie, sondern deren etliche gibt. Das Angebot ist geradezu üppig und verlangt zu seiner Bewältigung nach reduzierender Ordnung. Lehrbuchautoren gehen hier in der Regel so vor, daß sie Theorien, die sich in ihren grundlegenden Aussagen oder in ihrem Bild von der menschlichen Persönlichkeit ähneln, in Gruppen packen, so beispielsweise die Eigenschaftstheorien oder die psychoanalytischen Theorien. Da sich die Autoren jedoch in ihren Gruppierungsregeln zum Teil unterscheiden, kommt es zu unterschiedlichen Theoriensammlungen, aber das soll nicht weiter stören. Innerhalb der Theorienbündel finden sich einzelne, an die Namen ihrer Schöpfer gebundene Ansätze. Pervin (1993) beispielsweise referiert 20 Autoren und eine Autorin, die namentlich im Inhaltsverzeichnis ausgewiesen werden; sie sind in sieben Gruppen zusammengefaßt.

Angesichts des bestehenden Theorienpluralismus ist es sinnvoll und vermutlich hilfreich, in diesem Einführungskapitel kurz über das Zustandekommen von Theorien und über den Umgang mit der Vielfalt nachzusinnen. Das wollen wir im folgenden tun. Wir beginnen mit wissenschaftstheoretischen Überlegungen und enden mit eher pragmatischen Bemerkungen zum Umgang mit Persönlichkeitstheorien.

Bei Laien (und durchaus auch bei Wissenschaftlern) ist vielfach die Auffassung verbreitet, die Begriffsgerüste, Denkmodelle und theoretischen Aussagen einer Wissenschaft seien das *Ergebnis* der Forschung. Wissenschaft funktioniere derart, daß man die Realität oder einzelne Bereiche, so etwa die Struktur der menschlichen Persönlichkeit, mit bestimmten Methoden untersucht und aus den Ergebnissen erkennen oder ablesen kann, wie sie wirklich ist. Dieser Vorstellung von einer unabhängig von den Erkennenden vorhandenen und lediglich noch zu entdeckenden oder zu erkennenden Realität steht in der wissenschaftstheoretischen Diskussion eine alternative Auffassung gegenüber (vgl. z.B. Breuer, 1989; Westmeyer, 1995). Danach offenbart sich die Realität den Forschenden nicht, sie hat keine zu entdeckende Struktur und Qualitäten, sondern es sind die *Forschenden*, die Strukturen schaffen oder *konstruieren* und an die Realität bzw. an Erfahrungen oder Beobachtungen herantragen. Wenn ich beispielsweise eine Klasse von Verhaltensweisen „aggressiv" nenne, dann heißt das nicht, daß dieses Verhalten „an sich" aggressiv ist, sondern daß ich es als aggressiv interpretiere bzw. konstruiere. Ein anderer könnte dasselbe Verhalten „selbstsicher" nennen, und das wäre eine alternative Konstruktion. Da sich das Verhalten nicht von selbst als das eine oder andere definiert oder zu erkennen gibt, ist die Frage, welche von beiden Konstruktionen „richtig" ist, unsinnig. Die erkenntnistheoretische Position des Konstruktivismus hat für das Verständnis von Wissenschaft einige beträchtliche Folgen:

Zum ersten wird die landläufige Vorstellung hinfällig, die Dinge hätten ein, und zwar genau *ein* wahres Wesen, das unabhängig von unseren Erkenntnisbemühungen existiert. Das gilt natürlich auch für das Herzstück unserer Disziplin, den Begriff der Persönlichkeit:

„Es ist sinnlos, von dem *Wesen* oder der *Natur* der Persönlichkeit zu sprechen. Es gibt keine Natur der Persönlichkeit, die es zu entdecken gäbe. Dieser Jargon der Eigentlichkeit ist unangebracht. Derartige Ausdrücke haben bestenfalls eine rhetorische Funktion und sollen den eigenen Konstruktionen von Persönlichkeit gegenüber anderen größere Überzeugungskraft verleihen" (Westmeyer, 1995, S. 752).

Zum zweiten sind Konstruktionen *personenabhängige* Aussagen und Strukturierungsangebote. Das widerspricht der gängigen und von vielen gern gehegten Vorstellung, Wissenschaft sei eine rein *sachbezogene* Angelegenheit, in der von der Person des Theoriekonstrukteurs unabhängige, „objektive" Aussagen über Wirklichkeit getroffen werden. Dagegen die konstruktivistische Auffassung: Wenn *ich* für Erfahrungen neue Begriffe schaffe oder vorhandene Begriffe übernehme, so definiere *ich* Realität, so hebe *ich* bestimmte Aspekte hervor, es sind *meine* Konzepte, mit denen ich nach *von mir* gewählten Leitideen Kompliziertes überschaubar machen will. Das gleiche gilt für Theorien, die aus *von uns* gewählten Begriffen, *von uns* gewählten Verknüpfungsregeln, *von uns* thematisierten theoretischen Aussagen bestehen. Dabei können wir für unsere Begriffe und Theorien jedoch nur begrenzt Originalität beanspruchen, denn wir sind zu jedem Zeitpunkt von den sozialen Konstruktionen abhängig, die in einer Gesellschaft geschaffen und ausgetauscht werden.

Zum dritten: Wenn *wir* Begriffe, Modelle und Theorien schaffen oder vorhandene übernehmen, um Phänomene zu benennen, zu beschreiben oder zu erklären, dann kann es mit der grundsätzlichen *Wertfreiheit* der Forschungsbemühungen nicht weit her sein. Denn an Begriffen, Modellen und Theorien haften unvermeidlich Werthaltungen und Wertentscheidungen. Wir können daher nicht versuchen, eine wertfreie Persönlichkeitspsychologie zu errichten, wir sollten allerdings stets darüber reflektieren, welche Wertungen in unser Handeln in Forschung und Praxis eingehen.

Zum vierten sind Konstruktionen häufig *Vereinfachungen.* Wenn wir an vielfältiges und komplexes Geschehen Strukturierungen herantragen, ist in den meisten Fällen zu erwarten, daß unsere Denkmodelle, Begriffe und Schemata Vereinfachungen gegenüber den Erfahrungen oder den zu beschreibenden Vorgängen sind. Modelle sollten Dinge reduzieren, sonst würden sie schwerlich eine Verbesserung der Denkökonomie bewirken, was eine ihrer wesentlichen Aufgaben ist. Eine solche Vereinfachung mag dabei in bestimmter Hinsicht nützlich sein, in anderer hingegen nicht. Es sollte aber kein grundsätzlicher Einwand gegen ein Denkmodell sein, es vereinfache und werde Komplexität nicht gerecht.

Zum fünften ist zu erwarten, daß unterschiedliche Konstrukteure zu unterschiedlichen Theorien gelangen. Prinzipiell ist allen ein freier Zugang zum Markt der Konstruktionen zuzugestehen, denn die einzelnen Theorien sind nicht richtig oder falsch, sondern nur mehr oder weniger zweckmäßig, nützlich oder brauchbar, und das macht ihren Marktwert aus. Der Theorienmarkt ist allerdings selten wirklich frei, er ist eher gekennzeichnet durch Monopolbildungen und allerlei Wettbewerbsverzerrungen, beispielsweise dem Ruf des jeweiligen Autors oder der Autorin, oder dem zu einem Zeitpunkt bestehenden Bedürfnis der „Konsumenten" nach Neuheit. Aber dennoch: Auswahl besteht, und das verlangt nach Strategien im Umgang mit Vielfalt, nicht nur für die Studierenden, sondern auch für die Lehrenden. Ganz grob und auf die Spitze getrieben lassen sich drei Strategien unterscheiden:

1. Alle bis auf eine ignorieren: Das war ein durchaus geläufiges Verfahren, beispielsweise bei den Autoren der Charakterkunde der dreißiger Jahre fast allgemein üblich. So wie im Hause Coca-Cola nicht von Pepsi-Cola die Rede sein darf und man als Opernsänger für einen Probevortrag im Bayreuth des vorigen Jahrhunderts nicht gerade eine Arie aus einer Verdi-Oper vortragen sollte, wurde die rein monotheoretische Denkweise in der Persönlichkeitspsychologie oft verfochten. Konkurrierende theoretische Ansätze wurden entweder gar nicht genannt, allenfalls beiläufig, nicht selten abschätzig oder eher karikierend. Die systematische Darstellung der begrenzten Reichweite des eigenen Ansatzes fehlte dabei häufig. In Lehrbüchern trifft man heutzutage monotheoretische Darstellungen nicht an, denn das würde der Idee eines Lehrbuches völlig zuwiderlaufen und sich überdies kaum verkaufen lassen. Monotheoretische Orientierungen finden sich wahrscheinlich eher in der Lehre, wenn sich einzelne Fachvertreter weitgehend einer einzigen Theorie verschreiben, nach Maddi (1993) einem „Partisanenfanatismus" (S. 98) verfallen. Leider findet sich diese Art von blindem Eifer auch in der Praxis.

2. *Möglichst alle berücksichtigen:* Diese Strategie läuft darauf hinaus, eine wohlbedachte und wenn möglich einigermaßen vollständige Serie von Theorien der Reihe nach darzustellen, sei es in den Lehrveranstaltungen oder in einem Lehrbuch. Maddi (1993) nennt das den „benevolenten Eklektizismus" (S. 99): viele Theorien, jede mit genau so viel Platz und dem Bemühen, das Anliegen des Autors vorurteilslos herauszuarbeiten. Bei diesem Verfahren besteht allerdings die Gefahr, so Maddi, daß Theorien lieblos runtergeleiert werden, daß „the same old theories in the same old ways" (S. 99) unkritisch reproduziert werden. Übertragen auf die Anwendung hätte diese Strategie zur Folge, daß bei einer Fragestellung alle Theorien der Reihe nach bedacht würden, aber spätestens bei der Frage, was konkret getan werden soll, hat die Neutralität ein Ende.

3. *Kriterien für die Selektion und den Vergleich von Theorien benennen:* Angesichts der offensichtlichen Schwächen der beiden ersten Strategien bleibt die explizite Diskussion der Auswahl von Theorien und die vergleichende Betrachtung einzelner Theorien die Methode der Wahl. Das gilt auch für die Frage, mit welcher Theorie bei einer gegebenen Fragestellung gearbeitet werden soll. Auswahl und Vergleich setzen voraus, daß dafür *Kriterien* formuliert und reflektiert werden. Schneewind (1992) beispielsweise stellt eine Reihe von Vergleichsdimensionen vor, die er weitgehend von Hjelle und Ziegler (1976) übernimmt. Auch Carver und Scheier (1992), Mischel (1993) und Pervin (1993) beschließen jede Darstellung einer Theorie bzw. einer Theoriengruppe mit einer systematischen Herausarbeitung der Stärken und Schwächen des jeweiligen Ansatzes, die seinen Nutzen und seine Brauchbarkeit beleuchten. Während auf diese Weise Kriterien für den *Vergleich* der dargestellten Theorien diskutiert werden, wird die *Selektion* von Theorien für die Aufnahme in ein Lehrbuch oder in eine Vorlesung selten begründet. Wir selbst nannten im Vorwort als Auswahlkriterien unsere persönlichen, subjektiven Vorlieben und das Bemühen um eine repräsentative Auswahl traditioneller und aktueller Theorie- und Forschungsansätze.

Bei der vergleichenden Darstellung von Persönlichkeitstheorien werden zumeist *inhaltliche* Kriterien herangezogen, beispielsweise die Breite des Aussagenspektrums, also die Frage, welche Aspekte der Persönlichkeit thematisiert sind und welche nicht (so Pervin, 1993). Daneben gibt es auch *formale* Kriterien für die Beurteilung von wissenschaftlichen Aussagesystemen und Theorien (siehe z.B. Breuer, 1989; Groeben & Westmeyer, 1975; Wottawa, 1988).

1. *Klarheit und Explizertheit* stehen oft an erster Stelle. Eine Theorie, so heißt es, ist nur dann und in dem Maße nützlich, wie sie klar, verständlich und in sich konsistent formuliert ist. Das klingt einleuchtend, aber wenn wir Nützlichkeit und Brauchbarkeit ernst nehmen, kann es einer Theorie bisweilen dienlicher sein, gerade *nicht* klar und expliziert formuliert zu sein. Klarheit beinhaltet in der Regel Rationalität, Verständlichkeit und Durchsichtigkeit. Manche Theorien und auch die großen ideologischen Systeme gewinnen ihre Nützlichkeit und Brauchbarkeit aber gerade dadurch, daß sie dunkel, mehrdeutig und vielseitig interpretierbar sind. Dies gilt für die Grundidee des Nationalsozialismus genauso wie für den Marxismus und auch für das Christentum. Auch die Grundideen für kleinere religiöse und politische Sekten sind vorzugsweise dunkel und interpretierbar gehalten. Im Rahmen der Persönlichkeitstheorien sollten wir uns jedoch uneingeschränkt für Klarheit und Verständlichkeit einsetzen. Hier leistet die Psychologie – wie andere Wissenschaften auch – sicherlich wesentlich weniger als möglich wäre. Miller hat 1969 im „American Psychologist" einmal polemisch und etwas übertrieben formuliert „Wenn die Gedanken genügend klar und explizit dargestellt werden, können die wissenschaftlichen Grundlagen der Psychologie von Kindern der sechsten Klasse begriffen werden" (S. 1073). Nun läßt sich nicht jede Theorie so formulieren, daß 12jährige sie ohne weiteres verstehen (man fragt sich sonst, warum die dann noch länger zur Schule gehen müssen), aber Klarheit sollte dennoch oberstes Gebot sein. Wenn es daran mangelt, so ist das zum Teil unbeabsichtigte Folge schlampiger sprachlicher Gestaltung, zum Teil wohl auch absichtliches Imponiergehabe: Theorien wirken bedeutender, wenn die Formulierungen mit vielen unverständlichen (Fremd)wörtern angereichert werden.

2. *Fruchtbarkeit für die Forschung* pflegt ebenfalls ein zentrales Kriterium für die Nützlichkeit von Theorien zu sein, ist aber im Grunde mehr eine Sammelbeschreibung für eine Reihe von Merkmalen wie verhaltensnahe Definitionen, relevante Inhalts-, Bereichs- und Themenwahl, operational definierbare Begriffe, vor allem aber verlockende Forschungsparadigmen und einleuchtende Umsetzungs- und Anwendungsmöglichkeiten.

3. Zu den klassischen Kriterien gehört die *Sparsamkeit* im Begriffsapparat und in den Erklärungsprinzipien. Das fördert nicht nur die Eleganz und Eindringlichkeit einer Theorie, sondern macht sie auch für die Anwendung einfacher. Wenn wir in der Psychologie, beispielsweise in der Beratungspraxis, nicht nur „Rezepte" austeilen wollen, sondern mehr Verständnis für Zusammenhänge bewirken wollen, weil nur dies die Eigenständigkeit der Klienten fördert, mithin also Hilfe zur Selbsthilfe darstellt, dann sind wir auf einfache, einleuchtende Reduktionen auf das Wesentliche angewiesen.

4. Persönlichkeitstheorien sind nützlich, wenn sie *konstruktiv* sind, wenn sie nicht nur problematisieren, alles als furchtbar schwierig hinstellen

und die Lesenden letztlich allein lassen, sondern wenn sie Ansatzpunkte aufweisen, Wichtiges und Unwichtiges unterscheiden helfen und Anreiz zu relevantem Handeln sein können.

5. Persönlichkeitstheorien sind besonders nützlich, wenn sie *offen* und *selbstkorrigierend* sind. Theorien sollten für Veränderungen offen sein, denn „... die Welt, die wir erforschen möchten, ist etwas weitgehend Unbekanntes. Daher müssen wir uns offen halten, dürfen uns nicht im voraus beschränken" (Feyerabend, 1975, S. 32). Theorien sollten beispielsweise einen Paradigmenwechsel erlauben oder gar vorschreiben. Sie sollten, soweit das mit ihrer Ordnungsfunktion vereinbar ist, Erfahrungen möglichst wenig deformieren, Erfahrungen möglichst wenig behindern oder abschneiden. Das ist allerdings eine zweigleisige Geschichte, denn wir machen nicht einfach Erfahrungen, sondern nehmen sie stets auf der Grundlage *vorhandener* Theorien wahr, so sieht es zumindest die erkenntnistheoretische Position des Konstruktivismus. Von daher muß man die Forderung nach Offenheit so verstehen, daß *alternative* Strukturierungen zuzulassen sind.

6. Theorien sind schließlich in besonderem Maße nützlich, wenn die *Korrektur durch Empirie* bereits in der Theorie vorgesehen ist. Häufig ist es umgekehrt. Theorien sind so organisiert, daß sie auch durch gegenläufige Erfahrung nicht erschüttert werden können; diese Möglichkeit wird häufig durch Zusatzannahmen sorgfältig verrammelt. Nützliche Theorien sollten so organisiert werden, daß innerhalb des Theoriesystems eine Selbstkorrektur möglich ist.

Empirische Forschung kann allerdings nicht die Richtigkeit von Theorien beweisen. In der Methodenlehre gibt es die Idee des „experimentum crucis", den Entscheidungsversuch. Dabei gelingt es, ein Experiment so anzulegen, daß das Ergebnis entweder die Hypothese a bestätigt und die Hypothese b widerlegt, oder aber umgekehrt a widerlegt und b bestätigt. Dem steht der wissenschaftstheoretische Standpunkt gegenüber, daß der negative Ausgang einer empirischen Überprüfung einer Theorie keine Falsifikation dieser Theorie, sondern nur ein „Scheitern eines Anwendungsversuchs" (Groeben & Scheele, 1977, S. 4) ist. Bei einer solchen Sichtweise sind Theorien lediglich als begriffliche Gebilde anzusehen, „... in Bezug auf die eine Rede von Falsifikation nicht sinnvoll ist" (S. 106) und nicht mehr als System von Sätzen/Aussagen.

Auch wenn man diese wissenschaftstheoretische Position nicht teilt, herrscht doch weitgehend Einigkeit darüber, daß schon aus formal-logischen Gründen nicht die Rede davon sein kann, daß ein positiver empirischer Beleg die Richtigkeit der Theorie beweist. Das gilt nicht nur für Theorien im engeren Sinn, sondern auch für Forschungsansätze, Forschungsverlaufsmodelle usw., die man im Anschluß an Kuhn (1962) *Paradigmen* zu nennen gewohnt ist. Auch Gegenstands- und Paradigmadebatten sind nicht auf der Grundlage von empirischen Ergebnissen entscheidbar, sondern werden durch Definition und durch Setzungen entschieden (vgl. Breuer, 1989; Westmeyer, 1995).

Bevor wir mit einem Blick in die Geschichte das Einführungskapitel beenden, wollen wir in acht abschließenden Bemerkungen noch einmal den Umgang und die Auseinandersetzung mit Persönlichkeitstheorien aus sehr allgemeiner, dabei auch alltags- und laientheoretischer Sicht reflektieren und einige der bisherigen Überlegungen Revue passieren lassen.

1. Bemerkung: Laien erwarten inhaltliche Verknüpfungen

Laien erwarten von der Persönlichkeitspsychologie in erster Linie *inhaltliche* Aussagen: Woher kommt es, daß ich manchmal aggressiv bin, und wie sollte ich damit umgehen? Woran kann ich die Aufrichtigkeit eines Menschen erkennen? Was kann ich gegen meine Selbstunsicherheit tun? Laien erwarten etwa Aussagen über ihre Zweifel und Verwirrungen hinsichtlich ihrer Sexualität, ihrer Auseinandersetzung mit persönlichen Werten und Ansprüchen, Beruhigung darüber, daß merkwürdige Tagträume und Phantasien kein Zeichen von Abnormität sind, und Empfehlungen darüber, was sie tun und lassen sollen, wenn es um ihre Selbstverwirklichung geht.

In den älteren literarischen Quellen über persönlichkeitspsychologische Sachverhalte werden solche inhaltlichen Verknüpfungen und stellungbeziehende Aussagen gern angeboten, und sie werden vermutlich auch gern gelesen:

„Nachsicht gegen sich und Hartherzigkeit gegen andere ist ein und dasselbe Laster" (La Bruyère).

„Edelmut ist nur verkappter Ehrgeiz, der die kleinen Vorteile verachtet, um größeren nachzugehen" (La Rochefoucauld).

„Bescheidenheit ist immer falsche Bescheidenheit. Aber besser falsche Bescheidenheit, als gar keine" (Fontane).

Demgegenüber befaßt sich die Persönlichkeitspsychologie, zumindest in der Form, in der sie in den Lehrbüchern erscheint, bevorzugt mit vorgeordneten formalen Fragen und weniger mit inhaltlichen Verknüpfungsaussagen. Dafür sind zwei Gründe verantwortlich zu machen. *Zum ersten*: Der begrenzte Umfang eines Lehrbuchbandes bietet nicht genügend Raum für die inhaltliche Diskussion aller wesentlichen Teilbereiche; allein Attraktivität, Aggressivität, Angst und Ängstlichkeit, Achtung, Ärger, um nur beim Buchstaben A zu bleiben, sind je für sich inhaltlich komplexe und vielschichtige Forschungsbereiche. Die Lehrbuchautoren pflegen sich hier dadurch zu helfen, daß sie entweder diese inhaltlichen Bereiche gesonderten Monographien überlassen oder einige wenige beispielhaft herausgreifen und diskutieren. Bei dem begrenzten Umfang dieses Einführungsbandes können wir auch nicht mehr leisten. Inhaltliche Aussagen im engeren Sinn sucht und findet man daher besser in gründlichen monographischen Darstellungen; lexikonartige Kurzzusammenfassungen bringen nicht viel. *Zum zweiten*: In der Persönlichkeitspsychologie ist der Stellenwert der Grundlagenforschung traditionsgemäß sehr hoch. Sie ist dementsprechend mehr dazu geeignet, Reflexionen anzuregen und Grundlagen für Handeln zu legen als konkrete inhaltliche Lösungsvorschläge oder Lebensregeln anzubieten. Auch einige der in diesem Buch dargestellten Persönlichkeitstheorien sind aus dieser Sicht Meta-Theorien, Theorien über die zweckmäßige Strukturierung inhaltlicher Theorien.

2. *Bemerkung: Es gibt implizite und explizite Theorien*

Wir haben im Alltag wie auch in der Arbeit als Psychologe und Psychologin nicht die Möglichkeit, uns theoriefrei gewissermaßen nur „mit der Sache selbst" zu befassen; wir haben lediglich die Wahl zwischen *expliziten* und *impliziten* Theorien. Der Begriff der impliziten *Theorie* führt jedoch ein wenig in die Irre, denn er suggeriert, als sei das eine jeweils in sich geschlossene Theorie, die nur eben nicht bewußt reflektiert sei. Wahrscheinlich ist es in den meisten Fällen sinnvoller, von einer Vielzahl von impliziten Theorieteilstücken für unterschiedliche Teilbereiche unseres Denkens und Handelns zu sprechen und nicht globale, in sich konsistente implizite Gesamttheorien anzunehmen. Solche impliziten Theorieteilstücke können etwa sein:

— *Implizite Definitionen*: Offenheit ist etwas Gefährliches, bedeutet ungeschützt sein und angegriffen werden können.
— *Implizite kausale Zusammenhänge*: Wenn ich unangenehmen Situationen aus dem Wege gehe, verschwinden sie auf die Dauer von selbst.
— *Implizite Handlungsmaximen*: Du mußt in jeder Interaktion mit jedermann siegreich sein.
— *Implizite komplexe Systeme*: Mein Selbstbild verbietet mir, mich in dieser Situation so zu verhalten.

Der Begriff „implizit" hat sich dabei als ein etwas verschwommener Gegenbegriff zu „explizit" im Sinne von „thematisiert", „bewußt gemacht", „reflektiert" eingebürgert. Implizite Theorien oder Theorieteilstücke müssen aber nicht unbewußt sein, implizit meint nur, daß wir sie als *handlungsleitend* nicht reflektieren.

Ein Teilbereich dessen, was sehr unscharf implizite Theorien genannt wird, hat unter dem Namen „subjektive Theorien" besondere Beachtung gefunden. Die engere Begriffsexplikation von subjektiven Theorien lautet, daß es sich um Kognitionen der Selbst- und Weltsicht handelt, die aktualisierbar und konstruierbar sind, eine zumindest implizite Argumentationsstruktur haben und Funktionen erfüllen, die denen wissenschaftlicher Theorien parallel sind, Erklärung, Prognose und Technologie leisten und deren Akzeptierbarkeit als „objektive" Erkenntnis prüfbar ist (Groeben, Wahl, Schlee & Scheele, 1988; Scheele & Groeben, 1988). Wir werden auf Ansätze im Bereich der subjektiven

Theorien, die seit den 80er Jahren geradezu ein Modethema geworden sind, in Kapitel 1 zurückkommen.

Es ist nicht notwendig anzunehmen, daß jede Wahrnehmung, jedes Verhalten und jede Handlung maßgeblich durch implizite Theorien bedingt werden. Aber es ist unmittelbar einsichtig und plausibel, daß wir in unserem Verhalten, sei es in bezug auf unsere eigene Person, in bezug auf vertraute Beziehungen oder in bezug auf übergreifende gesellschaftliche Systeme, weitgehend durch implizite persönlichkeitspsychologische Setzungen mitbestimmt werden. Von daher sollten wir uns mit *expliziten* Persönlichkeitstheorien auseinandersetzen. Denn wenn wir es nicht tun, so arbeiten wir deshalb keineswegs theoriefrei, sondern bleiben im Rahmen unserer impliziten Theoriensysteme, die möglicherweise manchmal besser, möglicherweise aber auch schlechter, unbrauchbarer, einseitiger sind.

3. Bemerkung: Wir sollten uns mit mehreren theoretischen Ansätzen gründlich befassen

Theorien, so haben wir ausgeführt, werden von uns an die komplexe und vielfältige Welt herangetragen und gestatten uns Strukturierungen auf der Grundlage der Begriffe, die wir dazu vorgeben. Solche Theorien können einen unterschiedlich großen Geltungsbereich haben; ist der Geltungsbereich groß, dann bleibt die Theorie zumeist im Abstrakten und Allgemeinen; ist der Geltungsbereich klein, wird die Theorie konkreter, umfaßt aber nicht alle Bereiche. Schon aus solchen Überlegungen heraus erscheint die Suche nach der voll befriedigenden psychologischen Gesamttheorie vergeblich. Wir haben es in der Persönlichkeitspsychologie mit einer ganzen Reihe von theoretischen Ansätzen zu tun, die je bestimmte Schwerpunkte, Stärken und Schwächen haben, besondere Anwendungsbereiche und Bereiche, in denen sie nützlich, andere, in denen sie wenig nützlich sind. Theorien sind jedoch im allgemeinen nicht gegeneinander abgrenzbar wie Landkreise in Preußischen Provinzen. Es ist nicht selten, daß Theorien zueinander in einem schwierigen logischen Wechselzusammenhang stehen, der noch dazu von beiden Seiten her unterschiedlich definiert wird. Das wird später deutlich werden, wenn wir einzelne Theorieansätze vorstellen.

Grundsätzlich ist es geboten, sich Kenntnisse in *mehreren* theoretischen Ansätzen zu verschaffen. Monotheoretisches Denken läßt sich wohl finden, wird aber nirgendwo explizit verteidigt. Mehrere oder viele Theorien kennen heißt auch, sie untereinander zu vergleichen. Theorien sollten dabei nicht isoliert je für sich nach vorgegebenen Kriterien beurteilt und verglichen werden, sondern auch in ihrem relativen Wert zueinander und in ihrem relativen Wert zu den impliziten Theorien der Laien. Theorien sind dann brauchbar, wenn sie nützlicher sind als die konkurrierenden Theorien einschließlich der Laientheorie. Der Fairness wegen sollten wir Theorien in ihrer Brauchbarkeit oder Unbrauchbarkeit mit anderen *bestehenden* Theorien vergleichen, und nicht mit der Utopie einer vollständigen Theorie, die dermaleinst entwickelt werden soll. Und schließlich: Mit Blick auf die praktische Anwendung von Theorien sollten wir uns nicht darauf beschränken, formale Qualitäten der Theorien zu diskutieren. Denn praktische Anwendung heißt, daß *ich* in einer konkreten Situation, bei einer konkreten Fragestellung überlege, nach welcher Theorie *ich* diesen Sachverhalt strukturieren will. Für eine solche Überlegung ist es dann völlig legitim, daß ich *meine* Wertvorstellungen in die Überlegung einbeziehe, *meine* Fähigkeiten zur Strukturierung und *meine* Fähigkeit, mit bestimmten Methoden besser oder schlechter oder gar nicht umgehen zu können. Auch ist es notwendig, darüber nachzudenken, für welchen Handlungszweck ich die Theorie benötige.

Die Erarbeitung einer Theorie kostet Zeit und geistigen Aufwand. Da beides in der Regel begrenzt ist bzw. gewollt begrenzt wird, erscheint uns eine Warnung angebracht. Wenn wir auch entschieden dafür plädieren, sich mit mehreren Theorien auseinanderzusetzen, erscheint es uns letztlich doch sinnvoller, einige wenige Theorien gründlich kennenzulernen und nicht lexikalische Kenntnisse über möglichst viele Theorien zu erwerben. Mit einem Supermarkt-Pluralismus ist es nicht getan, denn es genügt nicht, die wesentlichen Begriffe als Schlagwörter (und Futterhappen für die Prüfer in Differentieller und Persönlichkeitspsychologie) benutzen zu können. Wenn man psychische Sachverhalte, Umweltereignisse, eigene Erlebnisse in die Sprache und Denkwelt einer Theorie umsetzen will, dann ist es unerläßlich, sich lange geduldig einzulesen, mit anderen zu diskutieren und immer wieder erneut zu versuchen, eigenes Erleben in der Sprache dieser Theorie zu verstehen. Wenn es lediglich die Alternative gäbe zwischen dem „kurzen lexikalischen Überblick" einerseits und der völligen Ignorierung aller Ansätze mit Ausnahme einer Schulrichtung oder Strukturierung (wozu uns glücklicherweise niemand zwingt), dann möchten wir uns (um das bloße Gedankenspiel wissend) eher für Einäugigkeit als für den „großen lexikalischen Überblick" entscheiden.

4. Bemerkung: Wir sollten uns überlegen, was unsere Aussagen mit uns selbst zu tun haben: als Psychologen und Psychologinnen sollten wir uns selbst in unsere Aussagen einbeziehen

Im traditionellen Forschungsansatz, den wir von den Naturwissenschaften übernommen haben, gibt es eine klare Trennung zwischen dem Forscher und dem Forschungsgegenstand, in der Psychologie üblicherweise abgekürzt als Versuchsleiter (Vl) und Versuchsperson (Vp; bei einem mehr demokratischen Verständnis kann man Vp als „Versuchspartner" lesen). Die Forscherin, so das traditonelle Verständnis, steht außerhalb der Ereignisse, sie führt sie herbei, sie beobachtet und mißt, sie stellt die Interviewfragen, sie legt einen Fragebogen vor, sie wertet aus – und daneben gibt es Menschen, die derart beforscht werden. Dieser Denkansatz ist fragwürdig, und das aus mehreren Gründen: *Zum ersten* haben wir bereits ausgeführt, daß sich Ereignisse nicht als solche präsentieren, sondern daß die Forschenden sie mehr oder weniger konstruieren. Und das gilt für ihre gesamte Forschungstätigkeit, indem sie durch Themenwahl, Versuchskonzeption, Kategorienwahl, Art der Durchführung und Auswertung der Ergebnisse diese mehr oder weniger stark beeinflussen (vgl. Westmeyer, 1995). *Zum zweiten* sind diejenigen, die die Forschung betreiben, vielfach *Teil* des phänomenalen Gesamtfeldes des Versuchsgeschehens, und ihre bloße Existenz in diesem Feld verändert das Geschehen. Das ist etwa in der Kulturanthropologie unmittelbar deutlich. Der Forscher, der mit Tonbandgerät und Schreibblock gewappnet den Lebensalltag einer Familie in einer fremden Kultur erforscht, wird durch seine Existenz im Gesamtfeld und durch seine Verhaltensweise den Forschungsgegenstand so verändern, daß die Ergebnisse dieser teilnehmenden Beobachtung unbrauchbar sind (zumindest als Information über das „urtümliche" Verhalten). Eine ähnliche Gefahr besteht in der Psychologie auch dort, wo das zunächst weniger auffällig ist, nämlich im Interview und in der Verhaltensbeobachtung. Diejenigen, die Methodenbücher schreiben, werden nicht müde, auf den das Geschehen mitgestaltenden Forscher immer wieder eindringlich hinzuweisen. *Zum dritten* gilt das wenn auch gerade nicht böse, so doch leicht bissige Wort, daß Psychologen vielfach dazu neigen, gewissermaßen zwei Klassen von Theorien zu entwickeln: die einen für sich selbst (und die sind meistens implizit), die anderen für die anderen Leute (und das sind die expliziten Theorien). Es ist, so beschreibt es Kelly (1955), als würden die Psychologen zu sich sagen

> Ich, der ich ein *Psychologe* bin, und daher ein *Wissenschaftler,* führe dieses Experiment durch, um die Vorhersage und Kontrolle bestimmter menschlicher Phänomene zu verbessern; aber mein Forschungsgegenstand, der lediglich ein menschlicher Organismus ist, ist offensichtlich gefangen von unerbittlichen Trieben, die tief in ihm sitzen, oder er ist auf andere Weise auf der begierigen Suche nach Nahrung und Schutz. (S. 5)

Man kann den Gegensatz zwischen der Rationalität, die Psychologen für sich beanspruchen, und dem Getriebensein von biologischen Bedürfnissen, das den anderen zugeschrieben wird, auch durch andere Gegensätze ersetzen. Persönlichkeitstheoretische Ansätze sollten jedoch so entworfen werden, daß sie auch das Verhalten der sie konstruierenden Psychologen mit umfassen. Wir werden in Kapitel 1 darauf zurückkommen.

Bei Kelly (1955) sowie auch bei Groeben und Scheele (1977) wird das Problem der Einbeziehung der eigenen Person in erster Linie aus der Sicht der psychologischen Theorien behandelt. Psychologische Theorien werden besser, brauchbarer, nützlicher, wenn es nicht zwei Klassen von Theorien gibt, solche für das Handeln von Menschen, und solche für das Handeln von Psychologen. Und psychologische Theorien werden besser, brauchbarer und nützlicher, wenn auch Menschen ohne Diplom in Psychologie gleichberechtigt an ihrer Erarbeitung und Überprüfung beteiligt werden. Das ist ein wichtiger Gesichtspunkt, aber nicht der einzige, der für die Selbstanwendung von Theorien und anderen wissenschaftlichen Erkenntnissen spricht. Uns schiene es ganz allgemein nützlich, wenn die Psychologen ihre Aussagen auch auf das eigene Verhalten bezögen, zumindest jene Anteile, die von der jeweiligen persönlichen Erfahrung her auf das eigene Verhalten beziehbar sind. Die Psychologie beschäftigt sich natürlich auch mit Themen, die für den Einzelnen nicht relevant sind bzw. nicht relevant sein können: Männer müssen/können sich nicht in Frauen einfühlen, Normalbegabte nicht in Genies usw. Aber dennoch: Der Philosoph Schopenhauer soll einmal auf die Frage, warum er alle die vernünftigen Lebensregeln, die er in seinen Werken, insbesondere den „Aphorismen zur Lebensweisheit", aufgestellt habe, denn nicht auch sich selbst zu Herzen nehme und befolge, geantwortet haben: „Der Wegweiser geht nicht mit." Wir fänden es gut, wenn die Psychologen es nicht dabei belassen würden, Wegweiser für andere aufzustellen.

5. Bemerkung: Es ist für die Persönlichkeitspsychologie keine sinnvolle Forderung, sich auf wertfreie Aussagen zu beschränken; aber es ist notwendig, sich zu bemühen, implizite Wertungen explizit zu machen

Wenn man in der empirischen Wissenschaft von Werturteilen und Werturteilsproblematik spricht, denkt man in erster Linie an Max Weber und an die berühmte Werturteilsdiskussion von 1914. Die Diskussion über die Zulässigkeit oder Unzulässigkeit von Werturteilen in der Psychologie ist ein häufiger Gegenstand der Methodologie unseres Faches (vgl. dazu Breuer, 1989). Dabei ist allerdings häufig ganz global von Werturteilen „in der Wissenschaft" die Rede. Sader (1964) hat im Anschluß an Dahrendorf zu zeigen versucht, daß derart globale Aussagen nicht weiterführen, Werturteile vielmehr an unterschiedlichen Stellen im Forschungsprozeß sehr unterschiedlich beurteilt werden müssen. Dabei hat er fünf Bereiche der Begegnung von wissenschaftlicher Arbeit und Werturteil unterschieden, nämlich Werturteile

— bei der Wahl eines Gegenstandes,
— bei der Aufstellung von Hypothesen und Theorien,

– bei der Versuchsdurchführung,
– bei der Auswertung und Formulierung von Ergebnissen,
– bei der Umsetzung von Ergebnissen in gesellschaftliches Handeln.

Ganz allgemein ist es sicher notwendig, Werturteile in all diesen Bereichen, soweit man sie als solche erkennt, zum Thema zu machen. Besonders kritisch wird dabei vor allem der Bereich der *Versuchsdurchführung* und *-auswertung* beurteilt, da hier die Ergebnisse oft unbemerkt bereits durch die Art der Anlage der Versuche, der Konstruktion der Forschungsinstrumente und der Auswertetechniken mitbestimmt werden. Das war ein Thema, mit dem sich die „Kritische Psychologie" ausführlich auseinandergesetzt hat (siehe dazu Holzkamp, 1964, 1972). Wir werden in Kapitel 3 an einem konkreten Beispiel auf implizite Werturteile in der Auswahl der Variablen zurückkommen.

Bei der Wahl des Forschungsgegenstandes, bei der Aufstellung von Hypothesen, bei der Formulierung von theoretischen Sätzen und auch bei der Umsetzung von Ergebnissen in gesellschaftliches Handeln scheinen dagegen Werturteile schlicht *unvermeidlich* (vgl. Groeben & Westmeyer, 1975). Die Forderung nach Wertfreiheit ist aus mehreren Gründen unsinnig. Dabei bescheinigen Groeben und Scheele (1977), daß „. . . dieses Faktum nicht als methodisches Ungenügen zu kritisieren ist, da das rigorose Wertfreiheitspostulat in sich nicht schlüssig und kohärent expliziert werden kann" (S. 125). Eine zweite Argumentationslinie, von Groeben und Scheele als *Vakuumthese* bezeichnet, läuft darauf hinaus, daß das Wertfreiheitspostulat gerade *nicht* zur Ideologiefreiheit führt, sondern daß „. . . der rigorose Rückzug der empirischen Wissenschaften aus dem Bereich der Ziel- und Normentscheidung/-begründung dieses Gebiet zu einem Vakuum macht, das zwangsläufig von irrationalistischen Strömungen ausgefüllt wird" (S. 124; vgl. auch Groeben et al., 1988). Drittens hat das Wertfreiheitspostulat, so Groeben und Scheele (1977), eine potentiell ideologische Funktion, indem es innerhalb der Wissenschaft Grenzen für rationale Kritik aufbaut. Die Forderung nach „Wertfreiheit" kann dann leicht dazu führen, implizite Wertannahmen, etwa zum Menschenbild, der Kritik zu entziehen. Und schließlich gibt es Stimmen, die da fragen, warum ausgerechnet Sachverständige und nur sie allein sich eines (Wert)Urteils enthalten sollen. So forderten etwa Brandstädter, Reinert und Schneewind (1979) im Vorwort eines pädagogischen Sammelbandes „die Einschaltung psychologischen Sachverstandes in die Prozesse der Entwicklung und der Kritik erzieherischer Handlungsziele" (S. 9). Groeben (1979, 1986) hat diesen Sachverhalt ausführlich dargestellt.

6. Bemerkung: Wir sollten die Bereichsabgrenzung des Faches nicht von den gegenwärtig verfügbaren Methoden oder der Beliebtheit von inhaltlichen Themen abhängig machen

Bei der Abgrenzung der Persönlichkeitspsychologie im ersten Abschnitt haben wir es bei einer Minimaldefinition belassen, haben gewissermaßen nur das in Begriffe gefaßt, worüber innerhalb des Faches leidlich Einigkeit besteht. Das ist für eine erste Verständigung zweckmäßig, und es überläßt dem einzelnen die Entscheidung, im Rahmen ihrer oder seiner eigenen Arbeit enge oder weite Grenzen zu setzen. So weit, so gut. Allerdings wählen wir die Theorien, mit denen wir arbeiten, nach bestimmten Kriterien: wir folgen einem Modetrend, wir übernehmen Paradigmen, die uns besonders imponieren, wir bevorzugen das leichter Zugängliche, das scheinbar Voraussetzungslose, das begrifflich bereits Abgeklärte, wir folgen der Arbeitsrichtung unserer Schule, der Denkweise unserer Lehrenden, wir suchen das Besondere oder gerade das Übliche. Außen vor bleiben da oft die schwierigen Themen.

Nun ist es immer leicht, andere aufzufordern, es besser zu machen, aber dennoch würde es der Persönlichkeitspsychologie wohl bekommen, wenn auch die schwieriger angehbaren Teilbereiche in stärkerem Maße einbezogen würden. Das heißt für die Forschenden, sich nicht dadurch abschrecken zu lassen, daß die auf diese Weise gewonnenen Ergebnisse zunächst weniger schulgerecht aussehen mögen, schwieriger in Begriffe zu fassen und in unbefriedigender Weise zu interpretieren sind. Das gilt für tabuisierte Bereiche, aber auch für die ganze Verfahrensweise der Themenfestlegung und Methodenwahl. Es ist für die Persönlichkeitspsychologie als Wissenschaft nicht gut, wenn nur die nahe am Hofe gelegenen fetten Wiesen abgegrast werden. Methodische Schwierigkeiten sollten uns nicht daran hindern, auch in unkonventionellen Bereichen erste vorläufige Ergebnisse zu erarbeiten: „Es ist nicht Sache der Einzelwissenschaften, bestimmte Aktivitäten einzustellen oder bestimmte Forschungsrichtungen aufzugeben, wenn die resultierenden Produkte mit keiner der verfügbaren formalen Struktur rational rekonstruiert werden können" (Westmeyer, 1977, S.88).

Das gilt nicht nur für die Forschung. Auch im Alltagsdenken scheint es uns nützlich, daß wir uns nicht vorschnell auf den Bereich dessen einengen, was gut definierbar, in klare Begriffe faßbar und möglichst quantitativ bestimmbar ist. Hier möchten wir Herrmann Hesse das Wort geben, der sich viel mit der zeitgenössischen Psychologie auseinandergesetzt und in seinen Arbeiten (vor allem „Steppenwolf" und „Demian") Anmerkungen zur Psychologie eingeflochten hat. So läßt er etwa im „Demian" (hier zitiert in der Ausgabe von 1978) den Orgelspieler Pistorius über zweckmäßige operationale Definitionen der Psychologie sich folgendermaßen äußern:

Wir ziehen die Grenzen unserer Persönlichkeit immer viel zu eng! Wir rechnen zu unserer Person bloß immer das, was wir als individuell unterschieden, als abweichend erkennen. Wir bestehen aber aus dem ganzen Bestand der Welt, jeder von uns, und ebenso wie unser Körper die Stammtafeln der Entwicklung bis zum Fisch und noch viel weiter zurück in sich trägt, so haben wir in der Seele alles, was je in Menschenseelen gelebt hat. Alle Götter und Teufel, die je gewesen sind, sei es bei den Griechen und Chinesen oder den Zulukaffern, alle sind mit in uns, als Möglichkeiten, als Wünsche, als Auswege . . . (S. 105)

7. Bemerkung: *Wir sollten realistische Erwartungen hegen zwischen Euphorie und Verzweiflung*

Unsere Strukturierungen zeichnen sich offenbar durch Dichotomien aus. Das werden wir in Kapitel 1 noch ausführen, wenn wir die Theorie von Kelly vorstellen. Wir denken gern in Alternativen und Extremen. Es gibt glückliche Menschen, und es gibt unglückliche Menschen, es gibt edle Menschen, und es gibt Schurken. Und mit dieser bipolaren Strukturierung gehen wir auch an Ideen und Theorien heran. Wir sind von einem Denkansatz begeistert und identifizieren uns mit ihm; oder wir halten nichts davon und kritisieren ihn in Grund und Boden. Unsere Werturteile sind ebenfalls meist bipolar und extrem. Es fällt uns zumeist schwer, eine mittlere oder ambivalente Haltung einzunehmen und zu bewahren.

Was den gegenwärtigen (und zweifellos auch zukünftigen) Stand der Persönlichkeitspsychologie und der Persönlichkeitstheorien angeht, ist aber gerade eine mittlere Erwartung zwischen blinder Euphorie und radikaler genereller Ablehnung das Angemessene. Wir haben keine allgemeinen Wahrheiten zu bieten (so überhaupt jemand danach sucht), noch können wir wissenschaftlich gesicherte Handlungsanweisungen geben. Die verfügbaren Aussagen sind von einem begrenzten, deshalb aber nicht geringerem Nutzen: Sie gestatten uns unter bestimmten Bedingungen, Komplexität so zu reduzieren, daß unser Handeln und Verhalten überschaubarer wird; dazu werden Begriffe und Begriffssysteme geboten und Anregungen gegeben. Es gilt, Erwartungshaltungen an Wissenschaft zu überprüfen und nicht unangemessene Anforderungen zu stellen.

8. Bemerkung: *Wir sollten neuen Theorien einen Vertrauensvorschuß geben*

Wir alle haben, wie wir es schon mehrfach betont haben, bereits zumindest eine Theorie, eine explizite wissenschaftliche oder eine implizite vorwissenschaftliche, und es verursacht Unsicherheit und vielleicht auch

Angst, wenn wir diese in Frage stellen, relativieren oder gar aufgeben sollen. Eine solche Besorgnis, in Frage gestellt zu werden, führt leicht zu dem, was viele Leute eine „kritische Rezeption" nennen: Bereits bei der Lektüre Gegenargumente suchen, sich nicht im Ernst auf die Argumente des Autors oder der Autorin einlassen und möglichst rasch die Begrenzungen des Ansatzes finden wollen. Das ist eine weitgehend übliche, aber ungünstige Geisteshaltung zur Aufnahme neuer Gedanken. Die Aufnahme eines neuen theoretischen Systems bedarf eines gewissen Vertrauensvorschusses; man muß sich bemühen, nicht nur das zu verstehen, was der Autor oder die Autorin sagt, sondern auch das, was er oder sie wohl gemeint hat, aber infolge der unterschiedlichen Vorkenntnisse und Wortbedeutungen sowie Mängel in der Ausdrucksweise nicht empfängerzentriert übermitteln konnte.

0.3 Ein kurzer Blick in die Geschichte

Die Einstellung zur Geschichte des eigenen Faches ist bei den einzelnen Wissenschaften unterschiedlich. Manchmal ist die Geschichte ein wesentlicher Bestandteil des Faches selbst, etwa bei der Philosophie oder der Kunstwissenschaft. In anderen Fächern ist sie eine Art Mittelding zwischen Kuriositätenkabinett und Bildungsgut, etwa in der Chemie oder in der Medizin. Hier ist es dann sachlich nicht notwendig, sich mit der Geschichte auseinanderzusetzen, aber es bildet möglicherweise.

In der Psychologie ist die Situation wieder eine andere. Einzelne Arbeitsrichtungen und Theorieansätze der bisherigen Psychologiegeschichte sind an je anderen Psychologischen Hochschulinstituten noch Gegenwart, und die zentrale Verteilungsstelle für Numerus-Clausus-Fächer in Dortmund entscheidet, wer welchen Aspekt der Persönlichkeitspsychologie als Gegenwart angeboten bekommt (sie entscheidet natürlich auch, wem welche zeitgenössische Theorie zugeteilt wird). Wenn man daher nicht die Einseitigkeiten einzelner Arbeitsrichtungen als jeweilige letzte Wahrheit akzeptieren, sondern grundsätzlich die Berechtigung unterschiedlicher Strukturierungen, Sichtweisen, Methoden, Arbeitsschwerpunkte akzeptieren will, dann ist nicht nur ein Blick in die Gegenwartsrunde, sondern auch ein Blick in die Geschichte zweckmäßig (vgl. dazu etwa Caprara & van Heck, 1992; Craik, Hogan & Wolfe, 1993; Herrmann & Lantermann, 1985; Schneewind, 1992; allgemein zur Geschichte siehe Geuter, 1986).

Dabei ist es in der Persönlichkeitspsychologie — wie auch in den meisten anderen Wissenschaften — eine unzulässige Vereinfachung, die Geschichte als eine konsequente historische Abfolge von wissenschaftlichen Ereignissen zu konstruieren. Noch 100 Jahre nach Kopernikus wurde an den meisten Hochschulen gelehrt, daß die Erde der Mittelpunkt des Weltgeschehens sei. Das zeigt: Konsequente zeitliche Abfolgen und Folgerichtigkeiten der Entwicklung werden im allgemeinen nachträglich in die Geschichte hineingebastelt, weil die Historiker Ordnung, Übersichtlichkeit und eindimensionale Aufeinanderfolge lieben. Auch in der Persönlichkeitspsychologie wurden die Themen nicht in zeitlicher Abfolge nacheinander „entwickelt", und schon gar nicht als These, Antithese und Synthese: Themen werden nach einer Weile gelangweilt beiseite gelegt, und auf Paradigmen wird so lange herumgeritten, bis sie tot in der Manege liegen. Das schließt jedoch nicht aus, daß sie nach einer Weile auferstehen oder als „neu" entdeckt werden.

Die Charakterologie

Reflexionen über den Menschen, über Unterschiede zwischen Menschen, über Gründe und Folgen unterschiedlicher Wesensart des Menschen, Beschreibung und Deutung menschlichen Verhaltens – das alles sind wesentliche Themen der Philosophie gewesen, seit es geschriebene Literatur gibt. Unter formalen Gesichtspunkten würden wir heute das meiste davon als eine Mischung von klassifikatorischen Bemühungen und der unbefangenen Einbringung eigener Phänomene ansehen. So schreibt etwa Kant (in seiner „Anthropologie", 1798, hier zitiert nach Kant, o.J.) „von der Furcht und der Tapferkeit":

> „Bangigkeit, Angst, Grauen und Entsetzen sind Grade der Furcht, das ist des Abscheus vor Gefahr. Die Fassung des Gemüts, die letztere mit Überlegung zu übernehmen, ist der *Mut*, die Stärke des inneren Sinnes, nicht leicht wodurch in Furcht gesetzt zu werden, ist *Unerschrockenheit*. Der Mangel des ersteren ist *Feigheit*, des zweiten *Schüchternheit. Herzhaft* ist der, welcher *nicht erschrickt; Mut* hat der, welcher mit Überlegung der Gefahr *nicht weicht; tapfer* ist der, dessen Mut in Gefahren *anhaltend* ist. *Wagehalsig* ist der Leichtsinnige, der sich in Gefahren wagt, weil er sie nicht kennt. *Kühn*, der sie wagt, ob er sie gleich kennt; *tollkühn*, der bei sichtbarer Unmöglichkeit seinen Zweck zu erreichen sich in die größte Gefahr setzt" (S. 446f).

Eine ähnliche unbefangene Einbringung eigener Phänomene finden wir in diesem Beispiel (Schopenhauer, hier zitiert nach 1947):

> „Zu Pflegerinnen und Erzieherinnen unserer ersten Kindheit eignen die Weiber sich gerade dadurch, daß sie selbst kindisch, läppisch und kurzsichtig, mit einem Worte, zeitlebens große Kinder sind: Eine Art Mittelstufe zwischen dem Kinde und dem Manne, als welcher der eigentliche Mensch ist. Man betrachte nur ein Mädchen, wie sie tagelang mit einem Kinde tändelt, herumtanzt und singt, und denke sich, was ein Mann beim besten Willen an ihrer Stelle leisten könnte" (S. 651).

Aussagen wie diese sind einerseits definitorische Festlegungen und Setzungen, sie stammen aber andererseits auch aus der Beobachtung und Selbstbeobachtung. Zwischen „. . . dies nenne ich . . ." und „dies sind . . ." wird dabei kaum unterschieden, die oft durch die eigene Lebensgeschichte und Persönlichkeit geprägte Beobachtung und Selbstbeobachtung wird unbefangen als legitimer Sachverhalt akzeptiert. Die frühe Charakterkunde, ohnehin der philosophischen Tradition nahestehend, übernimmt diese Denk- und Arbeitsweise zumeist unreflektiert. Vor allem in der „klassischen" Charakterkunde, etwa zu kennzeichnen durch Klages, Spranger, Jung, Jaensch, Rothacker, Lersch, Wellek, ist die von der Selbst- und Fremdbeobachtung ausgehende Systematisierung und klassifikatorische Definition zentral. So etwa Ludwig Klages (1910; hier zitiert nach der Ausgabe von 1976) über das Pflichtgefühl:

„Umgekehrt, wie man sich leicht überzeugt, bedeutet auch das sog. Pflichtgefühl keineswegs etwa nur eine besondere Empfänglichkeit für den Pflichtbegriff, sondern ebensosehr eine Antriebsbedingung zur Durchführung pflichtmäßiger Obliegenheiten. Läßt schon die gewaltige Willensanstrengung, welche gerade manche pflichtmäßige Handlungen erfordern, keinen Zweifel daran, so belehrt uns vollends ein Blick auf die Folgen der Pflichtversäumnis über die Eigenart des „Interesses", das der mit dem Pflichtgefühl Behaftete an der Pflichterfüllung besitzt: Zieht doch in ihm die Versäumnis den sog. Gewissensbiß nach sich, vor dem er nicht weniger Furcht empfindet wie der mit Erwerbssinn Behaftete vor den Unlustgefühlen infolge der Einbuße an materieller Habe!" (S. 245).

Oder Albert Wellek (1950) in seinem charakterkundlichen Hauptwerk „Die Polarität im Aufbau des Charakters" über den Willen:

„Wir haben also für den Bereich des Willens zu unterscheiden:
(1.) Willensheftigkeit (Durchschlagskraft, Stoßkraft);
(2.) Willensstetigkeit (Festigkeit, Zähigkeit, allenfalls Spannkraft).
Zwischen beiden Formen besteht offensichtlich ein weitgehend analoger Unterschied wie zwischen Lebendigkeit und Lebenszähigkeit im vitalen Bereich, wie zwischen dem tiefen, im gegebenen Augenblick meist unintensiven Fühlen und dem affektvoll intensiven, aber flachen Fühlen im Gefühlsbereich. Und ferner besteht ein offenkundiger Zusammenhang zwischen Willensheftigkeit und Triebhaftigkeit, auch — weniger deutlich — Willensstetigkeit und Instinktsicherheit" (S. 115).

Das Bedürfnis nach klassifikatorischer Ordnung steht bei den meisten dieser frühen psychologischen Arbeiten durchaus im Vordergrund: Es werden Definitionen angeboten, und es wird, wenigstens im Ansatz, versucht, das Verhältnis der einzelnen Begriffe zueinander festzulegen. Daneben spielen vor allem auch Lebensregeln (so etwa Schopenhauers Aphorismen zur Lebensweisheit) und allgemeine Ermahnungen und Aufrufe zur Selbstbesinnung eine Rolle. Man kann diese Ansätze in einem weiten Sinne auch *phänomenologisch* nennen, insofern, als sie im wesentlichen durch Phänomene der Selbst- und Fremdbeobachtung gespeist werden. Doch ist es in der Psychologie der letzten Jahrzehnte üblicher geworden, den Begriff der phänomenologischen Herangehensweise enger und strenger zu fassen. Wir kommen im nächsten Kapitel darauf zurück.

Neben dieser geisteswissenschaftlichen Tradition der frühen Psychologie gibt es andere frühe Ansätze, die aus dem Bereich der Medizin stammen. Hier ist vor allem die *Psychoanalyse* zu nennen, manchmal auch als „Tiefenpsychologie" bezeichnet. Sie geht bekanntlich auf Freud (1856 − 1939) zurück. Unter seinen zahlreichen Schülern sind für die Charakterkunde vor allem Alfred Adler (1870 − 1937), Carl Gustav Jung (1875 − 1961) und Erich Fromm (1900 − 1980) wichtig geworden. Im Gegensatz zu den klassifikatorischen Bemühungen der deutschen Charakterologen hat man für diese Theorien die Bezeichnung „psychodynamische" Theorien verwendet. Das soll vor allem zum Ausdruck bringen, daß sie über eine Zustandsbeschreibung hinausgehen und intrapsychische sowie zwischenmenschliche Prozesse und Dynamiken, hier vor allem auch *Konflikte*, thematisieren. Aus dem Bereich der Medizin stammt noch eine dritte frühe Arbeitsrichtung, nämlich die der medizinisch orientierten *Typologien*. Hier ist etwa der Zusammenhang zwischen Körperbau und Charakter (Kretschmer, 1921; Sheldon, 1940) oder die Hirnstruktur (Conrad, 1941) der Ausgangspunkt.

Die weitaus meisten dieser frühen Anfänge einer Charakterkunde haben sich abseits der gleichzeitigen akademischen Psychologie entwickelt, wie sie an den Hochschulen vertreten war. Von dem runden Dutzend deutschsprachiger Charakterologen, von denen Helwig (1957/65) in dem seinerzeit einzigen Überblickswerk zu berichten hat (Adler, Conrad, Freud, Helwig, Heyer, Jaensch, Jaspers, Jung, Klages, Kretschmer, Rothacker, Schultz-Hencke, Spranger) hat seinerzeit nur einer einen Lehrstuhl für Psychologie innegehabt. Das war Jaensch, und an seinem Beispiel muß auch die Verstrickung der Psychologie mit dem Nationalsozialismus diskutiert werden (siehe dazu Scheerer, 1985). Die meisten der anderen standen der seinerzeitigen (Hochschul)Psychologie fremd, teilweise feindlich gegenüber. Dieses Ignorieren war wechselseitig: Die „Psychologen" ignorierten die Charakterkundler, die Charakterkundler ignorierten die „Psychologen", und die Charakterkundler ignorierten einander. Diese Verhaltensweise mag vielerlei Gründe haben. Die Denktraditionen lagen weit voneinander entfernt; die „akademische" Psychologie stand noch in den ersten Anfängen und war zum Teil mit engen Inhaltsbereichen befaßt, die der Charakterkunde ferner lagen. Auch mögen die Charakterologen einander häufig als Konkurrenz empfunden haben, die man am besten durch Nichtbeachtung schädigen kann.

Was bedeuten uns diese Anfänge heute? Auch wenn man holzschnittartige Vergröberungen nicht scheut, die bei einem Einführungsband ohnehin unvermeidlich sind, so gilt es dennoch zu differenzieren: Freud und die von ihm ausgehenden Denkrichtungen der Psychoanalyse sind auch heute noch, 60 bis 100 Jahre nach den ersten Veröffentlichungen, fruchtbare, unausgeschöpfte und zentrale Quellen für Heuristiken einer Persönlichkeitspsychologie. Wer sich überhaupt dazu entschließt, sich mit mehreren Strukturierungen einer Persönlichkeitspsychologie auseinanderzusetzen, der sollte sich mit Freud gründlich auseinandersetzen (siehe dazu Kapitel 6). Adler, zeitweilig ein „Schüler" Freuds, der zu Unrecht in seinem Schatten stand und immer noch steht, und zudem durch die Ungunst der Zeitverhältnisse um die verdiente eigenständige Wirkung gebracht worden ist, ist ebenfalls hervorzuheben.

Adlers wesentliche Arbeiten liegen im Fischer Verlag als Taschenbuchbände vor; für den Bereich der Persönlichkeitspsychologie ist vor allem auf die Titel „Über den nervösen Charakter", „Praxis und Theorie der Individualpsychologie", „Menschenkenntnis", „Lebenskenntnis" und „Der Sinn des Lebens" zu verweisen. Als erste Einführung eignet sich Sperber (1971); Lehrbuchdarstellungen finden sich bei Ansbacher und Ansbacher (1982) sowie Schmidt (1989).

Die großen „klassischen" *Charakterologien*, seien es Typologien, systematische Klassifikationen oder Schichtentheorien, werden nur noch in wenigen Lehrbüchern der Persönlichkeitspsychologie vorgestellt (siehe Herrmann & Lantermann, 1985; Schneewind, 1992). Eine gründliche kritische Auseinandersetzung findet man in dem von Lersch und Thomae (1960) herausgegebenen alten Handbuchband „Persönlichkeitsforschung und Persönlichkeitstheorie". Außerhalb des deutschen Sprachraums sind die meisten dieser Autoren fast nirgends zitiert worden, wenn man von deutschen Emigranten und einigen wenigen amerikanischen Psychologen absieht, die deutsche Literatur im Originaltext lesen konnten. Heutzutage besteht weitgehend Einigkeit darüber, daß die pragmatische Nützlichkeit sowohl der Typologien als auch der anderen klassifikatorischen Ansätze sich sehr in Grenzen hält. Und die klassifikatorischen Aussagen sind zumeist so wenig auf konkretes Verhalten umsetzbar, daß man sich von ihnen kaum Brauchbares erwarten darf. Sie sind zudem, aber das gilt für unsere heutigen Theorien im selben Maße, durch die impliziten Persönlichkeitstheorien der Autoren und die zeitgenössischen Ideologien so stark geprägt, daß sie jenseits dieses ideologischen Kontextes als Strukturierung menschlichen Erlebens und Verhaltens nicht mehr sinnvoll erscheinen. Wobei man fairerweise hinzufügen muß, daß spätere Generationen das von unseren heutigen Strukturierungsversuchen ebenso sagen werden.

Haben diese frühen Arbeiten zur Charakterologie heute noch einen Stellenwert? Ihre Bedeutung zur Zeit ihres Erscheinens lag darin, daß in Loslösung von philosophischen Traditionen eine eigenständige Psychologie überhaupt erst geschaffen worden ist: Vergleicht man die Aussagen von Kant oder Schopenhauer mit denen von Wellek oder Klages, so steckt in der deutschen Charakterologie ein gehöriges Stück methodischer Besinnung und Reflexion, wie sich dies immer dann ergibt, wenn Sachverhalte reflektiert werden und in den Brennpunkt der Aufmerksamkeit rücken. Auch sollten wir heute den heuristischen Wert einzelner Systemteile als Anregung und Ausgangspunkt der Forschung nicht unterschätzen. Zahlreiche Testsysteme und Strukturierungen empirischer Daten stammen direkt oder indirekt aus dieser Periode „geisteswissenschaftlicher" Psychologie.

Daneben scheint es uns auch für die psychologische Alltagsarbeit heute noch sehr nützlich, durch die Lektüre ausführlicher und subtiler begrifflicher Unterscheidungen im Bereich der Psychologie zu einer größeren Sensibilisierung hinsichtlich der Vielschichtigkeit der Dimensionen angeregt zu werden. Man kann sich dies durch ein Gedankenexperiment verdeutlichen: Wenn man selbst den Versuch macht oder andere dazu anregt, Personen des Bekanntenkreises zu beschreiben, dann knabbern die meisten von uns rasch am Kugelschreiber. Er fällt uns nichts dazu ein. Und wenn, bleiben solche Versuche nicht selten in simplen Dichotomien stecken. Für die Abfassung von schriftlichen Arbeiten gilt es allgemein als beherzigenswerter Ratschlag, vor dem Beginn des Schreibens ein Stück guter Prosa zu lesen. In analoger Weise könnte man sich vorstellen, daß man vor der schriftlichen oder mündlichen Formulierung von Aussagen über andere Menschen Nutzen daraus ziehen könnte, ein Stück charakterkundlicher Literatur zu lesen, etwa das eine oder andere charakterologische Gutachten von Klages (aus der Sammlung von 1943) oder ein Stück aus der „Polarität" von Wellek (1950). Freilich: Man kann statt dessen auch eine der meisterhaften Personenbeschreibungen bei Thomas Mann oder Fontane wählen. Da wird auch deutlich, daß Beschreibung bei allem Bemühen, jemanden so zu schildern, wie er oder sie „wirklich ist", letztlich unsere *Konstruktion* ist. Durch die Wahl der Begriffe und Dimensionen beschreiben wir nicht eine Persönlichkeit, sondern wir erschaffen sie.

1. Erster Strukturierungsversuch: Persönliche Konstrukte

Der Beginn der „Psychologie der persönlichen Konstrukte" läßt sich erfreulich genau datieren: 1955 veröffentlichte George A. Kelly unter diesem Titel ein zweibändiges Werk von über 1200 Seiten: die vollständige Ausarbeitung der Theorie, mit sorgfältiger Darstellung im einzelnen und mit vielen Anwendungsbeispielen.

G. A. Kelly (1905-1966) stammte aus einfachen ländlichen Verhältnissen; sein Vater war ein strenggläubiger presbyterianischer Geistlicher. Die Schulbildung des Jungen begann in einer einklassigen Landschule. Nach dem Abschluß der Höheren Schule studierte er zunächst Mathematik und Physik, 1931 wechselte er erst zur Erziehungswissenschaft, dann zur Psychologie. Er arbeitete vor allem in der Klinischen Psychologie, während des Krieges als Psychologe bei den Marinefliegern. Zwischen 1946 und 1965 war er Professor für Psychologie an der Ohio State University, ab 1965 bis zu seinem frühen Tode an der Brandise University.

Nach der Veröffentlichung seines Hauptwerkes 1955 hat er noch eine Reihe von Aufsätzen vorgelegt, die aber den Grundansatz nicht verändern. Ein wesentlicher Teil dieser Arbeiten ist erst nach seinem Tode veröffentlicht worden, vor allem in einer von Maher (1969) herausgegebenen Sammlung. Wesentliche weiterführende und eigenständige Beiträge stammen von seinen „Schülern", vor allem Bannister, Fransella, Mair, Landfield, Adams-Webber und Salmon. Die Aufnahme der Gedanken Kellys in der psychologischen Fachwelt ist voller Merkwürdigkeiten. Bei seinem Erscheinen 1955 wurde das Werk zwar als etwas zu umfänglich empfunden, aber als bedeutender Beitrag der neueren Psychologie bewertet und vielfältig besprochen (so etwa von Bruner, 1956; Rogers, 1956). Anschließend wurde es weitgehend ignoriert. Groeben und Scheele (1977) führen das darauf zurück, daß der Ansatz „zu früh" (S. 89) war, das herrschende Paradigma des Behaviorismus war noch zu stark und konnte durch Kelly nicht in Frage gestellt werden. Doch das ist Vergangenheit. Mittlerweile ist aus der Theorie der persönlichen Konstrukte so etwas wie ein eigenständiges Fachgebiet geworden, mit einer eigenen Zeitschrift (dem *International Journal of Personal Construct Psychology*) und seit 1990 mit regelmäßig erscheinenden Überblicksbänden, den *Advances in Personal Construct Psychology*, die von Neimeyer und Neimeyer herausgegeben werden.

In deutscher Sprache liegt eine Übersetzung der ersten drei Kapitel seines Hauptwerkes von 1955 vor (Kelly, 1986). Darstellungen der weiteren Entwicklung finden sich z.B. bei Bannister (1985); Bannister und Fransella (1986); Bonarius, Holland und Rosenberg (1987), Epting (1984), Fransella und Dalton (1990) sowie Neimeyer und Neimeyer (1990, 1992). Für die wissenschaftstheoretische Auseinandersetzung mit Kelly ist im deutschsprachigen Raum vor allem auf Groeben und Scheele (1977), Groeben (1986) und Groeben et al. (1988) hinzuweisen; für Weiterführungen speziell der „Rep-Technik" (auf die wir noch eingehen werden) siehe Riemann (1991) und Scheer und Catina (1993).

1.1 Grundgedanken der Theorie von Kelly

Kellys theoretischer Ansatz wird zumeist als eine Persönlichkeitstheorie eingeordnet. Lehrbuchautoren pflegen Kelly in die Serie der „Klassiker" einzureihen, also neben Freud, Allport, Eysenck, Cattell, Rogers, Skinner, Bandura, um einige der vielreferierten zu nennen. Kelly hatte jedoch nie die Absicht, eine Persönlichkeitstheorie im konventionellen Sinne zu verfassen. Ihm ging es um die Beschreibung und Analyse grundsätzlicher psychischer Prozesse, die das Erleben und Verhalten des Menschen ausmachen. Für eine erste ganz allgemeine Annäherung sind drei Charakteristika der Theorie besonders wichtig.

Der Ausgangspunkt: die phänomenalen Konstrukte des Individuums

Die meisten Persönlichkeitstheorien, das werden die folgenden Kapitel noch zeigen, bestehen im wesentlichen aus der Vorgabe von inhaltlich bereits definierten Konstrukten, Dimensionen, Kategorien. Die einzelnen Individuen werden dann unter Vorgabe dieses Theoriesystems eingeordnet, sie werden in Begriffen des Theoriesystems erfaßt. So unterscheidet beispielsweise Eysenck zwei grundlegende Persönlichkeitstypen, die Intravertierten und die Extravertierten (siehe dazu Kapitel 3), und jeder Mensch läßt sich seiner Theorie zufolge auf einem Kontinuum zwischen den jeweils extremen Typausprägungen einordnen. Der grundsätzlich andere theoretische Ansatz Kellys besteht darin, daß zwar auch er die theoretischen Elemente vorgibt, nach denen die Persönlichkeit zu strukturieren ist, nämlich ihr Konstruktsystem (dazu gleich in aller Ausführlichkeit). Wie das aber konkret inhaltlich gefüllt ist, wird nicht *vorgegeben*, sondern von den zu untersuchenden Individuen *erfragt*. Theorien dieser Art werden üblicherweise „phänomenologische Theorien" genannt.

Ein wissenschaftstheoretisch reflektierter und relativierter Ansatz

Die meisten persönlichkeitstheoretischen Ansätze stammen aus einer Zeit, in der wissenschaftstheoretische Reflexion in unserem Fach wenig verbreitet war. Viele Autoren verwechselten auch leicht ihre Konstruktionen mit der Realität selbst. Kellys Ansatz ist einer der ganz wenigen Denkansätze, die sich der Tatsache bewußt sind, nicht reine gefundene „Wahrheit", sondern Konstruktion des Autors zu sein. Kelly (1955) definiert für seine Theorie zudem *Bereiche der Brauchbarkeit* (range of convenience) sowie *Schwerpunkte der Brauchbarkeit* (focus of convenience) und macht damit deutlich, daß er für seine — wie für jede andere — Theorie Grenzen und Brennpunkte des Anwendungsbereiches sieht. Außerhalb des definierten Anwendungsbereiches ist die Theorie möglicherweise nicht nützlich, innerhalb dieses Bereichs ist sie nach seiner Auffassung und seiner praktischen Erfahrung „einstweilen" nützlich. Den Anwendungsbereich seiner Theorie sieht Kelly auf die menschliche Persönlichkeit beschränkt (was ihn eben doch zu einem Persönlichkeitstheoretiker macht). Als den Brennpunkt seiner Theorie, also jenen Bereich, indem eine Theorie „am besten arbeitet" (S. 11), erachtet Kelly die Psychotherapie und hier die Möglichkeit, einen Menschen zu helfen, sein Leben zu rekonstruieren, „damit er nicht Opfer seiner Vergangenheit sein braucht" (S. 23). Die Anwendung seiner Theorie blieb jedoch nicht auf die Klinische Psychologie beschränkt; auch in einer Reihe von anderen Disziplinen wird mit ihr gearbeitet, darunter beispielsweise die Entwicklungspsychologie, Pädagogische Psychologie, Wirtschaftspsychologie, Sprachwissenschaft (vgl. dazu Neimeyer & Neimeyer, 1990, 1992).

Aufhebung des Subjekt-Objekt-Gefälles: „Man as Scientist"

Kelly (1970) berichtet, daß ihm eines Tages plötzlich bewußt geworden sei, daß alle psychologischen Einführungstexte zumindest zwei Persönlichkeitstheorien gleichzeitig enthalten: die Theorie für „Psychologen und ihr Verhalten" und die Theorie für „Menschen und ihr Verhalten":

> In der Theorie für „Psychologen und ihr Verhalten" ist der Psychologe ein aktiv Handelnder und Realisierender, er ist weitgehend unabhängig von sozialen Einflüssen, er ist den üblichen Denk- und Lerngesetzen nicht unterworfen, gewissermaßen das handelnde Subjekt der Forschung. In der Theorie „Menschen und ihr Verhalten" ist der Mensch lediglich Versuchsobjekt, er ist umweltabhängig, voller Vorurteile, des Denkens und Lernens nur sehr eingeschränkt mächtig. (S. 7)

Kelly hält diese Unterscheidung für nicht nützlich, ja für irreführend. Es ist ein wesentlicher Punkt seines Denkansatzes, den Wissenschaftler als Menschen, den Menschen als Wissenschaftler zu konstruieren. Und wenn der Wissenschaftler auch (nur) ein Mensch ist, dann gelten für ihn auch die Gesetze, die er für andere erforscht. Und auf der anderen Seite: Wenn er den Alltagsmenschen als Wissenschaftler konstruiert, dann heißt das, daß jeder Mensch sich im Grunde wie ein Wissenschaftler verhält. Er will Dinge vorhersagen und kontrollieren, und dazu stellt er Hypothesen auf und überprüft sie im Alltagshandeln; wenn sie sich bewähren, behält er sie bei, wenn nicht, dann verwirft er sie und stellt neue, bessere auf. Grundsätzlich, so Kelly, haben wir *Alternativen,* uns und die Welt zu strukturieren und zu konstruieren; das ist seine grundlegende These des „constructive alternativism".

Die Aufhebung der Subjekt-Objekt-Trennung, wie Kelly sie fordert, ist ein zentrales Thema methodologischer Reflexion der 70er Jahre geworden (vgl. etwa Holzkamp, 1972; Groeben & Westmeyer, 1975; Groeben & Scheele, 1977; Groeben, 1986; Breuer, 1989). Die Prämissen und Konsequenzen einer solch grundsätzlichen Wende lassen sich nicht mit wenigen Strichen nachzeichnen. Eine der wesentlichen Schwierigkeiten in der Rezeption dieses Ansatzes besteht vermutlich darin, daß implizite Selbstverständlichkeiten nur mit großem geistigen und zeitlichen Aufwand überhaupt in Frage gestellt werden können. So spricht etwa die traditionelle Auffassung vom psychologischen Experimentieren dem Experiment den sozialen Charakter dessen, was sich zwischen Versuchsleiter und Versuchsperson abspielt, mehr oder weniger ab. Aber es *ist* eine Beziehung, die zwischen Versuchsleiter und Versuchsperson besteht, wenn auch mit merkwürdigen Umgangsformen. Bannister und Fransella (1986) charakterisieren die traditionelle Vl-Vp-Beziehung als eine, in der die Versuchsperson „verzweifelt" (S. 90) versucht, die Konstruktionen des Versuchsleiters zu konstruieren und sich fragt, wonach er um Himmels willen sucht. Wenn wir hingegen die Versuchspersonen als Partner ernst nehmen und am Denk- oder Strukturierungsprozeß teilnehmen lassen, dann ersparen wir ihnen dieses Ratespiel, und das wird möglicherweise unsere Befunde verbessern. Wir werden auf diesen Punkt zurückkommen.

Zum Konstruktbegriff

Im Mittelpunkt von Kellys Theorie steht der Begriff des *Konstrukts.* Kelly versteht unter einem Konstrukt jedoch etwas anderes, als es überlicherweise in der psychologischen Literatur der Fall ist. Dem gängigen Verständnis zufolge sind Konstrukte, so Groeben und Westmeyer (1975), „theoretische Begriffe" (S. 60) oder Begriffe, die sich nicht vollständig auf Beobachtungsbegriffe zurückführen lassen. Häufig wird dann noch je nach dem Stellenwert im Argumentationszusammenhang zwischen beschreibenden *(deskriptiven)* und erklärenden *(explikativen)* Konstrukten unterschieden.

Bei Kelly (1955) hat der Konstruktbegriff einen größeren bzw. weiteren Begriffsumfang. Konstrukte sind für ihn ganz allgemein Unterscheidungen, die man treffen kann, Ordnungen, die man herstellen kann, seien sie begrifflich explizierbar oder vorsprachlich gedacht, explizit oder implizit, präzise oder unscharf. Konstrukte sind

... Möglichkeiten, die Welt zu strukturieren. Sie sind das, was dem Menschen, und auch den niedrigeren Tieren, gestattet, Verhaltensabläufe zu planen, explizit formuliert, implizit in Handlung umgesetzt, verbalisiert oder nicht sprachlich, konsistent oder inkonsistent mit anderen Verhaltensabläufen, intellektuell reflektiert oder bloß physiologisch erfahren ... (S. 9)

Jeder von uns hat Kelly zufolge ein charakteristisches und einzigartiges Konstruktsystem, mit dem wir Wahrnehmungen Bedeutung verleihen, sie einordnen, Handlungspläne entwerfen, überprüfen und verändern, ein System, in dem wir denken, arbeiten und bewerten. In einem solchen Begriffssystem läßt sich dann als die Aufgabe des Psychologen formulieren, daß er „... sich Konstrukte über die personellen Konstrukte des Gegenübers bildet, als Diagnostiker, und andererseits die Aufgabe, auch Konstrukte des anderen zu verändern − als Therapeut" (Wewetzer, 1973, S. 45).

Es ist wichtig, sich schon an dieser Stelle die grundsätzliche Andersartigkeit von Kellys Theorie im Vergleich zu unserer gewohnten Auffassung klarzumachen. Die übliche Verfahrensweise besteht ja gerade darin, daß wir Informationen über andere erhalten oder erfragen und diese Informationen in *unser* Konstruktsystem einfüllen. Anschließend entnehmen wir dann konsequenterweise aus *unserem* Konstruktsystem Hilfen für die Strukturierung, Ratschläge oder dergleichen. Bei Kelly dagegen werden wir dazu angehalten, uns nicht an unserem Konstruktsystem, sondern an dem unseres Gegenübers zu orientieren.

Wenn wir die Welt um uns herum mit Hilfe von Konstrukten kategorisieren und ordnen, explizit oder implizit, sprachlich oder vorsprachlich, klar oder unklar, dann können die Konstrukte für uns einen unterschiedlichen Stellenwert haben. Eine mögliche Absicht kann es dabei sein, leidenschaftslos und ohne große persönliche Beteiligung anhand der Konstrukte lediglich Ordnung zu schaffen. Etwa beim Einsortieren von Büchern in ein Regal (Konstrukt: Pflichtliteratur gegen Bücher, die man zum Vergnügen liest) oder beim Ordnen eines Kleiderschrankes (Konstrukt: Sommer- gegen Winterkleidung). Dieses *ordnungszentrierte* Vorgehen wird oft als der eigentliche Vorgang der kognitiven Strukturierung gesehen. Es gibt jedoch auch kognitive Strukturierungen in den Fällen, in denen wir in das Geschehen stärker involviert sind, wir uns beispielsweise in einer schwierigen Situation befinden, überfordert sind oder eine Situation bereits in einem emotionalen Gesamtkontext vorfinden. Auch in diesen Situationen handeln wir nach Maßgabe unserer Konstrukte, im Gegensatz zum bloßen ordnungszentrierten Vorgehen könnte man hier von *bewältigungszentriertem* Vorgehen sprechen. Die Wahl von Konstrukten und die Einordnung in Konstrukte geschieht dann eher unter

Gesichtspunkten wie „Notlagen beseitigen", „das Gesicht wahren", „Aggressionen abladen können", „Zuneigung zeigen dürfen" oder ähnlichem.

Nach der Art des Einflusses der Konstrukte auf entsprechende Elemente und nach der Art des Zusammenhangs mit anderen Elementen schlägt Kelly (1955) vor, eine Reihe von Konstruktbegriffen zu unterscheiden:

Zunächst einmal trennt Kelly zwischen *permeablen* und *impermeablen* Konstrukten. Ein Konstrukt kann nach Kelly permeabel (durchlässig) genannt werden, wenn es so aufgebaut ist, daß es neue Erfahrungen und Ereignisse zu den schon vorhandenen aufnehmen kann. Weihnachten ist ein Fest, das man mit den Eltern, mit Freunden, allein, mit oder ohne religiöse Überzeugung, bei Regen oder bei Schnee verbringen kann; es können jederzeit neue Elemente hinzukommen, und es ist immer noch Weihnachten. Impermeable (undurchlässige) Konstrukte hingegen grenzen die Elemente genau ein, die dazugehören, und da wird kein neues Element zugelassen und geduldet: Weihnachten ist nur dann Weihnachten, wenn man zu Hause ist, der Weihnachtsbaum mit den roten Kugeln behängt ist, und wenn es schneit.

Präemptive Konstrukte. Präemptive Konstrukte charakterisieren einen Menschen oder einen Sachverhalt *vollständig*, d.h. er wird dann nur diesem einen Konstrukt zugeschlagen, weitere kommen nicht in Frage: Eine Lehrerin ist eine Lehrerin und nichts als eine Lehrerin; wer einmal lügt, dem glaubt man nicht, und wenn er auch die Wahrheit spricht. Derart übergreifende, ausfüllende Konstruktionen, mit denen wir nicht zulassen, daß ein Mensch oder ein Sachverhalt eben auch noch anders konstruiert werden kann (die Lehrerin beispielsweise als *Lernende*, die in ihrer Freizeit eine Fremdsprache lernt) sind selten angemessen und brauchbar, aber sie sind mit ihrem hohen Grad an Vereinfachung im Alltag sicherlich sehr häufig.

Konstellatorische Konstrukte. Von konstellatorischen Konstrukten spricht Kelly dann, wenn bei einem Konstrukt bereits Zusammenhänge zu anderen Konstrukten mitgedacht werden: Wenn jemand aus Bayern kommt, wenn jemand der SPD angehört, wenn jemand Hochschullehrerin ist, wenn jemand vegetarisch lebt ... Wir sind zumeist gewohnt, weitere Zusammenhänge als wahrscheinlich anzunehmen oder einfach implizit als gegeben zu unterstellen. Wir denken im Alltag oft in konstellatorischen Konstrukten.

Propositionale Konstrukte. Dies sind Konstrukte, die sich nur auf den in Rede stehenden Sachverhalt beziehen und alles weitere offenlassen. Ein Beispiel wäre: Ich habe vor diesem einen Situationstypus, nämlich Diplomprüfungen, Angst; das heißt aber nicht, daß ich auch in anderen Situationen Angst habe, und daß ich, wenn ich in Prüfungen Angst habe, zwangsläufig auch versagen werde. Eine so konstruierte Prüfungsangst entspräche einem propositionalem Konstrukt, das keinerlei weitere Implikationen für das betreffende Verhalten hat. Es ist, so Bannister und Fransella (1986), „eine unkontaminierte Konstruktion" (S. 172). Sie stellt sicherlich eine Art Idealfall dar. Es wäre die logisch einwandfreie und richtige Art des Umgangs mit unseren Beobachtungen und Erfahrungen; aber die Alltagserfahrung legt nahe, daß wir das zumeist nicht leisten können und im allgemeinen wohl auch nicht ernsthaft anstreben.

Zum Persönlichkeitsbegriff

In den zwei Bänden von Kellys Hauptwerk (1955) gibt es keine Definition von Persönlichkeit. An einer relativ abgelegenen Stelle einer späteren Einzelarbeit (Kelly, 1961) heißt es einmal: „Persönlichkeit . . . ist unsere Abstraktion der Aktivitäten einer Person und unsere anschließende Verallgemeinerung aus dieser Abstraktion zu allen Problemen ihrer Beziehung zu anderen Personen, Bekannten und Unbekannten, genauso wie ihre Beziehung zu irgendwelchen anderen Dingen, die ihr wertvoll erscheinen" (S. 220). Der Kelly-Schüler Sechrest (1963) schlägt als Persönlichkeitsdefinition vor: „Ein üblicher Begriff von Persönlichkeit ist es, daß es sich dabei um das Gesamt derjenigen Konsistenzen im Verhalten eines Individuums handelt, die es von anderen Personen unterschiedlich und unterscheidbar sein lassen" (S. 229). Viel griffiger und für den Ansatz bezeichnender ist jedoch eine weitere Definition, die auf derselben Seite zu lesen ist: „Die Persönlichkeit eines Individuums ist sein Konstruktsystem".

Insgesamt hält Kelly nicht viel von der landläufigen Fächereinteilung und damit der Ausgrenzung einer Psychologie der Persönlichkeit. Bannister und Fransella (1986) polemisieren wohl durchaus in seinem Sinne, wenn sie von dem „kastrierenden Effekt einer Abtrennung der Persönlichkeit als Mini-Psychologie" (S. 35) sprechen. Für die beiden Autoren laufen die traditionelle Persönlichkeitspsychologie und die Differentielle Psychologie (die aus ihrer Sicht nicht wirklich inter*individuelle* Unterschiede, sondern lediglich Gemeinsamkeiten für *Gruppen* von Menschen untersucht) Gefahr, Menschen auf eine simplifizierte und rigide Weise wahrzunehmen und ihnen Konstrukte aufzuzwingen, die nicht die ihren, sondern die der Wissenschaftler sind. Diese harsche Kritik richten Bannister und Fransella vor allem gegen den Eigenschaftsansatz (auf den wir noch kommen werden).

1.2 Das Grundpostulat und die Korollarien

Die theoretisch ausformulierte Substanz von Kellys Ansatz besteht aus einem Grundpostulat und elf „Corollaries". Unter Korollarien versteht man in der Logik Sätze, die aus einem schon bewiesenen Satz als unmittelbar einleuchtende Folgerung hervorgehen. Da die Übersetzung „Folgesätze" den Eindruck erwecken könnte, daß es sich um logisch zwingende Ableitungen handelt, bleiben wir bei dem Begriff Korollarien. Kelly (1955) hat diese insgesamt zwölf Grundsätze in seinem Buch im zweiten Kapitel vorgestellt und kommentiert. Weder er selbst noch seine Schüler haben an diesen Formulierungen mit Ausnahme des Dichotomie- und des Wahl-Korollariums seither Veränderungen vorgenommen.

Das Grundpostulat

„Die psychischen Prozesse eines Menschen werden durch die Art und Weise, in der er Ereignisse antizipiert, psychologisch vermittelt und geprägt" (Kelly, 1955, S. 46).

Einem Satz wie diesem ist kaum anzusehen, daß und warum er das Kernstück einer psychologischen Theorie sein soll: Sagt er nicht eine Binsenwahrheit, und lassen sich ihm nicht ein halbes Dutzend anderer Sätze konkurrierend an die Seite stellen, die ebenfalls einen charakteristischen Vorgang beschreiben? Man kann die Konstruktionsweise der Theorie und den Stellenwert der einzelnen Aussagen nur verstehen, wenn man die wissenschaftstheoretischen Prämissen im Auge behält: Kelly will nicht Realität einfangen oder abbilden, sondern einen Ordnungsansatz vorschlagen. Das Grundpostulat *ist* nicht zentral für psychologische Prozesse, sondern er *setzt* es an eine zentrale Stelle und organisiert psychische Komplexität unter dieser Setzung.

Sehen wir uns das Grundpostulat unter diesem Gesichtspunkt an: Ausgangspunkt sind *Prozesse*, und das heißt, daß Kelly den Menschen als einen sich verhaltenden, sich (vorwärts)bewegenden Organismus sieht, „der Mensch . . . selbst ist eine Form der Bewegung" (S. 48). Und alle Bewegung ist auf die Zukunft gerichtet. Menschen suchen Ereignisse *vorherzusagen*, das ist ihre zentrale Motivation, und mehr an Motivation bedarf es Kelly zufolge auch nicht: „Es ist die Zukunft, die den Menschen anzieht, nicht die Vergangenheit" (S. 49). Die Vorhersage oder die Antizipation künftiger Ereignisse bestimmen daher auch alle psychischen Prozesse eines Menschen, die, so nimmt Kelly an, nicht chaotisch verlaufen, sondern strukturiert sind, ein „Netzwerk an Verbindungen" (S. 49) bilden. Und alle Strukturierung ist auf die Vorhersage, die Antizipation hin ausgerichtet. Das Grundpostulat läßt im übrigen auch den phänomenologischen Grundgedanken erkennen. Unser Handeln wird nicht durch extern gegebene Umweltvariablen, sondern durch deren phänomenale Korrelate in unseren Kognitionen beeinflußt. Mit etwas gutem Willen kann man auch ein ganzheitliches Credo aus dem Grundpostulat herauslesen: Von den Prozessen des Menschen ist die Rede und nicht von irgendwelchen Teilfunktionen.

Konstruktions-Korollarium

„Eine Person antizipiert Ereignisse, indem sie ihre Replikationen konstruiert" (Kelly, 1955, S. 50).

Ereignisse wiederholen sich nicht, wir *konstruieren* sie als gleich oder ähnlich oder als zu derselben Kategorie gehörig. Wir machen uns etwas Ordnung im Chaos ständiger Ereignisse, indem wir sie als gleichartig konstruieren. Wir nennen die Nahrungsaufnahme zwischen 13 und 14 Uhr „Mittagessen" und die Tätigkeit zwischen 9 und 11 Uhr „Vorlesung". Natürlich wiederholt sich kein Mittagessen in exakt derselben Form, aber um der Vorwegnahme der Zukunft wegen (was wird morgen zwischen 13 und 14 Uhr geschehen?) greifen wir diejenigen Elemente heraus, die konstant bleiben (Mensa, Schlange stehen, Salatbüffet, Kasse rechts, Tisch am Fenster links usw.), und damit konstruieren wir in der Tat die Replikation eines Ereignisses. In eben dieser Weise strukturieren wir nicht nur simple Abläufe, sondern auch komplexe Phänomene wie Freundschaft und Zuverlässigkeit, Treue und Hilfsbereitschaft, Betrug und Unredlichkeit. Dabei sollten wir im Auge behalten, daß das nicht notwendigerweise explizit und verbal vor sich gehen muß. Konstrukte sind oft nicht verbal, sie sind verschwommen, unklar und vieldeutig, aber sie beeinflussen deshalb nicht weniger die Antizipation von Ereignissen. Die Bedeutung des Konstruktions-Korollariums wird vielleicht noch etwas klarer, wenn man, so etwa Bannister und Fransella (1986), den Gegensatz zur lerntheoretischen Konstruktion hervorhebt:

Der Trugschluß der Reiz-Reaktions-Psychologie (und ihrer verfeinerten Abkömmlinge) liegt in dem Glauben, daß eine Person auf einen Reiz reagiert. Kein Mensch hat je auf einen Reiz reagiert. Menschen reagieren auf ihre *Interpretation eines Reizes*, und diese wiederum hängt von der Art und Weise ab, wie der Mensch seine Welt konstruiert. (S. 9f)

Individualitäts-Korollarium

„Personen unterscheiden sich voneinander in ihrer Konstruktion von Ereignissen" (Kelly, 1955, S. 55).

Dies ist ein Leitgedanke des Kelly'schen Ansatzes und generell der phänomenologisch orientierten Psychologie. Jeder Mensch konstruiert seine Welt in eigener Weise. Er kapriziert sich nicht nur auf unterschiedliche Ereignisse, die er vorwegzunehmen sucht, sondern er geht, selbst wenn er sich auf dieselben Ereignisse bezieht, auf die sich auch ein anderer Mensch bezieht, mit anderen Konstruktionen an diese heran. So kann es geschehen, daß Menschen im Extremfall in exklusiv subjektiven Welten leben, wenn sie nicht andere Menschen und deren Konstruktionen in ihre eigenen Konstruktionen einbeziehen. Hier ist eine der wenigen Stellen der Theorie, bei denen Kelly später Akzentverschiebungen vorgenommen hat. So schreibt er der letzten kurzen Darstellung seiner Theorie (als Einleitung für ein geplantes Buch über personale Konstrukttheorie):

> Ich würde heute weiter gehen als zu der Zeit, zu der ich dieses Korollarium vorgeschlagen habe, und würde annehmen, daß sogar die einzelnen Konstruktionen nie identische Ereignisse sind. Und ich würde das so weit ausdehnen zu sagen, daß zwei Personen niemals Konstruktsysteme mit gleichen logischen Aufbauprinzipien haben werden. (Kelly, 1970, S. 12)

Wenn wir daher zwei Personen mit „gleichem Verhalten" erleben, dann sollten wir vorsichtshalber überlegen, ob diese phänomenale Gleichartigkeit nicht lediglich daraus resultiert, daß wir sie in unserem Konstruktsystem als „gleich" kategorisieren. Beispielsweise wird es vermutlich häufig geschehen, daß wir aus Vereinfachung die sehr unterschiedlichen Reaktionen der Umwelt auf unser Verhalten als gleich kategorisieren: Niemand kann mich leiden, alle verachten mich.

Organisations-Korollarium

> „Jeder Mensch entwickelt, um Ereignisse besser antizipieren zu können, ein für ihn charakteristisches Konstruktsystem, in dem die Konstrukte in Rangordnungen zueinander stehen" (Kelly, 1955, S. 56).

Wir können nicht in einer chaotischen Welt von lauter unverbundenen Einzelkonstrukten leben, sondern wir sind, wenn wir Ereignisse vorhersagen wollen, darauf angewiesen, diese in Zusammenhänge, Abhängigkeiten, Gegensätze, Hierarchien usw. zu ordnen. Das bedeutet nicht, daß wir jeweils *alle* unsere Konstrukte in eine Ordnung zueinanderbringen oder bringen müssen. Im Gegenteil, Unstimmigkeiten, logische Unvereinbarkeiten, nicht zueinander passende Subsysteme sind wahrscheinlich die Regel (vgl. auch das „Bruchstücke-Korollarium", das später noch folgt). Aber wir haben, aus pragmatischen Gründen, wie auch dank einer uns innewohnenden Tendenz nach Ordnung, das Bedürfnis, das Zueinander unserer Konstrukte nicht offen zu lassen.

Aus einem solchen Denkansatz heraus wird deutlich, daß Kelly die Möglichkeit einer inhaltlich gefüllten Persönlichkeits-Gesamt-Theorie ablehnen wird. Ein genereller Denkansatz für das Zueinander von Kognitionen, Motivationen und Affekten, ihrer hierarchischen Anordnung nach Gesetzen von Subordination, Superordination und Koordination, der für alle Menschen gemeinsam oder auch nur für Gruppen von Menschen gelten soll, ist nach seiner Ansicht schlichtweg deshalb nicht möglich, weil ein solcher Ordnungsansatz ein einheitliches Konstruktsystem über viele Personen hinweg voraussetzen würde. Das ist schon deshalb nicht zu erwarten, weil sowohl die Ausprägung der einzelnen Konstrukte als auch die Zuordnung der Konstrukte zueinander von individuellen Lebensereignissen, Implikationen, Wertentscheidungen und vielem anderen abhängen, also für jeden von uns anders aussehen können und anders aussehen werden.

Dichotomie-Korollarium

„Das Konstruktsystem eines Menschen setzt sich zusammen aus einer begrenzten Anzahl dichotomer Konstrukte" (Kelly, 1955, S. 59).

Konstrukte sind Kelly zufolge prinzipiell dichotom. Wir denken und strukturieren die Welt in Alternativen: Gut versus Böse, Schwarz versus Weiß, Männlich versus Weiblich, Links versus Rechts. Zur Dichotomie gelangen wir, wenn wir Erfahrungen oder Sachverhalte auf eine simple Weise ordnen, nämlich nach Ähnlichkeit und Unähnlichkeit. Dazu bedarf es zumindest dreier Elemente, zwei, die sich ähnlich sind (beispielsweise Partei X und Y), und ein drittes, das sich von den beiden unterscheidet (Partei Z). Damit sind zwei Pole geschaffen, und ein Konstrukt (beispielsweise „Bürgernähe") ist etabliert.

Die Dichotomie, die Kelly unseren Strukturierungen unterstellt, mag entmutigend klingen. Sind wir zu anspruchsvollerem, komplexeren Denkstrukturen nicht in der Lage? Zumal als aufgeklärte Menschen sind wir geneigt, bipolares Denken als „Bildzeitungsstil" abzutun, aber da machen wir uns etwas vor. Wir denken eben häufig so, und die Reduktion komplexer Sachverhalte auf eine Dimension hat im übrigen ihren pragmatischen Nutzen, auf den wir angewiesen sind. So ein Beispiel von Bannister und Fransella (1986):

Wenn wir ein Klavier durch die Tür kriegen wollen, können wir viel Zeit damit verwenden, es in allen nur möglichen Dimensionen zu messen, und wir können das in höchst verfeinerten Maßeinheiten tun, aber schließlich und endlich müssen wir doch entscheiden, ob das blöde Stück nun durch die Tür hindurchgeht oder nicht. (S. 13)

Das Dichotomie-Korollarium ist bislang das einzige, das von neueren Autoren in seiner Allgemeingültigkeit in Frage gestellt worden ist (vgl. Riemann, 1987).

Wahl-Korollarium

„Ein Mensch wählt für sich selbst diejenige Alternative in einem dichotomen Konstrukt, bei der er eine größere Möglichkeit der Verbesserung seines Konstruktsystems antizipiert" (Kelly, 1970, S. 15).

Dies ist die einzige Stelle, an der Kelly eine Veränderung vorgenommen hat. 1955 hieß es noch „. . . größere Möglichkeit für die Ausdehnung und Definition seines Konstruktsystems" (S. 64). Hier hat Kelly später eine offenbar breitere und unspezifischere Formulierung vorgezogen. Dieses Korollarium macht Aussagen darüber, wie ein Mensch Ereignisse konstruiert, wenn er sich zwischen den beiden Polen eines dichotomen Konstrukts entscheiden kann. Ich kann mich beispielsweise in der Antizipation von Ereignissen auf den Pol „Unabhängigkeit" konzentrieren, wenn ich davon überzeugt bin, daß damit mein Konstruktsystem eher verbessert wird, als wenn ich Ereignisse unter dem Vorzeichen von „Abhängigkeit" konstruiere. Da nach Kelly die Weiterentwicklung des Konstruktsystems zum Zwecke einer optimierten Antizipation für den Menschen das eigentliche und letzte Ziel überhaupt ist, hat das Wahl-Korollarium eine zentrale Stelle in seinem Denksystem.

Bereichs-Korollarium

„Ein Konstrukt ist immer nur für die Vorhersage eines begrenzten Bereiches von Ereignissen brauchbar" (Kelly, 1955, S. 68).

Es gibt nach Kelly keine oder nur wenige Konstrukte, die für alle Ereignisse relevant sind. Selbst ein so basales Konstrukt wie „ist für mich angenehm – ist für mich unangenehm" versagt, wenn es darum gehen muß, Bücher zu sortieren. Konstrukte haben einen Bereich der Nützlichkeit, innerhalb dessen ihre Verwendung sinnvoll ist, und einen Bereich, in dem sie ganz besonders nützlich sind. Begrenzungen durch „range of convenience" und „focus of convenience" spielen für Kelly insgesamt eine wesentliche Rolle, vor allem auch für die Beurteilung von Theorien. Da Theorien nicht richtig oder falsch, sondern mehr oder weniger nützlich sind, liegt es nahe, einen Bereich besonderer Nützlichkeit anzugeben. Dies ist, für einzelne Konstrukte wie auch für Theorien, eine wohltuende Zurückhaltung, mit der Kelly sich von vielen anderen unterscheidet. Üblicherweise tendieren wir ja dazu, unsere Aussagen bis zur Allgemeingültigkeit überzustrapazieren und nicht von vorneherein auf einen begrenzten Bereich praktischer Nützlichkeit zu beschränken. Dieser Gesichtspunkt der begrenzten Nützlichkeit wird im Alltagsdenken wie auch in der Wissenschaft viel zu wenig zum Thema gemacht; die meisten Aussagen und Theorien würden wohl gewinnen, wenn der Bereich ihrer Nützlichkeit mit angegeben würde.

Erfahrungs-Korollarium

„Das Konstruktsystem eines Menschen verändert sich, indem er nach und nach die Replikation von Ereignissen konstruiert" (Kelly, 1955, S. 72).

Der Schwerpunkt dieser Aussage liegt zweifellos auf *Veränderung,* und die erfolgt über die Zeit hinweg, indem ich merke, daß neu hinzukommende Ereignisse das bisher konstruierte Muster ihres Ablaufes verändern. So habe ich die Möglichkeit, alte Konstruktionen zu überdenken. Beispielsweise wird das Konstruktsystem hinsichtlich eines bestimmten Sachverhalts verfeinert, wenn wir viele einander zwar ähnliche Erfahrungen machen, die dennoch immer wieder Neues bringen, etwa dasselbe Musikstück von unterschiedlichen Interpreten hören. Schließlich können wir auch Konstrukte in solchen Bereichen verwenden, in denen wir sie vorher nicht verwendet haben, in diesem Fall verändern sie ihren Bedeutungsgehalt, oder sie ändern ihre Relation zu anderen Konstrukten.

Hier bietet sich die Gelegenheit, einen unkritischen Erfahrungsbegriff zu reflektieren. Folgt man der Umgangssprache und dem Laiendenken, führen Wahrnehmen und Erleben ja gewissermaßen automatisch zu Erfahrung. Für Kelly hingegen ist es für die Erfahrungsbildung erforderlich, Erlebtes in das Konstruktsystem zu *integrieren,* es geistig zu *verarbeiten.* So würde uns eine Italienreise nur in dem Maße Erfahrung vermitteln, wie wir die neuen Erkenntnisse in unser Konstruktsystem integrieren: es genügt nicht, bloß aus dem Busfenster zu schauen.

Modulations-Korollarium

„Die Veränderung eines Konstruktsystems wird begrenzt durch die Durchlässigkeit der Konstrukte, innerhalb deren Brauchbarkeitsbereich die Varianten liegen" (Kelly, 1955, S. 77).

In diesem Korollarium unterstreicht Kelly den besonderen Stellenwert eines der Merkmale, nach denen sich Konstukte unterscheiden lassen, und das ist ihre *Permeabilität.* Durchlässig ist ein Konstrukt nach Kelly dann, wenn es die Aufnahme neuer Elemente zuläßt, die bis dahin noch nicht darin integriert waren (so hatten wir es an einer früheren Stelle schon ausgeführt). Durchlässigkeit ist vor allem für die Therapie wichtig, in der es Kelly zufolge darum geht, das eigene Leben anders zu konstruieren. Aber es gilt für andere Erfahrungen ebenso, ein einfaches Beispiel: Meine Einstellung gegenüber einer politischen Partei ist durch Konstrukte festgelegt. Wenn diese aber veränderbar sind, beispielsweise die Aufnahme neuer Erfahrungen gestatten, kann sich meine Einstellung zu dieser Partei ändern. So kann ich beispielsweise Ereignisse erleben, die meine Voreinstellung zu ändern geeignet sind: Ein führendes Mitglied der Partei hält eine Rede, die mir gar nicht gefällt; ich höre, daß der Schatzmeister Gelder veruntreut haben soll; die Wahlplakate gefallen mir überhaupt nicht. Zu einer Einstellungsänderung kann es aber nur kommen, wenn meine Auffassung von dieser Partei „durchlässig" ist.

So wünschenswert es häufig für Lernprozesse ist, daß wir *auch* durchlässige Konstrukte haben, so voreilig wäre es, die Durchlässigkeit *aller* Konstrukte als erstrebenswert hinzustellen nach dem Motto: „immer offen für alle Erfahrungen". In den meisten Fällen ist es für zielgerichtetes Denken und Handeln notwendig, daß wenigstens Teile unseres Konstruktsystems ein gewisses Maß an Nichtdurchlässigkeit besitzen.

Bruchstücke-Korollarium

„Ein Mensch kann nacheinander eine Vielzahl von Subsystemen seines Konstruktsystems benutzen, welche logisch unvereinbar sind" (Kelly, 1955, S. 83).

Das Konstruktsystem einer Person ist keine feste statische Größe, es ist vielmehr in ständiger Veränderung begriffen, jedes Erleben, jede Erfahrung, jedes Handeln verändert oder kann doch verändern. Daher ist bei der Komplexität unserer Umwelt und unseres Handelns in und mit ihr auch nicht zu erwarten, daß die Teile stets zueinander passen, die Aussagen aus unterschiedlichen Subsystemen stets miteinander übereinstimmen, einander logisch zuordenbar sind. Vielmehr ist bei näherem Zusehen eher Widersprüchliches, eigentlich Unvereinbares zu erwarten. Dies ist ein Gesichtspunkt, der in der Persönlichkeitspsychologie fast durchgehend vernachlässigt wird. Auch unser eigenes Selbstverständnis geht zumeist dahin, daß wir logisch konsistent denkende Wesen sind, logisch konsistent handeln und ein in sich stimmiges System von handlungsleitenden Prinzipien besitzen. Aus phänomenologischer Sicht sind jedoch zumindest drei Fälle subjektiv erlebter (In)konsistenz zu unterscheiden:

1) *Ich handele subjektiv inkonsistent.* Ich bin mir der Widersprüche bewußt. Ich will beispielsweise gar nicht konsistent handeln; ich nehme beim Handeln klare Widersprüche innerhalb meines Konstruktsystems in Kauf: ich halte Rauchen für sehr schädlich, aber ich rauche.

2) *Ich handele subjektiv konsistent, objektiv aber inkonsistent.* Ich merke nicht, daß ich inkonsistent handle. Das ist vermutlich der häufigste Fall: Wer überprüft schon ständig seine Handlungsschritte innerhalb eines gesamten Konstruktsystems? Und da die meisten Handlungen sehr komplex und vielschichtig sowie vielschichtig begründbar sein mögen, kann ich mir auch beim Vorhandensein objektiver Inkonsistenzen leicht selbst vormachen, mein System sei in sich konsistent.

3) *Ich handele subjektiv und objektiv konsistent.* Ich habe gußeiserne Dauerkonzepte, nach denen ich mich ein Leben lang richte. Eine solche Verhaltensweise schließt Entwicklung weitgehend aus, denn bei jeder Entwicklung muß ich zumindest zeitweise wohl Inkonsistenzen in Kauf nehmen. Völlig konsistente Menschen wirken auf die meisten von uns eher ein bißchen pathologisch.

Ähnlichkeits-Korollarium

„In dem Ausmaß, in dem ein Mensch Erfahrungen ähnlich konstruiert wie ein anderer Mensch, werden seine psychische Prozesse dem des anderen ähnlich sein" (Kelly, 1955, S. 90).

Dieses und das folgende Korollarium sind die beiden Sätze, die vermutlich die größte praktische Bedeutung für das psychologische wie auch das allgemein menschliche Handeln haben. Das kann man vielleicht am ehesten im Gegensatz zur Lerntheorie deutlich machen: Gleiche Versuchsbedingungen sind in der Lerntheorie solche, die objektiv oder nach den Vorstellungen und Konstruktionen des Versuchsleiters in die gleiche Kategorie gehören, wobei nur die explizit thematisierten Kategorien zählen. Für Kelly hingegen sind Versuchsbedingungen, Ereignisse, oder Prozesse dann gleichartig, wenn sie von den Beteiligten *als gleichartig konstruiert* werden. Für einen radikalen Phänomenologen kommt völlige Gleichartigkeit natürlich nie vor. Aber Kelly ist hier pragmatischer orientiert, leidliche Gleichartigkeit oder Ähnlichkeit in den handlungsleitenden Bezügen genügen ihm.

Sozialitäts-Korollarium

„In dem Ausmaß, in dem ein Mensch die Konstruktionen eines anderen Menschen konstruiert, kann er eine Rolle in einem sozialen Prozeß einnehmen, der den anderen mit einbindet" (Kelly, 1955, S. 95).

In den Augen Kellys und seiner Schüler hat dieser Satz, der im Grunde die Voraussetzung für das Zustandekommen einer Interaktion formuliert, eine zentrale Funktion in der Theorie und insbesondere in der Therapie. Es ist ein Leitgedanke der gesamten Theorie: Wir müssen uns im Ernst auf den anderen einlassen, uns in sein Konstruktsystem hineindenken, die Welt mit seinen Augen zu sehen versuchen, nur dann können wir überhaupt mit ihm in Beziehung treten, ihn verstehen und ihm — wenn es um Beratung und Therapie geht — wirksam helfen. Dieser Grundgedanke ist sicher nicht neu und überaus einleuchtend. Dennoch beachten wir ihn vermutlich selten. Es ist schwierig und verlangt geistige Anstrengung, das Denksystem eines anderen verstehen zu wollen; es führt häufig zu Angst und Unsicherheit, damit das eigene Denksystem in Frage zu stellen oder in Frage stellen zu lassen. Und außerdem: Wie stelle ich fest, ob ich die Konstrukte des anderen angemessen, übereinstimmend mit ihm konstruiere? Hier tut sich eine Welt von Schwierigkeiten auf, wenn wir solche Ansprüche ernstnehmen und in Handlung umsetzen wollen. Da zeigt sich dann, wie schwierig der Übergang von programmatischen Leitsätzen zu empirisch angebaren Handlungsanweisungen ist.

1.3 Zur Erfassung von persönlichen Konstrukten

Seinem grundsätzlichen Denkansatz entsprechend muß es Kelly in erster Linie darauf ankommen, von Versuchspartnern oder Klienten Informationen über ihre wichtigen und zentralen Konstrukte zu bekommen. Wie sehen sie sich und ihre Welt, und wonach ordnen sie ihre Erfahrungen ein? Wenn man von landläufigen Forschungsstrategien ausgeht, so läßt sich hier eine ganze Reihe von methodischen Zugriffsmöglichkeiten denken:

— man kann die Personen direkt danach fragen;
— man kann sie bitten, sich selbst oder andere nach vorgegebenen Konstrukten oder Fragen zu beurteilen oder in vorgegebene Kategorien einzuordnen;
— man kann Essays über die Person selbst oder über andere schreiben lassen;
— man kann sie zu Rollenspiel, zum Nachspielen erlebter Ereignisse veranlassen;
— man kann sie zu einem Thema oder Stichwort Geschichten erfinden und erzählen lassen;
— man kann sie bitten, einzelne Episoden aus ihrem Leben zu schildern.

In der Sprache von Kelly lassen sich solche Möglichkeiten grundsätzlich in zwei Gruppen einteilen: Verfahren *mit* und solche *ohne* Vorgabe von Konstrukten. Grundpostulat und Korollarien lassen bei dieser Wahl nur eine Entscheidung zu: Es muß darauf ankommen, die Konstrukte der Versuchspartner oder Klienten zu erkunden, sie dürfen nicht bereits als Klassifikationssystem vorgeben sein. Also beschränken sich die Methoden, die Kelly vorschlägt, im wesentlichen auf solche Verfahren, bei denen *keine* Vorgaben gemacht werden. Und wenn in einem späteren Stadium eines Verfahrens begriffliche Vorgaben gemacht werden, dürfen es naheliegenderweise nur solche sein, die bereits in einem früheren Verfahrensschritt von den Personen selbst benannt worden sind.

Wenn man dabei gleichzeitig im Auge behält, daß es für Kelly keinen Rangunterschied zwischen dem explorierenden Psychologen und dem Klienten gibt, die Beziehung zwischen beiden also in eine (leidlich) symmetrische Subjekt-Objekt-Beziehung umgewandelt worden ist, dann ist es unmittelbar einsichtig, daß die direkte Befragung eine seiner wesentlichen Methoden ist. Nur sie entspricht seinem zentralen methodischen Credo, das er oft als „Kellys first principle" gekennzeichnet hat: „Wenn Sie nicht wissen, was mit einem Patienten los ist: fragen Sie ihn, es kann sein, daß er es Ihnen sagen kann" (zitiert nach Bannister & Fransella, 1986, S. 57). Dieser Grundgedanke des „selber Sagens" wird in der Methode der *Selbstcharakterisierung* besonders konsequent umgesetzt. Bei diesem Vorgehen wird ein Mensch gebeten, sich selbst zu beschreiben, und zwar aus der Sicht eines/einer ihm/ihr vertrauten und gewogenen Freundes/Freundin. Die freie Selbstcharakterisierung erfolgt daher auch in der dritten Person, d.h. ich beschreibe mich selbst als „sie ist . . ." bzw. „er ist . . .".

Kelly's „first principle" ist erfrischend klar formuliert und sicher oft hilfreich, gerade bei der komplizierten verwissenschaftlichten Denkweise in
der Psychologie, bei der wir im Interesse der wissenschaftlichen
Exaktheit oft um sieben Ecken herum denken und dabei leicht Naheliе-
gendes übersehen, Wesentliches und Unwesentliches nicht unterscheiden können. Sicher ist es für viele Fälle ein guter Ratschlag, unter der
Voraussetzung einer gewissen Vertrauensbeziehung zunächst einmal direkt und klar die Sichtweise des Gegenübers zu erfragen. Andererseits
stellt sich die Frage, inwieweit man die berichteten Phänomene für so etwas wie die „Wahrheit" und die „Sache selbst" halten darf. Wir kommen
auf diesen wichtigen Punkt noch zurück.

Rep-Test

Neben dem direkten Zugang über das Gespräch und die Selbstcharakterisierung in der dritten Person hat Kelly vor allem eine Methode entwickelt, die die Vorgabe von Konstrukten vermeidet und diese statt dessen von den Versuchsteilnehmern verbalisieren läßt: der *Role-construct-
repertory-Test*, zumeist als *Rep-Test* abgekürzt. Dieses Verfahren hat in
wenigen Jahren rasch weite Verbreitung gefunden. Eine ausführliche
Darstellung des *Rep-Tests* findet sich in Kellys Hauptwerk (1955; für neu-
ere Darstellungen siehe Bell, 1990; Riemann, 1991; Scheer & Catina,
1993).

Der *Rep-Test* in seiner klassischen Form besteht aus zwei Teilen. Zunächst wird eine Personenliste vorgegeben, auf der eine Reihe von Rol-
lenpersonen aufgelistet sind, z.B.: Vater; Mutter; näher charakterisierter
Lehrer; der intelligenteste Mensch, den Sie näher kennen; ein Nachbar,
mit dem Sie gut zurechtkommen usw. Kelly hat 24 solcher Rollencharak-
terisierungen vorgegeben, man muß sich aber nicht an seine Vorschläge
halten, man kann je nach inhaltlichem Kontext und Fragestellung auch
andere Rollen-Bezugspersonen vorgeben. Die Aufgabe der Versuchsperson ist es, hier bestimmte Personen einzutragen, soweit die Festlegung (Vater, Mutter, Ehegatte) nicht ohnehin eindeutig ist. In einem
zweiten Schritt wird ein Begriffsraster vorgegeben; für jede Rollenperson
ist eine Spalte vorgegeben. In drei Feldern jeder Zeile sind Kreise einge-
zeichnet. Die Aufgabe der Versuchspersonen besteht darin, für jedes auf
diese Weise gekennzeichnete Tripel von Personen die Frage zu beantworten: In welcher Hinsicht sind *zwei* der Personen *einander ähnlich* und
unterscheiden sich von der *dritten* Person?

Ein Beispiel: Vorgegeben sind Mutter, gute Freundin und verehrte Lehrerin.
Frage: In welcher Hinsicht sind zwei der drei Frauen einander ähnlich und unterscheiden sich von der dritten? Eine mögliche Antwort: Mutter und Freundin sind blond, die Lehrerin brünett; eine andere: Mutter und Lehrerin sind
beide sehr dominant, meine Freundin ordnet sich unter; noch eine andere:
Lehrerin und Freundin lesen sehr gerne Krimis, Mutter mag Gedichte. Das

Beispiel verdeutlicht die Unterschiedlichkeit der verwendeten Konstrukte: Haarfarbe, Sozialverhalten, Literaturvorlieben.

Auf diese Weise werden im *Rep-Test* Konstruktdimensionen von der Versuchsperson *erfragt*, sie werden ihr nicht *vorgegeben*. Das ist sozusagen der zentrale Trick der Verfahrensweise. Es wird nicht gefragt: Was sind Ihre handlungsleitenden Konstrukte? Sondern eine Person wird veranlaßt, *ihre* relevanten Konstrukte, *ihre* Einteilungsprinzipien für die Wahrnehmung und Konstruktion signifikanter Mitmenschen zu nennen, ohne daß diese dabei in ihrem Bezug zur eigenen Person Thema sind. In einem dritten Schritt kann man danach die Versuchspersonen noch bitten, alle Personen hinsichtlich aller vorgeschlagenen Konstrukte einzuordnen. Das Verfahren ist jedoch nicht auf die Vorgabe von Personen begrenzt, es läßt sich auf beliebig viele Urteilsgegenstände übertragen.

Die Auswertung von *Rep-Tests* kann unter verschiedenen Gesichtspunkten erfolgen. So kann es zum Beispiel von Interesse sein, *welche* Konstrukte jemand wählt. Dabei steckt in dem Verfahren die implizite Annahme, daß eine Person nicht irgendwelche Konstrukte zur Kennzeichnung der Unterschiede zwischen seinen relevanten Bezugspersonen nennt, sondern daß sie (nur? bevorzugt? auch?) solche Konstrukte heranziehen wird, die für sie selbst und ihre Strukturierung ihrer Erfahrungen wichtig sind.

So könnte man sich beispielsweise vorstellen, daß eine Hochschullehrerin zur Unterscheidung ihrer Fachkollegen folgende Konstrukt-Dimensionen heranzieht: Wo hat er oder sie promoviert? Wo empirische Arbeiten veröffentlicht? Von welcher Schulrichtung stammt er oder sie her? Ein anderer Hochschullehrer könnte statt dessen folgende Konstrukte heranziehen: Ist er oder sie ein fairer Kollege bzw. Kollegin? Hat er oder sie eigene Ideen? Kann er oder sie diese an die Studierenden weitervermitteln?

Weiterhin könnte interessieren, wie viele Konstrukte jemand für die Strukturierung seiner Umwelt hat, das wäre dann eine Information über das Ausmaß an kognitiver Komplexität. Die Analyse der Konstruktinhalte und ihrer Komplexität macht dabei in erster Linie als *individualdiagnostisches* Vorgehen Sinn, indem sie sich auf den Einzelnen bezieht und zugleich beschränkt. Natürlich können sich vergleichende Analysen von Einzelfällen anschließen, aber ein direkter Vergleich ist kaum möglich, da sich jeder Einzelne gewissermaßen sein eigenes Testformular gemäß seiner eigenen Konstrukte herstellt. Für systematische Vergleiche zwischen Personen, die *gemeinsame* Dimensionen voraussetzen, und damit für *differentialpsychologische* Fragestellungen, ist der *Rep-Test* weniger brauchbar (zu diesem Thema siehe Lohaus, 1993; Riemann, 1991). Seine Stärke liegt im Einsatz für den Einzelfall.

1.4 Kellys Denkansatz und die phänomenologische Methode

Man kann Kellys Ansatz als *phänomenologisch* bezeichnen; die subjektiven Phänomene, d.h. die Gedanken, Vorstellungen, Gefühle, Strukturierungen und Ordnungsschemata des einzelnen, werden nicht nur beachtet (schon das ist viel), sie sind vielmehr das leitende Ordnungsprinzip für die Rekonstruktion der Erfahrungswelt des Individuums. Wenn allerdings jemand den Begriff einer phänomenologischen Psychologie so eng auslegen würde, daß nur die Methoden darunter fallen, die völlig im phänomenalen Raum bleiben, dann würden wir Kelly nicht zu den Phänomenologen zählen dürfen. Denn er macht ja Vorgaben, etwa die Rollenbesetzungen im *Rep-Test*. Die Definitionen sind auch hier — wie häufig — uneinheitlich.

Zum Stellenwert der Phänomenologie

Bei der Diskussion der Rolle der Phänomenologie begegnet man bisweilen einer sehr unzweckmäßigen Vorannahme, die die Forschenden in zwei einander ausschließende Gruppen einteilt: in die Phänomenologen, die sich den subjektiven Phänomenen zuwenden, dabei aber stehenbleiben, und in die Nicht-Phänomenologen, die die Phänomene der Beteiligten völlig ignorieren und sich auf „objektive" Verhaltensdaten beschränken. Diese einfache Dichotomie schafft zwar wechselseitig überzeugend klare Feindbilder, ist der Forschungsentwicklung aber insgesamt wenig günstig. Nicht-Phänomenologen wird dabei vorgeworfen, die zentralen handlungsleitenden Phänomene zu ignorieren; Phänomenologen wird vorgeworfen, den objektiven gesellschaftlichen Kontext oder „objektive" Daten generell zu ignorieren.

So etwa Adorno (1956), allerdings mit Bezug auf den „reinen" Phänomenologen Husserl: „Mit Phänomenologie schlägt das bürgerliche Denken zu seinem Erbe in dissoziierte, fragmentarisch nebeneinander gesetzte Bestimmungen um, und es resigniert zur bloßen Reproduktion dessen, was ist" (S. 221).

Forschungsstrategisch fruchtbarer ist es, beide Ansätze zu benutzen und eine angemessene Verbindung von phänomenologischer Erkundung und der Vorgabe von Kategorien zu suchen. Das wäre die methodische Verfahrensweise, die beispielsweise in Studien zur Erfassung persönlicher Ziele und Pläne praktiziert wird, die wir in Kapitel 4 noch vorstellen werden. Es ist auch dasjenige Vorgehen, wie es in der Gestalttheorie so außerordentlich erfolgreich gewesen ist. Dabei spielt dann eine „phänomenologische Besinnung" eine wesentliche Rolle, desgleichen der häufig qualitative „Erkundungsversuch" (beide Begriffe nach Rausch, 1979, S. 238). Auch der (frühe) Holzkamp (1964) hat einen starken Akzent auf phänomenologische Besinnung gelegt, sie allerdings den definitorischen Bemühungen der Gegenstandsfestlegung im weitesten Sinne zugeordnet. Die Frage ist, ob nicht grundsätzlich einer Untersuchung mit vorgegebenen Kategorien in einem neuen Bereich eine gründliche Selbstbesinnung (wie ist das bei mir? was erlebe ich dabei? wie strukturiere ich in meinem Erleben diesen Sachverhalt?) vorausgehen sollte. Das könnte unterstützt werden durch einige wenige, aber sorgfältige qualitative Vorversuche (vgl. etwa Rausch, 1949, 1952; Kebeck & Sader, 1984).

Möglicherweise schwingt bei der verbreiteten Abwehr phänomenaler Vorgehensweisen in der Forschung häufig auch die Besorgnis mit, das übersichtliche und wenig-dimensionale Forschungsdesign werde durch komplexe, unordentliche Erlebnisse oder Aussagen von Versuchspersonen sozusagen kaputtgemacht: wir ahnen, und wenn wir nachdenken, wissen wir es aus dem eigenen Phänomenbestand, daß die psychischen Sachverhalte viel verworrener, viel mehr „ja, aber" und „einerseits-andererseits" und „ja und nein gleichzeitig" sind, und wir hüten uns deswegen vielleicht gern davor, mit den Phänomenen überhaupt konfrontiert zu werden.

Ein sorgfältiges Erforschen der subjektiven Vorgänge — bei sich selbst als phänomenologische Besinnung, bei anderen als qualitative Erkundungsversuche — kann in der psychologischen Forschung in mehrerlei Weise nützlich sein (vgl. Magnusson, 1992; Neimeyer & Neimeyer, 1993; Thorne, 1989). Zum ersten bei der *Problemwahl*: Hier sollten wir uns schon allein deshalb viel häufiger auf die phänomenale Welt unserer Mitmenschen einlassen, weil wir versuchen müssen, „. . . die Probleme zu diagnostizieren und zu lösen, die die Menschen zu haben glauben, nicht die Probleme, von denen die Experten denken, daß sie sie haben sollten (Miller, 1969, 1074). Zweitens kann ein Forschungsansatz durch *phänomenadäquatere Kategorien* in jedem Falle nur gewinnen, da die auf ihnen aufbauenden Aussagen und Ergebnisse möglicherweise relevanter, vollständiger und valider sind. Drittens ist die *möglichst vollständige Inventarisierung* des relevanten Phänomenbestandes für diagnostische und therapeutische Zwecke hilfreich und oft nützlicher als ein Punktwert für einen reduzierten Satz an vorgegebenen Kategorien, der Bezüge zu einer Vergleichsgruppe herstellen kann. Vor allem in der Therapie ist es notwendig, Ereignisse und Personen so zu sehen, wie sie vom Klienten gesehen werden (vgl. Bannister & Fransella, 1986; Neimeyer & Neimeyer, 1993). Viertens ist das Wissen um subjektive Prozesse auch als *Interpretationshilfe* von quantitativen und qualitativen Befunden oft nützlich; es gestattet unter Umständen einen besseren Überblick über psychische Vorgänge, die zu bestimmten Entscheidungen, Handlungen und Versuchsergebnissen geführt haben.

Die Grenzen der Phänomenologie

Bei der phänomenologischen Arbeitsweise liegt die Gefahr nahe, Aussagen eines Menschen über seine Gedanken, Vorstellungen, Erwartungen,

Strukturierungen oder Gefühle mit diesen Phänomenen gleichzusetzen. Wir nehmen die *berichtete* Angst als tatsächlich *erlebte* Angst, *berichteten* Ärger als tatsächlich *erlebten* Ärger, wir akzeptieren die subjektiven Aussagen der Versuchspersonen als Realität. Und im Prinzip bleibt uns auch wenig anderes übrig. Denn wenn wir an ihren Aussagen Zweifel hegen und vermuten, daß es „in Wirklichkeit" ganz anders sei, brauchen wir unabhängige Indikatoren für diese „Wirklichkeit", einen direkten Zugang, der nicht durch subjektive Konstruktionen geprägt ist. Die Frage ist, ob es für subjektive Erfahrungen überhaupt einen derart unabhängigen Zugang geben kann (vgl. dazu Neimeyer & Neimeyer, 1993). Von diesem erkenntnistheoretischen Problem haben wir bereits im Einführungskapitel gesprochen. Gibt es so etwas wie eine „wahre", „eigentliche", „tatsächliche" Angst, die mit der subjektiv berichteten Angst bzw. mit der als „Angst" konstruierten Erfahrung nicht identisch ist? Und was wären die zu mir alternativen Instanzen, die unabhängig bestimmen könnten, daß ich mich ärgere, wo ich doch sage, ich tue es nicht? Physiologische Daten? Was ist, wenn der gestiegene Blutdruck oder andere physiologische Parameter Aussage gegen Aussage mit meiner subjektiven Nicht-Angst steht? Für die Emotionspsychologie sind das spannende Fragen (siehe dazu Kohlmann, Weidner & Messina, 1995). Es gibt allerdings ein paar Fälle, in denen man der subjektiven Beschreibung aus guten Gründen skeptisch begegnen kann, ohne in erkenntnistheoretische Untiefen zu fallen:

1) Menschen mögen Gründe haben, uns absichtlich über ihre phänomenale Welt zu täuschen, sie berichten nicht erlebte Gedanken und Gefühle, sondern Rechtfertigungen, täuschen andere Phänomene vor, bieten statt Phänomenen Gemeinplätze oder bloßes Spielmaterial. Das ist in allen Gesellschaften, in denen es Normen gibt, in bestimmtem Umfang selbstverständlich, es ist ein Schutzmechanismus, es ist als bewußte Irreführung notwendig, es ist als konventionsentsprechendes Verhalten erforderlich. Man könnte — zumal aus psychologischer Sicht — gute Gründe dafür ins Feld führen, daß dieses Verbergen der subjektiven Phänomene und die absichtliche Täuschung darüber in unserer Gesellschaft und wohl auch in den meisten anderen Gesellschaften zu weit geht. Aufrichtigkeit könnte oft nützlich sein (im übrigen ist Aufrichtigkeit selbst eine soziale Norm, bisweilen sogar ein moralisches Gebot). Es ist allerdings keine Frage, daß Aufrichtigkeit ebenso oft schädlich sein kann. So zeigt etwa eine Studie von Silver, Wortman und Crofton (1990), daß diejenigen, die ihr empfundenes Leid nach außen hin offen zeigten, *weniger* soziale Unterstützung erhielten als diejenigen, die „den Kopf hoch hielten". Es ist eben zeitraubend, uninteressant, sehr häufig wohl auch ängstigend, mit den Gedanken und Gefühlen anderer Leute konfrontiert zu werden.

Als ein Untertan auf die leutselige Frage des Kaisers „wie geht es Ihnen?" anfangen wollte zu erzählen, wie es ihm denn so ginge, schnitt Majestät dies sofort ab: „Keine Details, bitte" — so eine Anekdote unbestimmter Herkunft.

2) Menschen mögen Teile ihres Phänomenbestandes verdrängen, sich manchen eigenen Problemen nicht stellen und daher nur eingeschränkt über Gründe für ihr Handeln und ihr Verhalten, ihre Argumentationsfiguren für oder gegen Entscheidungen und andere subjektive Phänomene berichten *können*. Hier ist vor allem an den Mechanismus der Abwehr nach Freud zu denken (vgl. Kapitel 6); auch für diejenigen, die die Implikationen dieses Ansatzes nicht mitvollziehen können, ist es doch einleuchtend und nachvollziehbar, daß wir einen Teil unserer Phänomene für uns selbst nicht akzeptieren können, uns ihnen nicht stellen können oder wollen. Es stellt sich schlicht auch die Frage nach den Grenzen der Introspektion, der Einsichtsfähigkeit in die eigenen emotionalen und kognitiven Prozesse. Wie steuerbar erlebe ich beispielsweise Ärger? Welche Gedanken gehen mir dabei durch den Kopf? Habe ich Zugang zu den Zielen und Motiven, die mein Verhalten auf einen verletzenden Angriff hin leiten? (vgl. dazu Weber, 1994a).

3) Gegenüber der Reichhaltigkeit unseres Phänomenbestandes sind unsere sprachlichen Ausdrucksmöglichkeiten ausgesprochen ärmlich und unzureichend. Wir haben keine Chancen, unsere Phänomene zu berichten; wir berichten im günstigen Falle redigierte und überarbeitete Kurzfassungen oder Teilberichte. Wir werden dabei durch die vorgegebenen Klischees der Sprache behindert, und es steht uns auch nicht jeweils die ganze Reichhaltigkeit der Sprache zur Verfügung. Die phänomen-adäquateren sprachlichen Ausdrücke fallen uns oft nicht ein. Vor allem werden wir der Vielschichtigkeit nie auch nur annähernd gerecht. Das ist gerade für die Validität des *Rep-Tests*, der ja nach *Begriffen* fragt und nicht sprachlich faßbare Konstrukte ausgrenzt, ein grundsätzliches Problem (vgl. dazu Riemann, 1991).

Lassen wir den — praktisch freilich sehr wichtigen — Fall der absichtlichen Verfälschung des Phänomenberichts außer Betracht, so lassen sich im wesentlichen zwei Probleme unterscheiden: Zunächst einmal kann der Bericht über die zugrundliegenden Phänomene von diesen Phänomenen abweichen; wir können unsere Phänomene nicht adäquat rekonstruieren. Groeben und Scheele (1977, S. 57) sprechen hier von mangelnder *Rekonstruktionsadäquanz*. Das Ausmaß läßt sich im günstigen Fall durch Nachfrage bei dem Berichtenden abschätzen; es läßt sich durch Übung, durch geeignete Instruktionsgebung, durch Verbesserung der Vertrauensbeziehung und durch viel Geduld und Sorgfalt erheblich verringern. Andererseits kann der Phänomenbericht, wenn er sich auf Ereignisse bezieht, vom objektiven Hergang der Ereignisse abweichen: Ich berichte einen Vorgang guten Glaubens anders, als er sich objektiv zugetragen hat. Groeben und Scheele (1977, S. 57) nennen das Ausmaß dieser Übereinstimmung die *Realitätsadäquanz*. Sie ist bei geeigneter Versuchsdurchführung durch systematische Beobachtung kontrollierbar, durch Vergleichsdaten zumindest oft in ihrem Ausmaß abschätzbar.

Groeben und Scheele (1977) diskutieren weitere mögliche Wahrheitskriterien, so vor allem im Anschluß an Habermas und Lorenzer die Zustimmung des „Erkenntnisobjektes" innerhalb eines Dialoges (das ist das konsenstheoretische Wahrheitskriterium; dasselbe Vorgehen wird in der Literatur auch als „kommunikative Validierung" bezeichnet; vgl. dazu Mayring, 1990). Im Anschluß an die hermeneutische Tradition wird die Wahrheit einer Aussage innerhalb einer Interaktion dann unterstellt, wenn die Beteiligten einen Konsens erreichen. Es mag Fälle geben, in denen dieses Wahrheitskriterium nützlich ist. Die praktischen Möglichkeiten werden hier jedoch vor allem dadurch begrenzt, daß die subjektive Absicht zur Aufrichtigkeit und Vollständigkeit dabei unterstellt werden muß, was aber keinesfalls generell vorausgesetzt werden kann. Im Gegenteil, von ich-fernen Problemen beispielsweise des Vergleichs zweier Strecken oder Farbtöne abgesehen, ist bei einem mangelnden Vertrauensverhältnis zwischen Forschenden und „Beforschten" die bewußte und absichtliche Verfälschung des Phänomenbestandes vermutlich nicht selten.

Erforderlich: Eine Vertrauensbeziehung

Phänomenologisches Vorgehen setzt, wenn es um intime und heikle Themen geht, eine Vertrauensbeziehung zwischen Untersucher und Untersuchten voraus. Die Untersucher sind darauf angewiesen, ihren Gesprächspartnern zu unterstellen, daß ihre Berichte aufrichtig sind, aufrichtig in dem Sinne, daß sie nicht bewußt auf das jeweilige Gegenüber hin zugeschnitten zensiert sind. Man wird jedoch davon ausgehen dürfen, daß diese Art der Aufrichtigkeit selten verwirklicht wird, vor allem in ich-nahen Bereichen. Eine beliebte Hilfskonstruktion besteht darin, Versuchspartner über den Untersuchungszweck im Unklaren zu lassen und sie so zur Preisgabe von Informationen zu veranlassen, die sie, direkt gefragt, möglicherweise für sich behalten hätten. Auch Kellys *Rep-Test* hat etwas von dieser Unaufrichtigkeit: Die an der Untersuchung Teilnehmenden werden ja nicht direkt gebeten, ihre zentralen Konstrukte aufzuzählen, sondern nur, andere Leute zu charakterisieren. Im qualitativen Interview ist auch im Ansatz Kellys die Tragfähigkeit der Vertrauensbeziehung in den meisten Fällen entscheidend. Wenn er nach seinem Hauptprinzip vorgeht „. . . wenn Sie nicht wissen, was mit einem Patienten los ist: fragen Sie ihn, es kann sein, daß er es Ihnen sagen kann", ist es ganz zentral eine Sache der Vertrauensbeziehung, ob der Patient „es mir sagen" kann. Am günstigsten sieht es noch in der Klinischen Psychologie aus, da Klienten oft unter Leidensdruck stehen, eine Vertrauensbeziehung suchen und dementsprechend bereit sind, zunächst einmal einen Vertrauensvorschuß zu geben.

Ungünstiger liegen die Dinge im üblichen Forschungsbetrieb. Eine Vertrauensbeziehung wird teils als selbstverständlich vorhanden unterstellt, teils als für die rein technologisch gedachte Beziehung als eher unerheblich ignoriert und insgesamt selten zum Thema gemacht. Vor allem wird fast durchweg wenig dafür getan, Rahmenbedingungen zu schaffen, die der Entwicklung einer Vertrauensbeziehung günstig sind. Im Gegenteil:

– die Beziehung zwischen Versuchsleiter und Versuchspartner bleibt meist kurz und unpersönlich;
– die Versuchsteilnehmer sind höchst skeptisch, ob die Daten wie versprochen vertraulich behandelt werden;
– oft ist es für die Versuchspartner offensichtlich, daß die Forschenden nur an Daten innerhalb ihres Designs interessiert und für Gespräche über die Sache selbst und die Phänomene der Versuchspartner nicht aufgeschlossen sind.

Neben dem Bedürfnis nach „naturwissenschaftlicher" Strenge (auch der Chemiker fraternisiert nicht mit der zu untersuchenden Substanz) mag da auch so etwas wie ein Berührungstabu eine Rolle spielen, wie wir es von der Ärztin und vom Lehrer her kennen: Meine Versuchspartner sind mein Arbeits- und Forschungsmaterial, von dem, was diese Menschen noch auszeichnet, muß ich im Rahmen der Untersuchung abstrahieren. Kelly geht hier immerhin schon einen Schritt weiter, indem er den Rangunterschied zwischen Versuchsleiter und Versuchsperson etwas durch die Forderung nach Symmetrie in der Beziehung einebnet.

Andererseits ist deutlich, daß die Forschenden mit der Reduktion von Distanz auch Verantwortung übernehmen, und leicht mehr, als sie tragen können. Auch wäre es forschungsethisch problematisch, wenn eine kurzfristige intensive Beziehung aufgebaut würde, von der die Forschenden von vornherein wissen, daß sie lediglich für den Zeitraum der Untersuchung gilt. Das schafft Pseudobetroffenheit und Pseudoengagement, die in der Folge nicht eingelöst werden können. Und so kann es besser sein, von vornherein nicht so zu tun, als sei die Beziehung mehr als eine für wenige Stunden oder Tage und diente einem anderen Zweck als dem, dem sie eben letztlich dient: der Forschung. Zudem kann Distanzverminderung ebenfalls zu Versuchsfehlern und Verzerrungen führen:

– geringere Distanz zwischen Versuchsleiter und Versuchspartner infolge besseren persönlichen Kontakts kann zu Vorinformationen über Versuchsaufbau bzw. über die genauen Fragestellungen der Untersuchung, über bisherige Ergebnisse und Hypothesen führen; das kann die Versuchspartner befangen machen und ihre Aussagen beeinflussen;
– persönliches Interesse der Versuchspartner an ergiebigen Ergebnissen; sie möchten behilflich sein, sie reden nach dem Munde, sie möchten, daß ich hypothesengerechte Ergebnisse erziele;
– Einflüsse der Gruppenbeziehung auf die Ergebnisse; Vertrauensbeziehung meint bisweilen auch Gruppenbeziehung, und die Art der Gruppenbeziehung kann die Ergebnisse beeinflussen; Aussagen über Aggressivität im allgemeinen, Angst oder Attraktion werden durch die Tatsache des Vorhandenseins emotionaler Beziehungen in der Gruppe verändert.

Gleichwohl: Wenn am fernen Horizont dafür psychologische Ergebnisse erreichbar sind, in denen Versuchspartner völlig — oder fast völlig — aufrichtig ihre phänomenale Welt zugänglich machen (zumindest die Anteile, die ihnen selbst überhaupt zugänglich sind!), dann erwarten wir so viel von einem Ansatz, daß wir Mängel in Kauf nehmen. Hermann Hesse (zitiert nach 1974) hat im Steppenwolf anläßlich einer Reflexion über das gesellschaftlich weitgehend tabuisierte Thema des Selbstmordes ähnlichen Gedanken Ausdruck gegeben:

> Hätten wir eine Wissenschaft, die den Mut und die Verantwortungskraft besäße, sich mit dem Menschen zu beschäftigen, statt bloß mit den Mechanismen der Lebenserscheinungen, hätten wir etwas wie eine Anthropologie, etwas wie eine Psychologie, so wären diese Tatsachen jedem bekannt. (S. 54)

Über das Verhältnis von Alltagstheorien und wissenschaftlichen Theorien

Im konventionellen Denken der Psychologie sind *wissenschaftliche* Theorien das eigentlich Erstrebenswerte, die *Alltagstheorien* der Laien sind günstigstenfalls Rohmaterial, oft einfach Vernachlässigbares, jedenfalls Minderwertiges gegenüber der wissenschaftlichen Theorie. Seit den 70er Jahren sind jedoch die subjektiven Laientheorien in stärkerem Maße wissenschaftlich beachtet worden. Mittlerweile ist es geradezu ein Modetrend, sich den Laientheorien in der Hoffnung zuzuwenden, daß ihre nähere Erforschung nicht nur wertvolle Aufschlüsse über das Verhalten eines Menschen zu bieten haben, sondern auch als Ausgangspunkt zur Erstellung wissenschaftlicher Theorien nützlich sein können. Ein Inhaltsgebiet, in dem subjektive Theorien derzeit besonders viel Aufmerksamkeit genießen, sind Laienvorstellungen von Gesundheit und Krankheit (vgl. z.B. Filipp, 1990; Flick, 1991; Furnham, 1994; Skelton & Croyle, 1991).

Weitgehend unter Bezugnahme auf Kelly haben Groeben und Scheele (1977), ausgehend von der Aufwertung der Versuchspersonen zum gleichberechtigten Partner, die Subjekt-Objekt-Symmetrie auch auf das Verhältnis von Laientheorie und wissenschaftlicher Theorie ausgedehnt. Hier soll im Idealfall ein Stück Gleichberechtigung insofern verwirklicht werden, als einerseits Alltagstheorien durch wissenschaftliche, andererseits wissenschaftliche durch Alltagstheorien kritisiert werden können. Im Ansatz von Groeben und Scheele sind dabei sorgfältig erhobene subjektive Theorien der Ausgangspunkt der Forschung, ihre Nützlichkeit und Brauchbarkeit wird freilich nicht schlichtweg unterstellt, sondern mit konventionellen Mitteln der empirischen Forschung überprüft. In gewisser Weise werden dabei die so erhobenen subjektiven Alltagstheorien zur Theoriegenese benutzt, und zwar anstelle der üblichen Verfahrensweise, bei der im Prinzip die subjektiven Einfälle der Forschenden genügen, um die Theorie zu erfinden.

Da Theorien letztlich *nützliche* Strukturierungen sein sollen, tut ihnen der Vergleich mit Alltagstheorien sicher in mehrerlei Hinsicht gut: in Hinsicht auf Verständlichkeit, Rezipierbarkeit und Hantierbarkeit; in Hinsicht auf Nähe oder Ferne zu den Phänomenen, von denen die Rede ist, und in Hinsicht auf die Nützlichkeit in Handlungsstrukturierung und Vorhersage. Man sollte sich freilich hüten, die Alltagstheorien ihrerseits als das eigentlich Wahre, Naturbelassene zu fetischisieren und zum Kriterium für die Brauchbarkeit der wissenschaftlichen Theorien zu machen. Alltagstheoretische Konzepte entstehen nicht durch direkte göttliche Eingebung oder natürliche Entwicklung; sie sind ebenfalls gesellschaftlich vermittelt und enthalten vielfach abgesunkene Teile früherer wissenschaftlicher Theorien, falsch verstandene Vereinfachungen wissenschaftlicher Theorien, religiöse Dogmen, politische Ideologien und dergleichen. Sie sind als Ausgangspunkt nützlich, insoweit sie die phänomenale Realität für viele Menschen sind; aber sie sind nicht grundsätzlich und nicht von vorneherein den wissenschaftlichen Theorien überlegen.

1.5 Abschließender Kommentar

Es ist gerade Kelly gegenüber kein Sakrileg, auf die Schwächen und Grenzen seines Ansatzes hinzuweisen: Wir kennen keinen persönlichkeitspsychologisch relevanten Ansatz, bei dem der Autor so eindringlich selbst darauf hingewiesen hätte, daß er einen *zeitweilig nützlichen* Ansatz vorgelegt habe, der einen bevorzugten *Anwendungsschwerpunkt* habe und außerhalb dieses Bereichs möglicherweise wenig brauchbar sei.

Kelly selbst hat die Therapie als Anwendungsschwerpunkt definiert, und es ist keine Frage, daß sein Vorgehen hier überzeugend ist. Aber seine grundsätzlichen Ideen gehen in ihrer Nützlichkeit und Brauchbarkeit über den Therapiebereich hinaus. Der Grundgedanke, daß wir alle in unserer eigenen, durch Konstrukte definierten Welt leben und letztlich nur über den Austausch von Konstrukten miteinander kommunizieren können, sollte gerade Psychologen, die auf andere eingehen müssen, in Fleisch und Blut übergehen. Natürlich ist die Theorie der persönlichen Konstrukte nur eine Möglichkeit, die menschliche Persönlichkeit zu strukturieren, aber es ist eine, um die man wissen sollte, mit der man immer anfangen und bei der man nur wenig falsch machen kann.

Die Kritik an Kelly betrifft zum einen sein (elitäres?) Bild vom Menschen als einem Wissenschaftler. So wird oft darauf hingewiesen, man merke es Kelly und seinem Ansatz an, daß er im wesentlichen Studierende als Patienten gehabt habe. Das „Man-the-scientist-Modell" sei sicher bei Studierenden überzeugend, aber als allgemeines Modell nicht so nützlich; man dürfe nicht den Alltagsmenschen mit einem idealisierten Wissenschaftler gleichsetzen, im Alltag sei Problemlösung seltener und das verschwommene Vor-sich-her-Schieben üblicher. Wir können das nicht recht abschätzen. In der Tat ist ja nicht nur Kelly, sondern der größte Teil unserer Psychologie ziemlich kognitiv zentriert und auf die Betonung von Logik und Rationalität hin angelegt, und es bestehen aus methodischen Gründen wenig Chancen, subtile phänomenanalytische Forschungsergebnisse von solchen Leuten zu bekommen, die irrational und prälogisch in den Tag hinein leben und daher vom „Mensch-als-Wissenschaftler-Modell" weit entfernt sind. Ganz allgemein sind ja in den Humanwissenschaften „Menschen" häufig nur „Menschen mit Abitur"; die meisten Denkmodelle setzen hohe Ansprüche an Selbstverwirklichung, Reflexion und Handeln.

Ab und zu ist Kelly vorgeworfen worden, seine Theorie sei lediglich *kognitiv* und vernachlässige den *emotionalen* Bereich (so etwa Epstein, 1973; vgl. auch Pervin, 1993). Das ist vermutlich ein Mißverständnis, welches auf einer zu engen Definition des Konstruktbegriffes bei den Kritikern beruht. Da Kelly die Konstrukte durch seine Kundschaft definieren läßt, ist es deren Sache, ob sie auch Emotionen einbeziehen oder im rational-kognitiven Bereich im engeren Sinn bleiben.

In der empirischen Literatur wird aus dem Kelly-Ansatz vielfach isoliert der *Rep-Test* herausgegriffen und ohne Bezug auf Kellys Theorie gewissermaßen als diagnostischer Test benutzt. So bedeutend dieser indirekte und wenig vorgebende Zugriff zu den Konstrukten des Individuums auch ist: es ist sicher nicht der einzig mögliche und vielleicht auch nicht der brauchbarste Ansatz, die handlungsleitenden Konstrukte eines Menschen zu erfassen.

So wird in dem Arbeitskreis von Sader (1986) damit experimentiert, kurze Rollenspiele zu vorgegebenen Themenbereichen durchzuführen und die verbalen Sequenzen hinsichtlich der Aussagen zu diesen Themenbereichen auszuwerten. Eine solche Verfahrensweise setzt freilich ebenfalls eine Rollenbeziehung und in den meisten Fällen eine intakte Gruppenbeziehung voraus, ohne die es nicht zu einem brauchbaren Rollenspiel kommt. Die Versuchspersonen müssen im Rollenspiel einige Erfahrung besitzen und dieses, wie im Interview das Sprechen oder im Fragebogen das Schreiben, als Ausdrucksmittel benutzen können. Wenn diese Voraussetzung (mit allen ihren methodischen Nachteilen, die wir dabei in Kauf nehmen müssen) gegeben ist, dann kann Rollenspiel eine brauchbare Methode sein, handlungsleitende Konstrukte indirekt und ohne inhaltliche Vorgaben zu erfassen.

Neben den inhaltlichen Aussagen liegt eine der wesentlichen Bedeutungen Kellys und der Psychologie der persönlichen Konstrukte in der generellen Kopernikanischen Wende des psychologischen Paradigmas: der veränderten Rollendefinition von Forschenden und Beforschten sowie der stärkeren Strukturierung durch die Versuchsteilnehmer oder Klienten. Ganz allgemein sehen Groeben und Scheele (1977) die Möglichkeit, durch Weiterführung des Ansatzes von Kelly „zum ersten Mal die hermeneutische und die empirische Tradition in der Psychologie zu vereinen" (S. 32).

2. Zweiter Strukturierungsversuch: Attribuierungen und Attributionsstile

Wir lassen der Theorie der persönlichen Konstrukte die Attributionstheorien folgen, weil beide Theorien im Hinblick auf ihren formalen Charakter einige Dinge gemeinsam haben, die sie zugleich von allen nachfolgenden Strukturierungsversuchen unterscheiden:

1. Konstrukt-Theorie und Attributionstheorien sind beides *formale* Ansätze, die der inhaltlichen Ausfüllung breiten Spielraum lassen; in der Sprache der Wissenschaftstheorie handelt es sich in beiden Fällen um Meta-Theorien. Sie machen primär keine inhaltlichen Verknüpfungsaussagen, sondern Aussagen über Struktur und Möglichkeiten von inhaltlichen Aussagen.

2. Beide Theorien können als *Laientheorien* bezeichnet werden in dem Sinne, daß sie beanspruchen, sich um Vorstellungen und Gedanken zu kümmern, von denen angenommen wird, daß sie vom „naiv" handelnden Menschen, dem „Laien", auf diese Weise gedacht und empfunden werden (hier allerdings zur Erinnerung: auch Psychologen sind in diesem Sinne Laien; es gibt keine spezielle Theorie für die Laien. Wenn man von Laientheorien spricht, sind damit lediglich Annahmen über die impliziten und expliziten Vorstellungen gemeint, wie wir sie weitgehend ohne wissenschaftliche Verarbeitung und in diesem Sinne „naiv" von uns und der Welt haben).

3. Beide Theorien sind sehr stark *anwendungszentriert*. Das ergibt sich nahezu zwangsläufig aus ihrem Charakter als Meta-Theorien, der sie für alle möglichen inhaltlichen Fragestellungen offen macht. Ein wichtiges Anwendungsfeld ist die Klinische Psychologie und der therapeutische Bereich. Während Kelly (1955) den Schwerpunkt der Anwendung seiner Konstrukt-Theorie von Anfang an in der Klinischen Psychologie und in der Therapie sah, erfolgte der Transfer der Attributionstheorie in den therapeutischen Bereich erst spät, hier ist vor allem auf die Arbeiten von Friedrich Försterling zu verweisen (Försterling, 1985, 1986, 1988). Über die Klinische Psychologie hinaus haben beide Theorien in eine Vielzahl von Grundlagen- und Anwendungsdisziplinen der Psychologie Eingang gefunden (für die Theorie der persönlichen Konstrukte siehe dazu Kapitel 1 und die dort angegebene Literatur; für die Attributionstheorie siehe Försterling & Stiensmeier-Pelster, 1994).

Neben diesen formellen Aspekten gibt es eine inhaltliche Gemeinsamkeit, und die bezieht sich auf das Menschenbild, von dem beide Theorien ausgehen (Weiner, 1992). Beide Ansätze sehen den Menschen erster Linie um *Kontrolle* bemüht; sie schreiben uns die grundlegende Motivation zu, die Dinge, die uns geschehen vorwegzunehmen und damit ein Stück zu kontrollieren, zumindest mit subjektiver Gewißheit. Kellys Konstrukttheorie widmet sich gänzlich diesem Bemühen um Antizipation, das aus seiner Sicht unser Leben ausmacht. Sie ist von ihrem Selbstverständnis her eine (Meta)Theorie über *die* grundlegenden psychischen Prozesse des Menschen schlechthin; so geht es jedenfalls aus dem von Kelly formulierten Grundpostulat und aus den 11 Korollarien hervor. Die Konstrukt-Theorie ist zugleich eine Theorie über die allgemeine Herangehensweise bei der Erforschung des Menschen, indem sie das Wissen um seine Konstrukte zum Dreh- und Angelpunkt psychologischer Analysen macht. Die Attributionstheorien haben dagegen lediglich *einen*, wenn auch zentralen Vorgang menschlichen Denkens zum Thema, den wir in diesem Kapitel noch hinlänglich ausführen werden: wir nehmen Ereignisse nicht einfach nur wahr, wir schreiben dem Erlebten *Ursachen* zu, und dafür steht der Begriff der *Attribution* oder der *Attribuierung.*

Man könnte im Prinzip die Attributionstheorie auch als einen Spezialfall der Konstrukt-Theorie ansehen; sie versucht zu erklären, wie es zur Zuschreibung bestimmter Konstrukte zu Ereignissen und Wahrnehmungen kommt. Freilich könnte man auch umgekehrt die Konstrukt-Theorie Kellys als einen Anwendungsfall der Attributionstheorie konstruieren: man könnte vor allem die Genese der Konstrukte unter dem Attributionsparadigma erklären. Dieses wechselseitige Inklusionsverhältnis ist bei Meta-Theorien mit unterschiedlicher Akzentsetzung häufig.

Für die eiligen Leser noch ein ganz zentraler Unterschied: G. A. Kelly (1905-1966) und Harold H. Kelley (geb. 1921) sind durchaus verschiedene Personen. George A. Kelly ist im wesentlichen nur durch seine Theorie der personalen Konstrukte hervorgetreten; Harold H. Kelley hingegen war 1967, als er die Attributionstheorie vorlegte, bereits ein in der Sozialpsychologie vielzitierter Autor, seit er 1959 mit J. W. Thibaut gemeinsam die Austausch-Theorie erfunden hat.

Der Grundgedanke der Attributionstheorie ist einfach (siehe dazu Heider, 1958/1977): Wir haben große Mühe damit, Geschehen und Ereignisse, die wir beobachten, lediglich passiv zu registrieren und als isolierte Sachverhalte stehen zu lassen. Wir haben vielmehr das Bedürfnis, sie mit anderen Ereignissen, etwa als Ursache oder Folge, zu verbinden. Wir nehmen ein weinendes Kind nicht einfach als solches wahr und belassen es dabei; wir denken uns unwillkürlich Gründe aus, warum es schreit und schreiben dem wahrgenommenen Jammer eine Ursache zu: Müdigkeit, verlorenes Spielzeug, unerfülltes Eisbegehren. Hinter der *Ursachenzuschreibung* steckt, und hier greifen wir das schon beschriebene Grundmotiv auf, unser Bedürfnis, Geschehnisse vorherzusagen und damit zumindest subjektiv Kontrolle über künftiges Geschehen zu haben. Denn wenn ich um die Ursache von Ereignissen oder die Ursachen von eigenem und fremdem Verhalten weiß, so werden Prognosen möglich, und das verschafft uns das Gefühl der Kontrolle. Ob die zugeschriebenen Ursachen zutreffend sind und die Vorhersagen Sinn machen, ist eine andere Frage, entscheidend ist zunächst die subjektive Gewißheit, das Gefühl, daß ich zu wissen glaube. Attribuierungen sind dabei weitgehend automatisiertes Geschehen, dem wir uns, solange nichts Besonderes geschieht, nicht bewußt zuwenden und das wir nicht reflektieren. Das Bemühen, Ursachen zu finden, wird uns erst in dem Moment zumindest in stärkerem Maße bewußt, wenn es zu Brüchen in Handlungsabläufen kommt, wenn Geschehen erwartungswidrig ist oder sonstwie auffällt.

So liest man etwa eine wissenschaftliche Abhandlung über kommunikative Kompetenz; man kann dem Gedankengang des Autors nicht folgen und attribuiert: ich bin nicht intelligent, gebildet, aufnahmefähig genug, um Habermas zu verstehen.

Oder: Ich beobachte, wie eine Frau einem Straßenmusikanten einen großen Geldschein in die Hand drückt, und ich attribuiere: das gespielte Musikstück ruft für sie bedeutsame Erinnerungen wach, und daher handelt sie so großzügig.

Die Attributionstheorie, so wie sie sich in einzelnen theoretischen Ansätzen und in der Forschung darstellt, beschäftigt sich nicht mit der Erklärung von Ereignissen jeglicher Art, sondern vor allem mit den Ursachen, die wir unserem eigenen Verhalten und dem anderer Menschen zuschreiben. Das hat mit ihrer Geschichte und ihrer Rezeption zu tun. Als eigenständiger theoretischer Ansatz hat sich die Attributionstheorie in der *Sozialpsychologie* entwickelt. Als Beginn dieser Forschungsrichtung wird ein Buch des Gestalttheoretikers Fritz Heider angesehen (1958/1977). 1965 haben Jones und Davis einen zweiten Ansatz (der auf Heider fußt) vorgelegt, 1967 hat H. H. Kelley einen dritten Ansatz hinzugefügt. Heiders Buch wurde zunächst weitgehend ignoriert, vielleicht vor allem deshalb, weil Heider wenig Ansatzpunkte zur experimentellen Umsetzung angeboten hat. So traten statt dessen die Arbeiten von Kelley (1967, 1972, 1973), der sich um eine Systematisierung der Heider'schen Ausführungen bemühte, einen raschen Siegeszug an.

Kelley (1973) zufolge wurde die Attributionstheorie in der Sozialpsychologie vor allem herangezogen, um Fragen der *sozialen Wahrnehmung* zu beantworten: Wie nehmen wir das Verhalten von anderen wahr, wie interpretieren wir es? Kelley nennt Beispiele: Wenn sich ein Mensch aggressiv verhält, liegt das an seiner Persönlichkeit oder handelt er aus situativen Zwängen? Wenn ein Mensch eine bestimmte politische Position verficht, ist das seine wahre Meinung oder kann man das auch anders erklären? Wenn ein Mensch in einem Test durchfällt, liegt das an seiner Unfähigkeit oder war der Test schwierig? In all diesen Fällen fragen wir nach den Gründen für Verhalten, und die Antworten, die wir — als Laien — auf diese Frage geben, sind Gegenstand der Attributionstheorie. Besser gesagt, ein erster Gegenstand, denn als zweiter kommt die *Selbstwahrnehmung* und die Erklärung *eigenen* Verhaltens hinzu. Darüber hinaus bietet sich die Attributionstheorie auch als ein *allgemein-psychologischer* Ansatz an, indem sie ausführt, wie Menschen über Ursache-Effekt-Beziehungen denken und sie analysieren.

In der *Persönlichkeitspsychologie* hat die Attributionstheorie zunächst wenig Beachtung gefunden, da ihre Vertreter sie — wie gesagt — als sozial-psychologische Theorie verstanden und sich um *interindividuelle* Unterschiede in der Attribuierung zunächst nicht weiter kümmerten, obwohl Kelley bereits 1967 auf diesen Punkt hinwies (wenn wir hier noch einmal mit Kelly vergleichen: Kelly hat seine Theorie der persönlichen Konstrukte als allgemein-psychologische Theorie konzipiert; sie wurde allerdings weitgehend — soweit überhaupt — als Persönlichkeitstheorie rezipiert. Beide Theorien sind also von dem Selbstverständnis ihrer Autoren her keine originären Persönlichkeitstheorien). Daß die Attributionstheorie in der Persönlichkeitspsychologie lange Zeit weitgehend ignoriert wurde, ist dennoch merkwürdig, ist sie doch geeignet, für Aussagen von Menschen über Menschen und für Aussagen über das eigene Selbstkonzept eine besonders einleuchtende Strukturierung anzubieten. Das wird später noch deutlich werden. In den großen Lehrbüchern der Persönlichkeitspsychologie fehlten jedenfalls Name und Sache bis in die 70er Jahre fast völlig. Das änderte sich erst, als Weiterentwicklungen der Attributionstheorie, auf die wir noch eingehen werden, interindivduelle Unterschiede in der Attribuierung zum Thema machten und damit differentiell- und persönlichkeitspsychologisch zu denken und zu forschen begannen.

Als einführende Literatur sind neben den Originalquellen (Kelley, 1967, 1972, 1973; Kelley & Michela, 1980) vor allem Darstellungen in sozialpsychologischen Lehrbüchern zu empfehlen (z.B. Hewstone & Antaki, 1992; Meyer & Försterling, 1993). Diese Texte legen wir allen ans Herz, die sich in der Attributionstheorie kundig machen wollen. Wir werden die Attributionstheorie in diesem Einführungsband lediglich in ihrer Relevanz für die Persönlichkeitspsychologie kurz darstellen und auf theorieinterne Details, zumal solche, die in sozialpsychologischem Kontext ausgearbeitet wurden, nicht ausführlich eingehen. Eine explizite Beziehung zur Persönlichkeitspsychologie stellt Weiner (1990) her, und er ist daher unbedingte Pflichtlektüre für alle freiwillig oder gezwungenermaßen an der Persönlichkeitspsychologie Interessierten.

2.1 Kurze Darstellung des Ansatzes von Kelley

Kelley nennt seinen Denkansatz Attributions-*Theorie*. Aber er legt Wert auf die Feststellung, daß er dabei einen breiten unspezifischen Theoriebegriff benutzt. Der Leser, sagt er, sollte nicht zu viel erwarten, etwa in der Art einer systematischen Zusammenstellung von Annahmen, Lehrsätzen und Ableitungen. Theorie meint für Kelley (1973) lediglich „. . . ein mehr oder weniger plausibles Set von allgemeinen Prinzipien, die zur Erklärung bestimmter beobachteter Phänomene angeboten werden" (S. 108). Gleichzeitig warnt er seine Leser davor, daß ihnen vieles sehr einfach und augenscheinlich vorkommen werde. Das sei naheliegend und nicht anders zu erwarten, denn die Theorie befasse sich ja gerade mit der „Common-sense"-Erklärung, die der Laie für Phänomene hat. Daher sei der Eindruck einer gewissen Trivialität der Sache nach unvermeidlich. Das wesentliche Thema seiner Theorie ist die Frage: Welche generellen Prinzipien benutzen wir, wenn wir trotz unzureichender Informationsbasis eigenes und fremdes Verhalten erklären? Kelley unterscheidet zwei Hauptfälle, je nachdem, ob wir für unsere Erklärung *eine* oder *mehrere* Beobachtungen heranziehen können

Mehrere Beobachtungen liegen vor: das Kovariationsprinzip

Kausale Erklärungen aufgrund *mehrerer* Beobachtungen sind der befriedigendere Fall, da hier ausreichend Informationen vorzuliegen scheinen, die eine kausale Schlußfolgerung als stringent erscheinen lassen. Ein Beispiel:

Sie gehen in ein Ladengeschäft, in dem mehrere Verkäuferinnen Kundschaft bedienen. Sie wenden sich an die Verkäuferin V3 und werden außergewöhnlich zuvorkommend und kenntnisreich bedient. Da Sie im Anschluß daran noch etwas warten müssen und „Ihre" Verkäuferin inzwischen andere Kunden bedient, haben Sie Gelegenheit, weitere Beobachtungen zu machen.

1. Möglichkeit: „Ihre" Verkäuferin bedient auch die nächsten Kunden außergewöhnlich zuvorkommend und kenntnisreich; Sie beobachten, daß die anderen Verkäuferinnen das nicht in diesem Ausprägungsgrad tun. Schlußfolgerung: V3 ist eine besonders zuvorkommende und kenntnisreiche Verkäuferin.

2. Möglichkeit: „Ihre" Verkäuferin bedient die anschließenden Kunden unfreundlich und ruppig. Schlußfolgerung: V3 kann mich anscheinend besonders gut leiden.

3. Möglichkeit: Ich beobachte, daß auch die anderen Verkäuferinnen die Kundschaft besonders zuvorkommend und kenntnisreich bedienen. Schlußfolgerung: Es scheint hier eine besonders gute Personalschulung und/oder ein besonders gutes Betriebsklima zu geben.

4. Möglichkeit: Ich habe anschließend noch mit anderen Verkäuferinnen zu tun und bemerke, daß alle mir gegenüber besonders zuvorkommend und kenntnisreich sind, den anderen Kunden gegenüber eher ruppig und un-

freundlich. Schlußfolgerung: Ich bin ein bemerkenswerter und bedeutender Mensch.

Das Gedankenexperiment läßt sich mit weiteren Variablen fortsetzen; in komplexen Situationen kann man oft eine Fülle von Faktoren benennen, die man sich konstant oder veränderlich denken kann. In diesem Beispiel vielleicht noch die Tageszeit, die Warenart, die Höhe des Verkaufspreises, die Anwesenheit der Geschäftsführerin, die Beteiligung der Angestellten am Gewinn usw.

Das Grundprinzip, dem wir folgen, wenn wir im Falle mehrerer Beobachtungen einem wahrgenommenen Effekt (im Beispiel die Freundlichkeit) eine Ursache zuschreiben, hat Kelley (1973) das *Kovariationsprinzip* genannt und definiert: „Ein Effekt wird derjenigen unter den möglichen Ursachen zugeschrieben, mit der er über die Zeit hinweg kovariiert" (S. 108). Kelley zufolge ziehen wir bei der Ursachensuche vor allem drei Faktoren in Betracht: *Personen, Bezugsgrößen (Entitäten)* und *Zeit*. Im Hinblick auf alle drei achten wir darauf, in welcher Weise der Effekt mit ihnen variiert. Und das führt zu drei Spielarten variationsbezogener Informationen:

1. *Konsensus*, der sich auf die Variation hinsichtlich der *Personen* bezieht (wäre die Verkäuferin nur mir gegenüber freundlich, anderen Kunden gegenüber nicht, wäre das ein niedriger Konsensus; wäre sie allen Kunden gegenüber freundlich, ein hoher Konsensus).

2. *Distinktheit*, die sich auf die Variation hinsichtlich der Bezugsgröße oder der *Entität* bezieht (im Beispiel ist es das Bedienungs-Verhalten von Verkäuferinnen; niedrige Distinktheit hieße, daß ich von allen Verkäuferinnen freundlich behandelt werde; hohe Distinktheit, daß mir Freundlichkeit nur in diesem einen Fall gewährt wird).

3. *Konsistenz*, die sich auf die Variation hinsichtlich der *Zeit* bezieht (wäre die Verkäuferin nur bei einem Einkauf mir gegenüber freundlich, bei anderen Einkäufen hingegen nicht, wäre das eine niedrige Konsistenz; würde sie mich jedes Mal, wenn ich bei ihr einkaufe, freundlich behandeln, wäre das eine hohe Konsistenz).

Welcher Ursache bei einem Ereignis der Vorzug gegeben wird, hängt von der Konstellation der Informationen ab, die ich hinsichtlich Konsensus, Distinktheit und Konsistenz gewonnen habe. Kelley (1967, 1973) stellt dabei drei Informationsmuster zusammen, die im Idealfall zu stringenten Attributionen auf jeweils eine Ursache führen. So würde etwa die Kombination aus niedrigem Konsensus (nur ich werde freundlich bedient, die anderen nicht) bei gleichzeitig niedriger Distinktheit (ich werde bei allen Einkäufen freundlich behandelt) und hoher Konsistenz (ich werde jedes Mal von der Verkäuferin freundlich behandelt) zu der Schlußfolgerung führen: Daß ich derart zuvorkommend bedient werde, liegt an mir und meiner Persönlichkeit. Denn der Effekt — Freundlichkeit

– variiert in diesem Fall nur über Personen, nicht aber über die beiden anderen Faktoren hinweg. Entsprechend zwingend erscheinende Informationsmuster benennt Kelley auch für Entität und Zeit.

Was sich hier als logisches und wohl bedachtes Verhalten ausnimmt, findet im Alltag selten in dieser Form statt; es sind, so Kelley (1973), idealisierte Fälle: „It would be foolish to suggest that anything like a large data matrix is filled out with effect observations before a causal inference is made" (S. 113). Kelley hält es für ganz offensichtlich, daß uns oft die Zeit und auch die Motivation fehlt, derart konsequent zu Werke zu gehen und mehrere Beobachtungen zu sammeln und systematisch zu verarbeiten. Statt dessen halten wir uns vermutlich häufig an die eine aktuelle Beobachtung, die wir gerade machen, und greifen zu ihrer Erklärung auf bestimmte Schemata zurück. Und damit sind wir auch schon beim zweiten Fall: der Erklärung von Verhalten aufgrund einer *singulären* Beobachtung.

Nur eine Beobachtung verfügbar: Konfigurationskonzepte

Im Alltag fehlt es uns nicht nur an Zeit und Lust, mehrere Beobachtungen zu verarbeiten, manchmal verfügen wir auch schlicht nur über eine Beobachtung. Wir haben es nur mit einer Verkäuferin zu tun und verlassen nach einer einmaligen und kurzen Interaktion mit ihr den Laden. In diesem Fall ist das Kovariationsprinzip nicht anwendbar, denn zu weiteren Beobachtungen, die uns Informationen hinsichtlich Konsensus (wie geht sie mit anderen um?) und Konsistenz (wie behandelt sie mich beim nächsten Mal?) bieten würden, kommt es nicht. Dennoch schreiben wir dem Verhalten der Verkäuferin auch bei eingeschränkter Informationsgrundlage Ursachen zu. Kelley (1972, 1973) nimmt an, daß wir in solchen Fällen *kausale Schemata* benutzen, die Gesamtheit dieser Schemata nennt er *Konfigurationskonzepte*. Sie lassen sich unter formalen Gesichtspunkten als Auswirkungen gestalttheoretischer Vereinfachungsregeln interpretieren und weitgehend unter dem Prägnanzgesetz zusammenfassen: als eine Eigentendenz unseres kognitiven Apparats zur Vereinfachung, Hervorhebung des Wesentlichen, Reduktion von Komplexität.

Einer dieser Mechanismen ist die Reduktion auf *eine* Ursache. Handlungen und Verhalten haben oft mehrere Ursachen. Unsere kausalen Schemata, auf größtmögliche Vereinfachung angelegt, verführen uns aber dazu, nur eine Ursache für eine Handlung zu attribuieren:

Ein Beispiel: Zwei Studenten, leidenschaftlich am Rollenspiel interessiert und kurz vor dem Ende der eigenen Ausbildung, führen mit zahlreichen Interessenten des ersten Studienjahres auf freiwilliger Basis Trainingswochenenden zur Einführung in das Rollenspiel durch. Da sie auch eine Diplomarbeit schreiben müssen, benutzen sie Materialien daraus für ihre Diplomarbeit. Den meisten beteiligten Studenten gelingt es jedoch offenbar nicht, das Verhalten der

beiden Diplomanden als durch *zwei* Ursachen bedingt zu sehen, nämlich Hilfsbereitschaft (die Tätigkeit der Veranstalter wurde nicht bezahlt) *und* Datenge-
winnung für die Diplomarbeit. Sie attribuierten im Wesentlichen auf Datenge-
winnung und waren dementsprechend beleidigt, als Versuchspersonen ausge-
nutzt worden zu sein.

Die Reduktion auf eine Ursache ist ein Vorgehen, dem wir im Alltag sicherlich
oft anhängen. Schon Musil (1952) macht sich im „Mann ohne Eigenschaften"
darüber lustig: „. . . machte für den Mißstand der Zeit eine bestimmte Einzel-
heit verantwortlich und verlangte ihre Beseitigung, und solche Einzelheiten
waren nichts Geringeres als die Juden oder die römische Kirche, der Sozialis-
mus oder der Kapitalismus, die mechanistische Denkweise oder die Vernach-
lässigung der technischen Entwicklung, die Rassenmischung oder die Rassen-
entmischung, der Großgrundbesitz oder die Großstädte, die Intellektualisie-
rung oder der ungenügende Volksunterricht . . ." (S. 271).

Ein anderer Mechanismus der Variablenreduktion besteht darin, sich auf
gezeigtes Verhalten zu beschränken und nicht gezeigtes Verhalten als
nicht existent zu betrachten. Das ist ein Spezialfall des geradezu trivialen
Sachverhaltes, der sich in Analogie zum Figur-Grund-Phänomen der
Gestalttheorie betrachten läßt, daß thematisierte Variablen leichter zu Attribuierungen herangezogen werden als nicht thematisierte.

Ross (1977, S. 196) zitiert hier als Beispiel eine Stelle aus einem der Sherlock-
Holmes Romane von Arthur Conan Doyle: Sherlock Holmes macht seinen
Freund Dr. Watson auf das „merkwürdige Verhalten des Hundes während der
Nacht" aufmerksam. Dr. Watson entgegnet erstaunt: Aber der Hund tat über-
haupt nichts während der Nacht. Holmes: Gerade das ist ja der merkwürdige
Sachverhalt. (Sherlock Holmes will damit zum Ausdruck bringen, daß er der
Tatsache entscheidende Bedeutung beimißt, daß der Hund während der Nacht
nicht angeschlagen habe, obgleich jemand das Haus betreten hat. Er schließt
aus diesem Nicht-Ereignis, daß der Eindringling kein Fremder gewesen sein
kann.)

Solche Beispiele lassen sich häufen; wenn man den Sachverhalt erst einmal zum Thema gemacht hat, fallen vermutlich zahlreiche Fälle (voreili-
ger) Attribuierungen aus dem eigenen Alltag ein. Angesichts der offensichtlichen Trivialität vieler solcher (Fehl)Urteile liegt es nahe, dem Attribuieren mit quasi-moralischen Vorwürfen entgegenzutreten; Bei nä-
herer Überlegung sollte man diese trivialen Denkfehler doch vermeiden
können, ein gebildeter Mensch sollte auch zwei Ursachen gleichzeitig ins
Kalkül einbeziehen können, und wir sollten nicht zu rasch verallgemeinern. Gewiß wäre es gut, wenn wir etwas weniger rasch verallgemeinern
würden, und gewiß wäre es gut, wenn wir auch komplexe Verursa-
chungsverhältnisse denken könnten. Aber solche moralisierenden Appelle führen nicht sehr weit, und zudem bleibt beim Übergang auf mora-
lische Appelle zu leicht außer acht, daß wir mit gutem Grund auf Verein-
fachungstendenzen hin angelegt sind und im Alltag ständig solcher Variablenreduktion bedürfen, wenn wir überhaupt handeln wollen. Zudem
sind die kausalen Schemata, die wir zur Erklärung heranziehen, nicht

völlig aus der Luft gegriffen. Wir agieren, so Kelley (1973, S. 113) nicht in „völliger Ignoranz", unsere Ursachenzuschreibungen haben durchaus ihre Berechtigung. So haben wir normalerweise im Falle einer Attribuierung aufgrund nur einer Beobachtung ähnliche Effekte bereits zuvor gesehen und wissen oder ahnen um mögliche Ursachen. Oder wir beziehen Informationen aus der aktuellen Situation in unser Urteil ein. Bei aller Neigung zur Vereinfachung entbehren kausale Schemata, und das gilt auch für andere Schemata, die wir in Kapitel 6 noch vorstellen werden, nicht der Erfahrungsgrundlage, im Gegenteil. Schemata sind, so Kelley (1972), das Produkt eigener Erfahrungen sowie der impliziten und expliziten Vermittlung durch andere.

2.2 Person- und Situationsattribuierung

Seit den 70er Jahren ist eine unübersehbare Fülle von empirischen Befunden entstanden, die entweder vom Attributionsparadigma angeregt worden sind, oder unabhängig davon entstanden sind, sich aber attributionstheoretisch gut interpretieren lassen. Wir müssen uns darauf beschränken, einige wesentliche Punkte hervorzuheben, die vor allem für die Persönlichkeitspsychologie relevant sind. Die Anwendung des Attribuierungsparadigmas auf persönlichkeitspsychologische Fragestellungen liegt nahe: Wir können weite Teile dessen, was wir an Aussagen über uns und unser Verhalten sowie über andere und ihr Verhalten machen, als *Ursachenzuschreibungen* auffassen.

So kann beispielsweise das Konzept der *Eigenschaft*, das wir im nächsten Kapitel vorstellen werden, aus attributionstheoretischem Blickwinkel (um)interpretiert werden (Jones & Nisbett, 1972; Mischel, 1968). Denn wenn wir das Verhalten eines Menschen aufgrund singulärer oder nur weniger Beobachtungen erklären, tun wir das bevorzugt mit Hilfe von Eigenschaften. Wir nennen beispielsweise jemanden *intelligent*, weil er gerade ein Problem gelöst hat; *liebenswürdig*, weil sie uns ein Kompliment gemacht hat; *sportlich*, weil wir ihm im Jogging-Anzug begegnen, oder *ehrgeizig*, weil sie am vergangenen Wochenende gearbeitet hat. In all diesen Fällen stecken in der Eigenschaftszuschreibung zwei Annahmen: 1. daß die Eigenschaft und damit irgendetwas an dem betreffenden Menschen (und nicht ein situativer Umstand) Ursache des von uns beobachteten Verhaltens ist und 2. daß das (einmal oder wenige Male) beobachtete Verhalten *konsistent* und damit für den betreffenden Menschen charakteristisch ist. Grundsätzlich neigen wir dazu, bei der Erklärung von Verhalten die Bedeutung von Persönlichkeitsmerkmalen oder *dispositionalen* Faktoren zu überschätzen und die Rolle der *situativen* Einflüsse zu unterschätzen. Ross (1977) hat diesen Sachverhalt als „fundamentalen Attributionsfehler" bezeichnet.

Die Perspektive von Handelndem und Beobachter

Der „fundamentale Attributionsfehler" wird von einem zweiten Phänomen überlagert, und das betrifft die unterschiedlichen Perspektiven, die vorliegen, wenn ein Mensch beobachtet, wie ein anderer etwas tut oder unterläßt. Beide, Handelnder und Beobachter, nehmen jeweils Attribuierungen für das Verhalten vor, neigen allerdings Jones und Nisbett (1972) zufolge zu unterschiedlichen Präferenzen in der Ursachenzuschreibung: Wenn wir es mit eigenem Verhalten zu tun haben, ziehen wir für seine Erklärung im Vergleich zum Beobachter vermehrt *Situationsvariablen* heran (es regnet, daher fahre ich heute statt mit dem Fahrrad mit dem Auto); haben wir es mit dem Verhalten von anderen Menschen zu tun, so benutzen wir bevorzugt *Personvariablen* (sie ist zu bequem und zu faul, um das Fahrrad zu benutzen). Oder: Wenn ich eine Unwahrheit sage, so geschieht es aus situativen Zwängen. Wenn andere Leute die Unwahrheit sagen, so deshalb, weil sie unehrlich, unredlich, verlogen sind. Es gibt Jones und Nisbett zufolge allerdings Ausnahmen von diesem Perspektivenbias, es handelte sich dabei lediglich um eine allgemeine Tendenz, nicht um eine Gesetzmäßigkeit im strengen Sinne.

Die unterschiedlichen Voreingenommenheiten hinsichtlich der Attribuierung führen Jones und Nisbett auf zwei mögliche Gründe zurück, die zum einen kognitiver, zum anderen motivationaler Natur sind. Die *kognitiven* Gründe liegen in den unterschiedlichen Informationen, die dem Handelnden und dem Beobachter zur Verfügung stehen. Der Handelnde weiß im Unterschied zum Beobachter um sein vergangenes Verhalten und sein Handeln in anderen Situationen; er erkennt beispielsweise, daß er in der aktuellen Situation anders handelt als er es in vergleichbaren Situationen getan hat. Oder ihm ist bewußt, daß er sich unter anderen Umständen völlig anders verhält. Und nur er kennt die Absichten, die hinter seinem Verhalten stecken. Der Beobachter kann diese jeweils *individuellen* Beweggründe und spezifischen Gegebenheiten nicht wissen, er bemißt statt dessen sein Urteil an einem Durchschnittsverhalten, das er *im allgemeinen* von einem Menschen in dieser Situation erwarten würde. Jones und Nisbett gehen davon aus, daß Handelnder und Beobachter nicht nur unterschiedliche Informationen zur Verfügung haben, sondern auch ihre Aufmerksamkeit unterschiedlich verteilen, unterschiedliche Dinge als hervortretende „Figur" und zurücktretenden „Grund" wahrnehmen. Der Handelnde sieht vor allem die Zwänge und Einflüsse, denen er durch die Situation ausgesetzt ist; von daher gerät für ihn die Situation in den Vordergrund, während er seinem Handeln, das häufig ohnehin automatisiert abläuft, keine besondere Aufmerksamkeit schenkt. Für den Beobachter hingegen ist die Situation der wenig beachtete „Grund", und das Verhalten des Handelnden ist die „Figur", von daher bleibt er an der Persönlichkeit des Handelnden und damit an dispositionalen Faktoren hängen.

Ein zweiter Faktor, der die unterschiedlichen attributionalen Geneigtheiten von Handelndem und Beobachter erklären könnte, ist *motivationaler* Natur (vgl. dazu auch Kelley & Michela, 1980). Dabei geht es jedoch nicht mehr um die Position des Beobachters, sondern allein um die Gründe, die den Handelnden dazu bringen können, sich stärker auf situative Erklärungen zu verlegen. Es wird vermutet, daß hier Motive des Selbstwertschutzes und der Selbstwerterhöhung am Werke sind: Denn indem ich mein Verhalten auf situative, möglicherweise einmalige, akzidentielle Faktoren statt auf beständige Merkmale meiner Person zurückführe, schütze ich mich vor unangenehmen Eingeständnissen. Situative Ursachen, zumal bei unerfreulichem, blamablem Verhalten, sind selbstwertdienlicher, sie sind „self-serving". Es ist beispielsweise allemal leichter zu ertragen, sich vorübergehende streßbedingte Reizbarkeit zuzuschreiben als sich einzugestehen, ein gewohnheitsmäßig unfreundlicher und aggressiver Mensch zu sein. Mit situativen Zwängen kann ich auch leicht unschönes Verhalten rechtfertigen.

Selbstwertdienliche Attributionen werden vor allem für den Umgang mit *Leistungsrückmeldungen* diskutiert (Leistung ist ein Gebiet, in dem sich das Attributionsparadigma in der Forschung in besonderem Maße niederschlug; das liegt nicht nur an der pädagogischen Relevanz, sondern auch daran, daß es sich aufgrund der Tatsache, daß Studierende als Versuchspersonen leicht greifbar sind, gut untersuchen läßt). Wir neigen offenbar dazu, *Erfolge* eher *internal* zu attribuieren, d.h. unserer eigenen Person sprich unseren Fähigkeiten zuzuschreiben, während wir für *Mißerfolge* eher situative Umstände, also *externe* Gründe, als Ursache sehen (für Forschungsarbeiten dazu siehe Heckhausen, 1989; Stahlberg, Osnabrügge & Frey, 1985; Weiner, 1992).

Jones und Nisbett (1972) warnen jedoch davor, hinter Attribuierungen immer nur ein einziges Motiv wirken zu sehen, das noch dazu zu verzerrten Urteilen führt, sei es der fundamentale Attributionsfehler, der selbstwertdienliche Bias oder die Beobachterbefangenheit. Es ist der Sache viel angemessener, davon auszugehen, daß wir mehrere oder viele Motive zugleich verfolgen. Und ein mögliches Motiv dabei könnte sein, daß wir die zutreffende Ursache für unser Verhalten suchen, also gerade nicht auf irgendwelche Verzerrungen aus sind. Auch der Nobelpreisträger, so Jones und Nisbett, werde den Preis vermutlich nicht allein seiner Begabung zuschreiben, wie es das Selbstwertmotiv nahelegen würde. Er werde sich der externen Anreize und der verheimlichten Motive, die den Glanz seiner herausragenden Leistung trüben können, durchaus bewußt sein (obwohl es da sicherlich große Unterschiede unter den Preisträgern geben dürfte).

Die Beobachterperspektive und das psychologische Handeln

Der „fundamentale Attributionsfehler", also die Neigung, in der Erklärung von Verhalten dispositionale Faktoren zu bevorzugen, und die Neigung der Beobachter, situative Faktoren zu unterschätzen, müssen nachdenklich machen. Man kommt nicht umhin (das gilt jedoch für andere Themen auch), diese Vorgänge auf das eigene Verhalten als Laie und auf die Arbeit als „Profi" zu beziehen. Denn da wir es in unserer Funktion als Psychologen mit dem Verhalten anderer zu tun haben, das wir beobachten, diagnostizieren, klassifizieren und erklären, schlagen sich Attributionsphänomene zwangsläufig in der psychologischen Arbeit nieder. Dem hilft nur das immer wieder in Erinnerung gerufene Wissen um diese Vorgänge und eine ständige bewußte Kontrolle. Ohne Kontrolle würden wir dazu neigen, den Stellenwert von Personvariablen entschieden zu überschätzen. Nun gibt es zwar gerade in der psychologischen Diagnostik und in der Therapie Ansätze, die das Augenmerk derart dezidiert auf situative Faktoren richten, so vor allem die Verhaltenstheorie und -therapie, daß die Voreingenommenheiten in der Ursachenzuschreibung kaum zum Tragen kommen (sollten). Die Gefahr besteht aber dort, wo Theorie und Diagnostik ohnehin stark von dispositionalen Merkmalen ausgehen.

Es gilt dabei nicht nur zu bedenken, was die Bevorzugung dispositionaler Verhaltenserklärung in der alltäglichen psychologischen Praxis anrichtet. Man kann das Spiel noch weiter treiben und die ganze *Theorienbildung* unter dem Vorzeichen der Attributionstheorie interpretieren. Denn viele psychologische Theorien, und hier vor allem die Persönlichkeitstheorien, kann man als Konstruktionen verstehen, die die Theoriebildner als Erklärung für das Verhalten von (anderen) Menschen entwerfen. Vor allem die Eigenschaftstheorien, die wir in Kapitel 3 darstellen werden, erscheinen da plötzlich in einem neuen Licht, nämlich als Produkt der Beobachterperspektive, die ihre Vertreter einnehmen (Jones & Nisbett, 1972; Mischel, 1968). Der Theoretiker fällt in die Rolle des Beobachters, der dem Handelnden — also der theoretisch zu analysierenden Persönlichkeit — Eigenschaften zuschreibt. Auf die Spitze getrieben, wären Eigenschaften aus dieser Sicht nichts anderes als ein Attributionsphänomen, eine (Fehl)Konstruktion des Beobachters, die er vermutlich zugunsten situativer Erklärungen aufgeben würde, ginge es um sein eigenes Verhalten. Eigenschaften, so Jones und Nisbett, existierten damit eher „in den Augen der Zuschauer als in der Psyche der Akteure" (S. 89).

Attributionen: Ein nicht alltägliches Beispiel aus der Forschung

Viele Untersuchungen zur Attribuierung sind kurzfristiger Natur, meist als Laborexperiment angelegt, in denen die Zuschreibungen über Fragebogen erfaßt werden. Bei den Attribuierungen im Alltag geht es im Gegensatz dazu in vielen Fällen um längere Verläufe; die Interaktion zwischen einem Paar, die Interaktion zwischen Eltern und Kindern, zwischen Lehrern und Schülern sind zeitlich lang erstreckte Prozesse. Statt über die Lebensfremdheit der Laborexperimente zu lamentieren, berichten wir über ein Experiment, das auf einen längeren zeitlichen Verlauf hin angelegt war. Hier werden Attribuierungsprozesse besonders deutlich.wenn auf längere Sicht die Korrektur der subjektiven Phänomene durch alternative Sichtweisen fehlt, entsteht eine eigene Dynamik dadurch, daß sich wechselseitige Attribuierungsprozesse „aufschaukeln".

Es handelt sich um eine experimentelle Simulation einer Gefängnissituation, über die Haney, Banks und Zimbardo (1973) berichtet haben. Als Teilnehmer waren 21 Studenten aus 75 verfügbaren Anwärtern (freiwillige Meldung auf eine Anzeige hin) ausgewählt worden. Und zwar waren die Experimentatoren bemüht, durch ausführliche Anamnese und Interview psychisch und physisch besonders stabile und innerlich gefestigte Versuchsteilnehmer zu finden, möglichst frei von sadistischen und antisozialen Tendenzen, möglichst frei von psychopathischen Verhaltensweisen.

Alle Beteiligten waren einander unbekannt; sie wurden nach Zufallsprinzipien auf die Rollen von Wärtern und Insassen verteilt. Der Versuchszeitraum betrug 14 Tage, alle Versuchspersonen verpflichteten sich vorher schriftlich, über die gesamte Dauer daran teilzunehmen; sie erhielten dafür eine Bezahlung von 15 Dollar pro Tag. Die Instruktionen wurden sehr vage und unbestimmt gehalten: die Teilnehmer sollten sich so verhalten, wie sie es ihrer Rolle entsprechend für angemessen hielten: die Wärter sollten einen vernünftigen Grad von Ordnung innerhalb des Gefängnisses aufrechterhalten, so wie er für das Funktionieren erforderlich sei; die Insassen erklärten sich damit einverstanden, für den festgesetzten Zeitraum in ihren persönlichen Freiheiten stark eingeschränkt zu werden, alle näheren Details wurden offengelassen. Im Einverständnis aller Beteiligten wurden sowohl Video- als auch Tonbandaufnahmen gemacht und Fragebogendaten erhoben.

Als „Gefängnis" diente ein für diesen Zweck umgebauter Gebäudetrakt des Psychologischen Instituts der Stanford Universität. Die Zellen der Insassen waren sehr klein, das Mobiliar bestand aus einem Klappbett. Den Wärtern standen mehrere Räume zur Verfügung, in denen sie sich vor und nach dem Dienst umziehen oder ihre Pausen verbringen konnten. Die Versuchsleiter konnten das Geschehen durch eine Einweg-Scheibe beobachten, dort war auch die Videoanlage installiert.

Der Versuchsablauf war ausgesprochen realistisch: Polizisten der örtlichen Dienststelle kamen zu einem unvereinbarten Zeitpunkt in die Wohnungen der späteren Gefangenen und nahmen sie dort wegen des „Verdachts auf bewaffneten Raubüberfall" fest. Sie wurden auf die Polizeistation gebracht, wo die üblichen Formalitäten (wie Fingerabdruck abnehmen) erledigt wurden. Von dort aus brachte man sie in das Gefängnis. Sie mußten alle persönlichen Sachen abgeben und bekamen anschließend von den Wärtern die „Hausordnung" vorgelesen: es wurde ihnen erlaubt, zwei Stunden am Tag Briefe zu schreiben oder zu lesen; zweimal in der Woche war Besuchszeit; sie erhielten drei Mahlzeiten pro Tag und durften dreimal am Tag — unter Aufsicht — auf die Toilette. Ebenfalls dreimal täglich mußten sich alle Insassen in einem Raum versammeln, wo von den Wärtern eine Anwesenheitskontrolle durchgeführt wurde. Die Gefangenen erhielten Gefängniskleidung; die Wärter waren uniformiert und trugen Sonnenbrillen, um jeden Augenkontakt unmöglich zu machen.

Die Ergebnisse dieses Versuchs waren außerordentlich eindrucksvoll und übertrafen die Erwartungen der Autoren bei weitem. Sie hatten vorher keine speziellen Hypothesen über die Annahme hinaus, daß das Verhalten als Wärter oder als Gefangener zu unterschiedlichen Reaktionen in der Interaktion, in der emotionalen Befindlichkeit, in der Einstellung zu sich selbst und anderen führen würde. Das Verhalten der Beteiligten ging sehr rasch über die bloße Erfüllung von Rollenerwartungen hinaus. Das Interaktionsverhalten wurde zunehmend feindseliger, die Gefangenen wurden zunehmend passiver, die Wärter bösartiger und sadistischer. Am häufigsten wurde auf der Seite der Wärter Verhaltensweisen wie Herumkommandieren der Gefangenen, Drohungen (auch Gewaltandrohungen) und Beleidigungen registriert. Die Dauer der Anwesenheitskontrolle z.B. stieg von zehn Minuten am ersten Tag auf zuletzt mehrere Stunden. Die Insassen reagierten, wenn überhaupt, indem sie versuchten, Widerstand zu leisten. Während des gesamten Versuchszeitraumes konnte die Verhaltenskategorie „Hilfe leisten" nur ein einziges Mal (zwischen zwei Insassen) beobachtet werden. Beide Gruppen fühlten sich ständig mehr voneinander bedroht, vor allem die Aggressionsbedürfnisse bei den Wärtern „stiegen in einer spiralischen Funktion an".

Einige wörtliche Zitate der Beteiligten können die Situation vielleicht am besten illustrieren: Wärter: „Sie (die Insassen) sahen es nicht als Experiment an. Für sie war es Realität und sie kämpften um ihre Identität. Aber wir waren ja immer da, um ihnen zu zeigen, wer hier der Boss war." — „Sich autoritär zu verhalten, kann Spaß machen. Macht ist ein großes Vergnügen."

Gefangene: „Ich begann zu spüren, daß ich meine Identität verlor . . . Ich war nicht mehr die Person (die sich freiwillig zur Verfügung gestellt hatte, mich ins Gefängnis zu bringen), ich war 416. Ich war wirklich eine Nummer, und 416 war diejenige, die entschied, was zu tun war." — „Ich habe gelernt, daß man schnell vergessen kann, daß die anderen auch Menschen sind."

Bereits nach zwei Tagen mußten fünf der Insassen wegen auftretender Depressionen und akuter Angstzustände aus dem Versuch ausscheiden. Von den verbleibenden fünf Gefangenen waren drei bereit, auf jede Bezahlung zu verzichten, wenn sie dafür sofort „freigelassen" würden. Als der Versuch vorzeitig nach sechs Tagen abgebrochen wurde, waren die Reaktionen der Beteiligten unterschiedlich: Sämtliche Insassen zeigten große Erleichterung, während die Wärter über diese Entscheidung eher enttäuscht waren; sie gaben die Möglichkeit der absoluten Macht und Kontrolle über andere, die sie durch ihre Rolle erhalten hatten, nur ungern auf.

Die Ergebnisse lassen sich in sehr verschiedene Richtungen interpretieren (vgl. dazu auch Yardley, 1982). Man kann zunächst einmal diese Vorgänge ganz allgemein unter dem Attribuierungsparadigma konstruieren. Im Unterschied zu üblichen Experimenten ist es dabei entscheidend, daß eine lange Kette wechselseitiger Attribuierungen gegeben war. Die meisten Attribuierungen bezogen sich dabei auf Handlungen, die ihrerseits bereits wieder durch Attribuierungen wesentlich mitbestimmt waren. Eine solche Aufschaukelung kann, wie dies Beispiel zeigt, rasch bis zur wechselseitigen existentiellen Bedrohung gehen. Charakteristischerweise kann dabei jeder der Partner aufrichtig der Meinung sein, daß er nur gemäßigt und zurückhaltend auf das unverschämte und herausfordernde Verhalten des Gegenüber reagiert hat.

Das Experiment wird häufig auch als ein Beispiel für *Interaktionismus* zitiert, für den prägenden Einfluß, den die Situation auf das persönliche Verhalten ausübt; und in der Tat kann man daran grundsätzliche Überlegungen darüber anstellen, wie leicht wir durch situative Gegebenheiten zu einem Verhalten veranlaßt werden können, welches wir üblicherweise nicht als in unserem Repertoire befindlich ansehen.

Sadismus pflegen wir als abnorme Charaktereigenschaft anderer Leute zu konstruieren: Da soll es früher SS-Leute gegeben haben, die Spaß daran hatten, andere Leute zu quälen. Mit uns hat das nichts zu tun, und man sollte diese Leute streng bestrafen.

Man kann die Ergebnisse drittens als ein Nachspielen der realen Gefängnissituation sehen und die Befunde zum Anlaß nehmen, darüber nachzudenken, wie diese institutionellen Bedingungen grundsätzlich geändert werden müssen, um positivere Wirkungen zu erzielen, der Resozialisierung zu dienen und weitere Schäden zu verhüten. Dabei scheint uns die psychische Situation des Gefängnispersonals ein wichtiges und vernachlässigtes Thema zu sein. Viertens schließlich kann man daran zeigen, wie verhältnismäßig leicht eine entsprechend vorbereitete Simulation in psychische Dimensionen von *Echtheit* und Ernstcharakter übergehen kann.

Das ist einerseits verlockend und ermutigend; und in der Tat gibt es in vielen Bereichen der Ausbildung erfolgreiche Anwendungen von Rollenspielen, Simulationen und Planspielen (Sader, 1986). Diese Methoden sind im geeigneten Fall der bloßen verbalen Darstellung (akademische Vorträge über die Gefängnissituation) oft bei weitem überlegen und als Ansatzpunkt für Verbesserungsvorschläge, zur Einübung besseren Verhaltens und ganz allgemein zur Thematisierung und Erforschung des Sachverhalts selbst nützlich. Andererseits ist das Experiment eine Warnung – und von den Autoren auch so verstanden worden –, „bloße Simulationen" für harmlos und ungefährlich zu halten. Simulationen und selbst kleinere Rollenspiele können oft ernsthafte Konflikte beim einzelnen thematisieren oder in der Gruppe hervorrufen. Sie sollten dementsprechend vorsichtig gehandhabt werden; den Autoren des Experiments würde man im nachhinein geraten haben, mit kleineren Simulationen zu beginnen und dabei zunächst zu prüfen, wie weit die Bedingungen der Simulation den Teilnehmern zuzumuten waren. Offensichtlich haben die Autoren die psychische Belastung durch das Rollenspiel ganz erheblich unterschätzt. Das ist ein sehr häufiger Befund, vor allem bei Leuten, die noch wenig mit Rollenspiel gearbeitet haben und dies leicht für ein äußerliches „so-tun-als-ob" halten. An die psychisch häufig sehr schwierige Situation des professionellen Schauspielers sei hier nur erinnert.

2.3 Ursachenzuschreibung und ihre Folgen

Wie wir zumindest in Ansätzen umrissen haben, geht die Attributionstheorie der Frage nach, welche Form der Information zu welcher Form der Attribuierung führt, sie beschäftigt sich mit den Zusammenhängen zwischen Informationsaufnahme und Attribuierung. Diesem Selbstverständnis der Attributionstheorie folgen auch die vielen empirischen Untersuchungen, die vor allem im sozialpsychologischen Bereich durchgeführt wurden. Nun hört das wissenschaftliche Interesse mit der einmal zustandegekommenen Attribution nicht auf, denn die Frage liegt nahe, welche *emotionalen, motivationalen und kognitiven Folgen* unterschiedliche Attributionen haben. Wenn ich den Umstand, daß ich den Habermas-Text nicht verstehe, meiner intellektuellen Beschränktheit zuschreibe, wie geht es mir mit dieser Ursachenzuschreibung? Falle ich in tiefe Selbstzweifel und vermeide in Zukunft ähnlich deprimierende Erfahrungen? Und was wäre meine Reaktion, würde ich Habermas die Unfähigkeit zuschreiben, sich verständlich auszudrücken? Zorn? Erleichterung? Es macht Sinn, die Theorien, die sich den beiden unterschiedlichen Fragestellungen widmen, nämlich *wie kommt es zu einer bestimmten Attribution?* und *welche Folgen hat sie?*, begrifflich zu scheiden. Kelley und Michela (1980) sprechen nur im ersten Fall von „Attributionstheorien", im zweiten von „attributionalen Theorien" (diese Unterscheidung übernehmen auch Meyer und Försterling, 1993).

Attributionale Theorien, die sich mit den Konsequenzen von Attributionen beschäftigen, sind eine der Erweiterungen, die der Attributionsansatz erfahren hat. Eine zweite ist gerade für die Persönlichkeitspsychologie von besonderer Relevanz, und das ist die Annahme, daß wir uns darin unterscheiden, welche Form der Attribution wir bevorzugen. Das wird zumindest für die individuelle Neigung zu grundlegenden Ursachdimensionen oder Erklärungsrichtungen angenommen, beispielsweise ob ein Mensch im allgemeinen die Ursache für Ereignisse eher in seiner eigenen Person oder eher in externen Faktoren sucht.

Diese grundlegende Dimension „intern/extern" findet sich auch in dem Konzept der *Kontrollüberzeugung* wieder, das Rotter (1966) unabhängig von der Attributionstheorie entwickelt hat; die Kontrollüberzeugung bezieht sich jedoch weniger auf die angenommenen Verhaltens*ursachen* (wie die Attributionstheorie es tut) sondern auf die Frage, wer oder was die Kontrolle über Ereignisse und ihren weiteren Verlauf hat: ich selbst oder andere bzw. ein unpersönliches Schicksal. Wir kommen in Kapitel 4 darauf zurück.

Man kann also die Form oder den bevorzugten Stil der Ursachenzuschreibung als ein *Persönlichkeitsmerkmal* verstehen, womit die Attributionstheorie unmittelbar Thema der Persönlichkeitspsychologie wurde (Heckhausen, 1989; Krampen, 1989; Weiner, 1990).

Die zwei Inhaltsbereiche, in denen der Attributionsansatz, ausgedehnt zu attributionalen Theorien, in der Vergangenheit besonderen Nachhall gefunden hat, sind Leistungsmotivation und Hilflosigkeit/Depression. Auf beide werden wir nachfolgend kurz eingehen. In neuerer Zeit sind das Gesundheitsverhalten und die Bewältigung von Belastungen (die sich mit der Depressionsforschung überschneiden) ein weiteres wichtiges Anwendungsfeld (vgl. dazu Schwarzer, 1994; Weber, 1994b). In allen Fällen handelt es sich um Folgen von Attributionen, die Menschen für ihr *eigenes* Verhalten vornehmen, und nicht für das Verhalten *von anderen*. Auch damit verschiebt sich der Akzent noch einmal mehr von der sozialen Wahrnehmung und damit der Sozialpsychologie hin zur Differentiellen und Persönlichkeitspsychologie (womit nicht gesagt ist, daß sich die Persönlichkeitspsychologie nicht auch mit der Wahrnehmung fremden Verhaltens beschäftigt). Für die Persönlichkeitspsychologie weniger relevant ist der Zusammenhang zwischen Attributionen und *Emotionen;* das ist ein weiteres Gebiet, in dem attributionale Theorien Fuß gefaßt haben. Zwar haben schon Schachter und Singer (1962) den Boden für entsprechende Theorien vorbereitet, aber erst seit den 70er Jahren liegt in der Emotionspsychologie eine Reihe von Ansätzen vor, die postulieren, daß Emotionen das Ergebnis spezifischer Umweltinterpretationen, also kognitiv vermittelt sind (dazu Weber, 1994a). Zu den wesentlichen kognitiven Vorläufern von Emotionen zählt die Zuschreibung von Ursachen (siehe dazu Reisenzein, 1994; Weiner, 1986). So wird etwa angenommen, daß Ärger dann entsteht, wenn ich Unbill erleide und die Schuld daran einem anderen Menschen zuschreibe, der das mir widrige Geschehen willentlich und verantwortlich verursacht (für einen Überblick über entsprechende Ansätze siehe Weber, 1994a).

Leistungsmotivation

In der Forschung zur Leistungsmotivation (Überblick Heckhausen, 1989; Weiner, 1992) sind attributionstheoretische Überlegungen außerordentlich erfolgreich und fruchtbar gewesen und haben wesentlich die „kognitive Wende" der Leistungsmotivationsforschung bewirkt. Während frühere Ansätze Leistungsverhalten in erster Linie über entsprechende Motive („Hoffnung auf Erfolg" und „Furcht vor Mißerfolg") zu erklären suchten, fragt die attributionale Theorie nach Zusammenhängen zwischen der Attribuierung von Erfolg bzw. Mißerfolg und dem nachfolgenden Leistungsverhalten. Worauf führe ich zurück, daß ich die Statistik-Klausur glänzend gemeistert habe? Auf meine mathematische Begabung? Fleiß in der Vorbereitung? Soziale Kompetenz in der gezielten und effizienten Beanspruchung von fähigen Kommilitoninnen?·Reiner Zufall? Und welche Folgen hat das jeweils für meine Vorbereitung auf weitere Klausuren?

Weiner (1986, 1992) nimmt an, daß die Erwartung von Erfolg bzw. Mißerfolg, die jeweils ausgelösten Emotionen und die Bereitschaft, sich zu engagieren und (weiterhin) Leistung zu erbringen, ganz entscheidend von drei grundlegenden Ursachdimensionen abhängen, denen jeweils konkrete Ursachfaktoren zugeordnet werden können. Diese drei kausalen Dimensionen gelten dabei nicht nur für den Bereich der Leistung, der ja in der Attributionsforschung vielfach als Modellfall gilt und in dem sie auch in erster Linie untersucht wurden, sondern für andere Inhaltsgebiete ebenso:

— *Lokation*: Sie betrifft die Frage, ob ich das Ergebnis einer Leistung *internal* attribuiere, also mir selbst (meiner Fähigkeit oder meiner Anstrengung) zuschreibe oder *external,* d.h. äußeren Gegebenheiten (z.B. Schwierigkeit der Aufgabe)

— *Stabilität:* Sie betrifft die Frage, ob ich das Ergebnis *stabilen* Faktoren (meiner Intelligenz, der Schule) oder *variablen* Faktoren (meiner Anstrengung, der speziellen Aufgabenstellung) zuschreibe

— *Kontrollierbarkeit*: Sie betrifft die Frage, in welchem Ausmaß ich die Ursachen selbst willentlich beeinflussen und kontrollieren kann (z.b. kann ich den Grad der Anstrengung beeinflussen, meine Fähigkeit hingegen weniger oder gar nicht).

Mit den attributionalen Theorien wird dem Leistungsverhalten eine ganz neue Dimension pädagogischer Beeinflussung und Hilfestellung erschlossen. Man muß nicht Leistungsmotivation und ihre Ausprägung als etwas Vorgegebenes hinnehmen, sondern man kann bei der Veränderung unzweckmäßiger Attribuierungsprozesse behilflich sein. Zumindest kann man nach diesem Denkansatz besser als vorher Schäden dadurch vermeiden, daß man ungeeignete Attribuierungsprozesse unterläßt und statt dessen mit geeigneteren behilflich ist. So liegt es zumindest auf den ersten Blick nahe, im Falle von Mißerfolg Anstrengungsattribuierungen („Du hast Dir heute zu wenig Mühe gegeben") anstelle von Begabungsattribuierungen einsetzen („Du bist dämlich"). Während ich im ersten Fall vermutlich bereit bin, neue Versuche zu starten, werde ich im zweiten Fall möglicherweise resigniert aufgeben. Es liegt nahe, günstig erscheinende Ursachenzuschreibungen auch therapeutisch zu vermitteln. Auf die Probleme, die sich bei einer solchen Intervention stellen, werden wir noch eingehen.

Hilflosigkeit

Attributionale Theorien zur Depressivität beziehen sich lediglich auf eine spezifische Form der reaktiven Depression, nämlich auf die durch die Erfahrung von Hilflosigkeit hervorgerufene. Es geht nicht um Depressionen generell, das sollte unbedingt betont werden. Ausgangspunkt dieser speziellen Form der Depression ist die Theorie der *erlernten Hilflosigkeit*.

Sie geht von der These aus, daß wir, wenn wir aversiven Situationen ausgesetzt sind und sie nicht kontrollieren können, irgendwann den Versuch aufgeben, uns überhaupt noch unseres Schicksals zu wehren: wir werden hilflos und auf Dauer depressiv (Seligman, 1975/1992). Hilflosigkeit ist aus dieser Sicht die Folge der Erwartung, daß das, was geschieht, von unserem Verhalten unabhängig ist. Seligman zufolge zieht die Erwartung von Kontrollverlust drei einschneidende Folgen nach sich: Sie senkt die Motivation, überhaupt noch einmal zu versuchen, das Geschehen zu beeinflussen; sie blockiert die kognitive Fähigkeit zu erkennen und zu lernen, daß Geschehen (wieder) zu kontrollieren ist; sie löst negative emotionale Reaktionen aus, zunächst Furcht, bei andauernder Erfahrung der Nichtkontrolle Depression.

Attributionale Ansätze haben diesen generalisierenden Annahmen hinsichtlich der Folgen von Kontrollverlust wichtige Differenzierungen hinzugefügt. Abramson, Seligman und Teasdale (1978) führen aus, daß es nur dann zu einer (andauernden) Depression kommt, wenn wir einer erfahrenen Hilflosigkeit mit einem spezifischen Erklärungsmuster begegnen, das drei Ursachdimensionen umfaßt:

— Attribuierung auf *internale* statt *externale* Faktoren bzw. die Zuschreibung von *persönlicher* statt *universeller* Hilflosigkeit: Erkläre ich den Kontrollverlust so, daß nur ich hilflos bin, andere sehr wohl über Kontrolle verfügen, beeinträchtigt das mein Selbstwertgefühl und macht mich für Depression anfällig. Würde ich dagegen alle anderen auch als hilflos wahrnehmen, stände ich mit meiner Person nicht in Frage.

— Attribuierung auf *stabile* statt *variable* Faktoren: Schreibe ich den eingetretenen Kontrollverlust stabilen Faktoren zu (meiner fehlenden Intelligenz, meiner Schüchternheit, meinen nicht veränderbaren Lebensumständen), bin ich für eine andauernde Hilflosigkeit gefährdet, da ich davon ausgehen muß, daß sich an meiner Situation grundsätzlich nichts ändern wird.

— Attribuierung auf *globale* statt *spezifische* Faktoren: Sehe ich meine Hilflosigkeit auf spezifische Erfahrungen oder Situationen begrenzt (aufgrund fehlender spezifischer Fähigkeiten werde ich diesen einen Beruf nie ergreifen können), bleiben alle negativen Erfahrungen der Hilflosigkeit auf diesen einen Bereich beschränkt. Kritisch wird es erst, wenn ich auf Faktoren attribuiere, die weite Bereiche meines Lebens betreffen, z.B. die Unfähigkeit, mit anderen Menschen klarzukommen.

Das von Abramson et al. als depressionsfördernd beschriebene Erklärungsmuster wird nicht nur im Kontext der Entstehung von Depressionen diskutiert, sondern auch hinsichtlich seiner Konsequenzen für den Umgang mit belastenden Situationen im allgemeinen. Auch hier gilt es als möglicherweise dysfunktional. Wenn Menschen belastende oder negative Erfahrungen *internal-stabil-global* attribuieren, nennen Peterson,

Seligman und Vaillant (1988) das einen „pessimistischen Erklärungsstil", denn mit einem solchen Attributionsmuster begibt man sich weitgehend jeder Hoffnung auf positive Veränderung. Die Autoren vermuten, daß Menschen, die zu einem pessimistischen Erklärungsstil neigen und ihn beständig anwenden, auf Dauer negative Folgen für ihre Gesundheit erleiden. Ihren Thesen zufolge sind pessimistische Erklärungen nicht nur dem *psychischen* Wohlbefinden abträglich, indem sie mit negativen Gefühlen einhergehen, sondern sie schaden auch der *körperlichen* Gesundheit. Eine Längsschnittstudie mit ehemaligen Harvard-Studenten scheint diese Annahme zu stützen. Es stellt sich allerdings generell die Frage, wie Attributionen, und das heißt *Gedanken*, in manifeste körperliche Erkrankungen umschlagen können. Was könnten die pathogenen Mechanismen sein? Peterson et al. diskutieren drei Möglichkeiten: 1. Menschen mit einem pessimistischen Erklärungsstil sind schlechte Problemlöser und erleben daher mehr und länger andauernde Belastungen, die in der weiteren Folge zur Erkrankung führen können. 2. Ein pessimistischer Erklärungsstil schreckt Mitmenschen im allgemeinen eher ab, und sie entziehen dem Pessimisten ihre soziale Unterstützung. 3. Pessimistische Erklärungen schlagen sich direkt auf die Funktion des Immunsystems nieder und verbinden sich mit einer verschlechterten Immunabwehr. Diese drei möglichen Erkrankungsmechanismen, also schlechte Problembewältigung, verminderte soziale Unterstützung und verschlechtertes Immunsystem, werden derzeit von allen Ansätzen als Erklärung in Anspruch genommen, die von einer Verbindung zwischen psychischen und somatischen Prozessen ausgehen. Wir kommen in Kapitel 4 im Kontext der personalen Ressourcen darauf zurück.

2.4 Abschließender Kommentar

Im Alltag sind wir gewohnt, den Vorgang der expliziten oder impliziten Erklärung von Sachverhalten und Ereignissen sowie von eigenen und fremden Verhaltensweisen als „Wahrnehmung", nicht aber als Zuschreibung anzusehen. Die Attribuierungen, die wir vornehmen, werden uns meist nicht bewußt, zumindest nicht, wenn alles seinen gewohnten Gang geht. Wie so oft, ist es auch in diesem Fall daher eine wesentliche Hilfe, ein wesentlicher Schritt vorwärts, einen Sachverhalt überhaupt zum Thema zu machen. Überall da, wo es um Bewertungen und Erklärungen von Verhalten geht, kann es daher nützlich sein, darüber zu reflektieren, ob hier ein Sachverhalt lediglich beschrieben oder ob und auf welche Weise hier attribuiert wird. Und dann kann es nützlich sein, sich den Mechanismus deutlich zu machen, wie man trotz in der Regel mangelhafter Information Zuschreibungen mit hoher subjektiver Gewißheit macht. Gleichzeitig kann es nützlich sein, darüber nachzudenken, welche Erklärungsdimensionen und Erklärungsschemata man heranzieht. Da wir es in der Psychologie sehr häufig mit Erklärungs- und Bewertungsprozessen zu tun haben, wäre es insgesamt sehr dienlich, wenn Psychologen und allen Berufsgruppen, die ständig mit der Diagnostik und Erklärung von Verhalten zu tun haben, dieser Ansatz geläufig wäre.

Wenn man sich einmal gedanklich darauf einläßt, Beobachtungen und Aussagen unter attributionstheoretischem Blickwinkel zu sehen, dann ist man unversehens in der Situation, eine Reihe von kognitiven Tätigkeiten unmittelbar oder mittelbar als Attribuierungen zu sehen, und die meisten davon vermutlich als fehlerhaft oder irrig. Ein Teil der Attribuierungen vollzieht sich aus nützlichen Gründen der Denkvereinfachung und ist zumeist harmlos. Wenn ich voreilig jemanden als freundlich ansehe, ein Fachgeschäft als vertrauenswürdig, eine Bahnauskunft als zutreffend, dann ist das vielfach ohne nachteilige Folgen, und es ist in weiten Grenzen unvermeidlich, vereinfachend zu attribuieren, wenn man von der Fülle von Informationen zu eigenem Handeln kommen will. Ein Teil der Attributierungen ist jedoch weniger harmlos: so können die Konsequenzen, die jemand aus seiner Ursachenzuschreibung zieht, von wesentlicherer Bedeutung sein als das Beibehalten oder Wechseln eines Fachgeschäftes. So attribuiere ich beispielsweise „ich bin ungeeignet" im Gesichtsausdruck meiner Vorgesetzten, und das verursacht Streß, Unzufriedenheit im Beruf oder die Aufgabe des Berufs. Ich attribuiere Haß, Liebesverlust, Verachtung bei Personen, an deren Beziehung mir viel liegt; ich attribuiere Versagen bei eigener Leistungsbeobachtung. In allen Fällen kann die Ursachenzuschreibung dramatische Verhaltenskonsequenzen nach sich ziehen. Und die Frage ist jeweils, ob ich mit meinen Attributionen richtig liege oder aber mich irre.

Sollte ich mich irren, und das ist vielleicht nicht selten, ist von da aus kein weiter gedanklicher Weg zur Intervention. Zumindest liegt es nahe, in veränderten Attributionen ein Mittel zu sehen, angemessener zu fühlen (keine Verzweiflung mehr angesichts von Versagen) und angemessener zu handeln (keine Resignation mehr angesichts eines gescheiterten ersten Versuchs). Eine Attributionstherapie bedarf jedoch der sorgfältigen Analyse, ob bestehende Attributionen in der Tat unangemessen sind (Försterling, 1986, 1994). Sie sollte, so Försterling, darauf gerichtet sein, die im Hinblick auf die vorliegenden Informationen *realistischen* oder angemessenen Attributionen zu erzeugen oder zu verstärken, nicht die im Hinblick auf die Folgen wünschenswerten. Wenn ich beispielsweise über eine Kompetenz nicht verfüge, und dieser Schluß nach allen vorliegenden Informationen seine Berechtigung hat, macht es keinen Sinn, um jeden Preis an der Zuschreibung „es liegt nicht an mir" oder „es liegt allein an der mangelnden Anstrengung" festzuhalten, nur weil sich gezeigt hat, daß externale oder variable Attribuierungen emotional entlastend und produktiv sein können. Adaptives Verhalten — beispielsweise auf bestimmte Ansprüche an sich selbst zu verzichten — ist an eine möglichst realistische Zuschreibung gebunden. Försterling sieht in den drei Informationsquellen für kausale Erklärungen, die Kelley (1967) als Grundlage des Kovariationsprinzips benannte, nämlich Konsensus, Distinkheit und Konsistenz, eine Möglichkeit, die Angemessenheit von Attributionen zu überprüfen.

Aufgrund der aufklärerischen Attitüde, die viele Psychologen sich zumindest in der Theorie gerne zulegen, ist häufig viel zu schnell von „Fehlern" die Rede, sind wir vermutlich viel zu schnell geneigt, Attributionen als falsch, irrig, unangemessen und daher als veränderungsbedürftig anzusehen. Das gilt nicht nur für den Klinischen Bereich, sondern zweifelsohne auch für die persönlichkeitspsychologischen Implikationen, die manche aus bestimmten Attributionsphänomenen ziehen. So würde das Kind mit dem Bade ausgeschüttet, würde man schlußfolgern, die Zuschreibung von stabilen Verhaltensmerkmalen oder Eigenschaften sei lediglich Folge des „fundamentalen Attributionsfehlers" und der vom Theoretiker eingenommenen Beobachterperspektive. Die Kenntnis der Attributionsphänomene sollte vorsichtig machen, nicht aber dazu verleiten, Ideen über die Struktur der menschlichen Persönlichkeit auf *eine* Ursache, nämlich einen Attributions„fehler" zurückzuführen. So zu denken könnte aus Sicht der Attributionstheorie heißen, ein simplifiziertes kausales Schema anzuwenden. Das Gute an Meta-Theorien ist, und darin liegt auch eine der Stärken der Attributionstheorie, daß wir sie nicht nur auf Inhalte von Theorien, sondern auch auf den Vorgang der Theorienbildung selbst beziehen können.

3. Dritter Strukturierungsversuch: Eigenschaften

Wenn wir uns und andere Menschen *beschreiben*, benutzen wir, ob wir es wollen oder nicht, Eigenschaften. Wir nennen sie oder uns arrogant, hilfsbereit, intrigant, schüchtern, freundlich, sportbegeistert, verbissen. Hinter diesen Zuschreibungen steckt die implizite oder manchmal auch explizite Annahme, eine Eigenschaft sei etwas, was einem Menschen fest zukommt, ein Merkmal, das ihm anhaftet, Bestandteil seines Wesens, ihm zueigen ist. Dieser unbefangene Umgang mit Eigenschaften hat nichts von der Vorsicht, mit der man Kelly und Kelley zufolge diesen Vorgang betrachten müßte, nämlich als die Zuschreibung von Konstrukten, die der andere nicht „hat", sondern die wir schaffen oder nutzen, um Erfahrungen zu organisieren, um Menschen einzuordnen, ihr Verhalten zu beschreiben und zu erklären.

Wir beschreiben uns und andere nicht nur mit Hilfe von Eigenschaften, wir bedienen uns ihrer auch, um Menschen untereinander zu *vergleichen*: Ich bin weniger sportlich als meine Freunde, Susanne ist aggressiver als ihre kleine Schwester. Bisweilen sagen wir auf der Grundlage von Eigenschaften auch das Verhalten eines Menschen *voraus*: Unsportlich, wie sie ist, wird ihr die Radtour keinen Spaß machen. Da Eigenschaften ideal geeignet sind, Menschen zu beschreiben und voneinander zu unterscheiden, sind sie die bevorzugte Analyseeinheit der *Differentiellen Psychologie*, jener Schwester der Persönlichkeitspsychologie, die interindividuelle Unterschiede zum zentralen Gegenstand hat. Die *Psychologische Diagnostik* nutzt das Eigenschaftskonzept über die Beschreibung und Differenzierung hinaus vor allem auch zur Verhaltensvorhersage.

Theorien, die auf Eigenschaften basieren, stellen eine traditionelle Richtung der Persönlichkeitspsychologie dar, wobei sich allerdings die einzelnen Ansätze untereinander noch einmal sehr unterscheiden. Mit dem Eigenschaftskonzept verbinden sich die Namen Gordon Allport, Hans Jürgen Eysenck, Raymond Cattell, und die von vielen anderen Autoren und (wenigen) Autorinnen, die in aktuellen Ansätzen das Konzept der Eigenschaft fortschreiben. Auf diese Entwicklungen werden wir später eingehen. Wir werden in der Darstellung jedoch nicht autorenzentriert vorgehen, d.h. der Reihe nach die einzelnen Autoren und ihre Theorien vorstellen (das geschieht in vielen Lehrbüchern; siehe z.B. Carver & Scheier, 1992; Mischel, 1993; Pervin, 1993; Schneewind, 1992; für den kurzen Überblick Herrmann & Lantermann, 1985). Wir haben die Darstellung statt dessen *themenzentriert* angelegt, auf übergreifende Fragestellungen hin; beginnen werden wir mit wesentlichen Bestimmungsmerkmalen des Eigenschaftskonzeptes.

3.1 Das Konzept der Eigenschaft

Beständigkeit

Das entscheidende Merkmal, das aus persönlichkeitstheoretischer Sicht eine Eigenschaft ausmacht, ist die *Beständigkeit.* Eigenschaften stehen für eine Klasse von Verhaltensweisen, die ein Mensch über die Zeit und über unterschiedliche Situationen hinweg ziemlich beständig zeigt, wobei das erstere meist *Stabilität*, das letztere *Konsistenz* genannt wird. Die Eigenschaft „aggressiv" würde einem Menschen beispielsweise dann zugeschrieben, wenn er in unterschiedlichen Situationen, im Beruf, beim Sport, in der Familie, beim Einkaufen, immer wieder dazu neigt, sich schnell provoziert zu fühlen und eben aggressiv zu reagieren. Beständigkeit muß dabei nicht heißen, daß genau eine Verhaltensweise reproduziert wird, etwa andere anschreien, Beständigkeit bezieht sich auf *funktional ähnliche* Verhaltensweisen, die eine Klasse oder Kategorie bilden. Was alles zu einer gemeinsamen Kategorie gehört, ist eine Sache der Definition, wobei eine solche Festlegung nicht einfach ist: Wie kann man beispielsweise die Verhaltenskategorie „aggressives Verhalten" definieren? Was gehört sinnvollerweise dazu? Einen anderen Menschen gezielt angreifen, um ihn zu verletzen, sicherlich ja, aber was ist mit einem Angriff in Notwehr? Oder jemandem in einem überfüllten Bus auf die Füße treten? Soll man das auch der Kategorie „aggressiv" zurechnen? Wir werden dieses Problem in der Definition von Eigenschaften wieder aufgreifen, zunächst noch eine weitere Tücke: Was heißt „konsistent über unterschiedliche Situationen hinweg"? Wie breit soll da die Spanne sein? Schreiben wir jemandem bereits die Eigenschaft „aggressiv" zu, wenn er oder sie es nur in der Familie ist? Auch auf diesen Punkt werden wir zurückkommen. Die geringsten Probleme bereitet noch die Festlegung der zeitlichen Stabilität, denn sie läßt sich klar bestimmen. Im weitestgehenden Fall wäre das die ganze Lebensspanne.

Durch das Merkmal der Beständigkeit lassen sich Eigenschaften von vorübergehenden *Zuständen*, also momentanen Gefühlslagen, Einschätzungen oder Verhaltensweisen abgrenzen. Zustand und Eigenschaft sind aber nicht notwendigerweise Gegensätze. Sie können es sein, wenn das aktuelle Verhalten zum „normalen" oder „typischen" Verhalten im Widerspruch steht (Peter ist heute völlig genervt, dabei ist er „normalerweise" ausgeglichen). Der Zustand gilt hier als Ausnahme, verglichen mit der als beständig angenommenen Eigenschaft.

Der Zustand kann aber auch gerade als *Ausdruck* einer Eigenschaft interpretiert werden, wenn er Bestandteil eben jener Verhaltensklasse ist, die die betreffende Eigenschaft ausmacht. Die aggressive Attacke gegen die als Rivalin wahrgenommene Kollegin wäre ein Mosaiksteinchen, das sich in das Gesamtbild „Aggressivität" fügt. Zustand und Eigenschaft unterscheiden sich in diesem Falle lediglich in dem *Grad an Abstraktion*, der Zustand ist das konkrete Verhalten, die Eigenschaft die abstrahierte Verhaltensklasse. Diesen Zusammenhang stellt beispielsweise Eysenck in seinem hierarchischen Modell her, in dem er vier Ebenen der Abstraktion unterscheidet (für eine kurze zusammenfassende Darstellung siehe Eysenck, 1990):

Auf der untersten Ebene steht der konkrete, einzelne *Verhaltensakt* (X beschimpft einen Menschen, von dem sie sich provoziert fühlt). Wiederholt sich ein solches Verhalten immer wieder, nennt Eysenck es eine *Gewohnheit* (immer, wenn sich X provoziert fühlt, beschimpft sie andere), und das ist dann die zweite Ebene. Die dritte Ebene stellen die *Eigenschaften* dar (in diesem Falle Aggressivität), sie sind Bündel von miteinander korrelierenden Gewohnheiten (X beschimpft andere nicht nur, sie neigt auch dazu, andere tätlich anzugreifen; Dinge, die ihr im Weg sind, zu zerstören; rücksichtslos Auto zu fahren). Aber auch Eigenschaften können nach Eysenck noch einmal zu einer abstrakteren Einheit zusammengefaßt werden, und damit gelangt man zur vierten Ebene, zur Ebene der *Typen*. Deren gibt es Eysenck zufolge drei: *Extraversion* (mit den Eigenschaften gesellig, lebhaft, aktiv, selbstsicher, „Sensation-seeking", sorglos, dominant, aufbrausend, wagemutig), *Neurotizismus* (ängstlich, depressiv, Neigung zu Schuldgefühlen, niedriges Selbstbewußtsein, angespannt, irrational, schüchtern, launisch, emotional) und *Psychotizimus* (aggressiv, kalt, egozentrisch, distanziert, impulsiv, „anti-sozial", unempathisch, unsentimental, kreativ). Die Eysenck'schen Typen setzen sich also aus ziemlich unterschiedlichen Eigenschaften zusammen.

Auf eine andere Art und Weise setzen Buss und Craik (1983) Zustand und Eigenschaft in Verbindung. Auch sie gehen davon aus, daß eine Eigenschaft nichts anderes ist als eine Kategorie (in der Sprache Kellys könnte man auch sagen: ein Konstrukt), die aus vielen einzelnen Verhaltensakten oder Zuständen abstrahiert wird. Dabei ist es jedoch nicht möglich, so die beiden Autoren, Eigenschaftskategorien über eine endliche, vollständige Menge an Verhaltensepisoden zu definieren (auf genau dieses Problem hatten wir eingangs schon hingewiesen). Buss und Craik schlagen daher vor, eine Eigenschaft durch jene ausgewählten Verhaltensakte zu definieren, die für sie *prototypisch* sind. Und diese prototypischen Verhaltensakte gewinnen sie, indem sie Personen bitten, sich einen anderen Menschen vorzustellen, auf den eine vorgegebene Eigenschaft, z.B. „narzißtisch", aus ihrer Sicht ganz besonders gut zutrifft (Buss & Chiodo, 1991). Die Studienteilnehmer werden dann aufgefordert niederzuschreiben, an welchen konkreten Verhaltensweisen sie dessen Narzißmus festmachen (beispielsweise „er schaut ständig in den Spiegel" oder „sie stellt ihren Körper zur Schau"). Die auf diese Weise gesammelten Verhaltensakte werden im nächsten Schritt anderen Versuchspersonen mit der Bitte vorgegeben, sie auf ihre „Typizität" für Narzißmus einzuschätzen. Am Ende dieses doppelten Auswahlverfahrens steht eine Liste von als besonders typisch narzißtisch eingeschätzten Verhaltensweisen. Will man nun feststellen, wie narzißtisch jemand ist, kann man ihn oder sie bitten, sich anhand dieser Liste zu beobachten und aufzuaddieren, wie häufig er oder sie in einer gegebenen Zeit die für Narzißmus prototypischen Verhaltensakte realisiert (das kann auch über Fremdbeobachtung geschehen). Dieses Vorgehen gab dem Ansatz von Buss und Craik, nämlich *act-frequency*, seinen Namen.

Fragebogenverfahren, wie sie üblicherweise entworfen werden, um die Ausprägung in einer Eigenschaft zu erfassen, nehmen im Unterschied zu Buss und Craik einen verkürzten Weg. Sie geben in Form standardisierter Aussagen („Items") konkrete Verhaltens- oder Erlebensweisen vor, von denen die Konstrukteure annehmen, sie seien für die Eigenschaft typisch. Die Typizität der Fragebogenitems wird jedoch selten so explizit und systematisch überprüft wie es Buss und Craik innerhalb ihres *act-frequency* Ansatzes tun. Auch beruht die Feststellung der individuellen Eigenschaftsausprägung nicht so konsequent auf der *Beobachtung bzw. Registrierung* umschriebener Verhaltensformen. Man verläßt sich statt dessen auf die *generalisierende* Aussage, wie häufig und/oder intensiv ein Mensch im allgemeinen die eigenschaftsrelevanten Verhaltensweisen realisiert.

Ein weiterer Ansatz, der Zustand und Eigenschaft in direkte Beziehung setzt, ist der *„State-Trait"* Ansatz, wie er von Charles Spielberger für die Diagnostik von Ängstlichkeit und Ärgerneigung herangezogen wird. Eine Eigenschaft wird hier als die Disposition verstanden, bestimmte Zustände häufig und intensiv zu erleben. So kann man die Neigung eines Menschen, sich in vielen Situationen provoziert zu fühlen und mit Ärger zu reagieren, als eine Eigenschaft, nämlich Ärgerneigung, definieren. Der Zustand, d.h. der aktuelle Ärger, wird erfragt, indem man gebeten wird anzukreuzen, wie man sich *gerade jetzt* fühlt („Ich bin wütend"); die Eigenschaft, d.h. die Ärgerneigung, wird erfragt, indem anzukreuzen ist, wie man sich *im allgemeinen* fühlt bzw. beschreibt („Ich bin ein Hitzkopf"; Fragebogen zur Erfassung von Ärger als Zustand und Eigenschaft siehe Schwenkmezger, Hodapp & Spielberger, 1992).

Die '68er Kritik und ihre Folgen

Die Annahme, Menschen verhielten sich über Zeit und Situationen hinweg konsistent und damit sei die Zuschreibung von Eigenschaften sinnvoll und gerechtfertigt, blieb nicht ohne Widerspruch. Die für die 70er und 80er Jahre einflußreichste Kritik kam von Walter Mischel (1968). Spätestens seit Beginn der 90er Jahre ist die Kritik an dem Eigenschaftsansatz zwar verebbt, aber die Argumente verdienen nach wie vor Beachtung.

Mischel wartete mit Studienergebnissen auf, die zeigten, daß Menschen sich nicht unbedingt so verhalten, wie man es von ihren Eigenschaften her, zumindest so, wie man sie gängigerweise erfaßt, erwarten sollte. Diejenigen, die man beispielsweise über einen Fragebogen als „aggressiv" diagnostiziert, verhalten sich in einer konkreten Situation, die als Kriterium zur Beobachtung ausgewählt wird, nicht unbedingt aggressiv. Die Korrelation zwischen der diagnostizierten Eigenschaft und dem in einer Situation beobachteten Verhalten liege, so Mischel, in der Regel nicht höher als .30. Diese einigermaßen schlechte Vorhersage treffe vor allem für Eigenschaften *nicht-kognitiver* Natur zu; in diesen Bereichen sei es daher geboten, von einer generalisierenden Aussage abzulassen und den Einfluß der jeweiligen Situation zu berücksichtigen. *Kognitive* Fähigkeiten seien dagegen beständiger, d.h., das korrespondierende Verhalten besser vorhersagbar.

Die mangelhafte Vorhersagefähigkeit im nicht-kognitiven Bereich, also etwa für emotionale und motivationale Merkmale, kann unterschiedliche Gründe haben, mit unterschiedlichen Folgen für den gesamten Ansatz. In dem für die Eigenschaften besten Fall liegt es an den schlechten diagnostischen Verfahren (der Fragebogen beispielsweise, mit dem Aggressivität erfaßt wird, taugt nichts) oder an schlechten methodischen Anordnungen (die Kriteriumssituation, in der das in Frage stehende Verhalten beobachtet wird, ist vollkommen künstlich; so wäre etwa die Aggressivität gegenüber dem Versuchsleiter in einem Experiment nicht unbedingt für die Aggressivität im Alltag typisch und daher auch schlecht vorhersagbar). Beide Male versagt nicht die Idee der Eigenschaft als solche, und daher muß man auch nicht unbedingt von ihr lassen, die empirische Umsetzung ist einfach schlecht oder mißlungen. Anders sähe es aus, wenn sich trotz einer optimalen empirischen Umsetzung herausstellte, daß keine Stabilität und/oder Konsistenz ausfindig zu machen ist. In diesem für die Eigenschaften schlechtesten Fall müßte man die Theorie, das Konzept, in Frage stellen. Es würde heißen, daß die Annahme einer transsituativen Konsistenz nicht haltbar ist, daß wir uns eben viel variabler verhalten. Man dürfte niemandem zuschreiben, er oder sei sei aggressiv, man müßte fairerweise einschränken „heute mal" oder „in dieser einen Situation".

Leider ist die Frage, ob die Vorhersage von Verhalten auf der Grundlage von Eigenschaften an der Theorie oder den Methoden scheitert, empirisch nur schwer zu entscheiden, denn was für die einen eine klare, eindeutige, methodisch saubere Studie ist, die zweifelsfrei eine bestimmte Position stützt, enthält aus der Sicht von anderen eine Fülle von Mängeln und nicht beachteten Stör- oder Wirkfaktoren. Und Spielraum für unterschiedliche Interpretationen ist allemal gegeben, das folgt zumindest aus den Überlegungen, die wir im Einführungskapitel und bei Kelly beschrieben haben. Wir haben Optionen, nicht nur in der Konstruktion von Theorien, sondern auch in der Interpretation von Studienergebnissen. Und dabei spielen stets auch *Werthaltungen* eine Rolle. Es ist die Frage, wie wir Beständigkeit bzw. Variabilität im menschlichen Verhalten bewerten, wie sehr wir uns wünschen, daß das eine oder das andere vorliegt. Variabilität ist für die einen ein Triumph über alle Versuche, menschliches Verhalten vorhersagbar zu machen, für die anderen ist sie ein diagnostisches Disaster. Wir können Konsistenz negativ interpretieren, nämlich als Rigidität, als Starrheit, als Situationsunangemessenheit, oder wir können sie positiv deuten, nämlich als Zuverlässigkeit, als Berechenbarkeit. Umgekehrt können wir Variabilität als „sein Fähnchen nach dem Winde drehen", als Charakterlosigkeit verdammen oder als Flexibilität und Kreativität preisen. Es ist die Frage, und die kann nur jeder und jede für sich selbst beantworten, welchem Menschenbild wir anhängen, die in der von Mischel entfachten Debatte eine entscheidende Rolle spielt.

Mischels Kritik führte in der Folge dazu, daß sich die Eigenschaftstheoretiker sowohl der Methoden als auch der Theorie besannen und allzu selbstverständlich gewordene Annahmen einer Überprüfung unterzogen. Wenn auch nicht geklärt wurde (und aus den genannten Gründen auch nicht einvernehmlich zu klären ist), wie konsistent denn das Verhalten des Menschen nun sei, so brachte der Streit der Persönlichkeitspsychologie auf jeden Fall neue Ideen ein, und alte Ideen wurden als neue (wieder)entdeckt. Mischel selbst, um mit ihm anzufangen, machte sehr bald noch einmal klar, daß er gar nicht in Abrede stellen wollte, daß Menschen stabiles und konsistentes Verhalten zeigen, hinsichtlich dessen sie sich auch voneinander unterscheiden lassen (für einen Überblick siehe Mischel, 1990). Er war und ist allerdings der Überzeugung, diese Beständigkeit werde man nicht im affektiven oder motivationalen Bereich finden, sondern vornehmlich in kognitiven Variablen. In Kapitel 4 werden wir diese Entwicklungslinie nachzeichnen.

Ein weiteres Ergebnis des neuerlichen Nachdenkens über Eigenschaften war die Wiederbesinnung auf den Einfluß, den die *Situation* auf das Verhalten ausübt. Nun hatte zwar kein Eigenschaftstheoretiker je geleugnet, daß Verhalten von der Situation beeinflußt wird, in der ein Mensch fühlt, denkt und handelt (und alles andere wäre auch schwerlich überzeugend zu begründen). In den 70er Jahren wurde „Interaktionismus", verstanden als das Zusammenspiel von Eigenschaften und Umwelt, dennoch zum großen Schlagwort, als handelte es sich dabei um ein bis dahin unerkanntes und unerhörtes, geradezu aufsehenerregendes Phänomen. Interaktionismus war eine der als „neu" entdeckten Ideen, dabei hatten beispielsweise schon Lewin (1946/1982) und Murray (1938) den interaktiven Einfluß von Umwelt und Persönlichkeit auf das Verhalten besonders konsequent formuliert. In den 70er Jahren wurde der wiedererfundene Interaktionismus in zwei Spielarten gehandelt: der *mechanischen* und der *dynamischen*:

Der *mechanische* Interaktionismus geht von der Vorstellung aus, daß sich eine Eigenschaft erst dann manifestiert, wenn eine „passende" Situation vorliegt. Die Aggressive ist es nicht immer und überall (was auch kein Eigenschaftstheoretiker je ernsthaft behauptet hätte), sondern beispielsweise nur dann, wenn sie sich in ihrem Selbstwertgefühl getroffen fühlt. Weiß man um den kritischen situativen Kontext, so ist es auch möglich, Verhalten vorherzusagen. So sehen Wright und Mischel (1987) Eigenschaften als „konditionale" Konzepte, d.h. es werden nicht länger *generelle* Aussagen über Verhalten gemacht, sondern es werden die *situativen Bedingungen* angegeben, unter denen ein bestimmes Verhalten realisiert wird: Wenn Paul sich vernachlässigt fühlt, verhält er sich aggressiv. Derart präzisiert, werde auch eine Vorhersage des Verhaltens möglich (dieses „konditionale Eigenschaftskonzept" ist eine Konsequenz, die Mischel aus seiner eigenen '68er Kritik gezogen hat). Aus ähnlichen Erwägungen heraus wurden diagnostische Verfahren entwickelt, die „situationsspezifische" Eigenschaften erfassen, d.h. das Verhalten in einem definierten Situationsbereich. So werden beispielsweise in dem *Interaktions-Angst-Fragebogen* von Becker (1987) „bereichsspezifische Angstneigungen" diagnostiert, etwa Angst vor „Auftritten" oder vor physischen und psychischen Angriffen.

Der *dynamische* Interaktionismus geht noch einen Schritt weiter. Hier wird betont, daß sich die handelnde Persönlichkeit, ihr Verhalten und die Umwelt, in der sie agiert, durch ihren gegenseitigen Einfluß ständig ändern können. Unser Verhalten gestaltet die Situation, in der wir leben und handeln: unser aggressives Verhalten wird andere beispielsweise dazu bringen, uns zu meiden oder ihrerseits aggressiv zu werden. Zunehmende soziale Isolation oder eine uns feindlich gegenüberstehende Umwelt können die Folge sein, die wiederum unsere Neigung zu Aggressivität erhöht. So entstehen ganze Ketten von Ursache-Wirkungs-Zusammenhängen, ein Prozeß, der dieser Form des Interaktionismus den Beinamen „dynamisch" gab. Bandura (1986) bezeichnet die Wechselwirkungen zwischen einem Menschen, seinem Verhalten und seiner Umwelt als *reziproken Determinismus*.

Für den praktischen Umgang mit Eigenschaften in Forschung und diagnostischen Verfahren blieb gerade der dynamische Interaktionismus ohne großen Folgen. Das ist ein Umstand, der zwar bedauert wird, aber es ist nun einmal aufwendig und langwierig, dynamische Prozesse zu verfolgen, zu dokumentieren und allgemeine Folgerungen daraus zu ziehen. Es ist einfacher, von Variablen auszugehen, die man für beständig erachtet, denn dann ist es mit der einmaligen Erfassung getan, und es werden klare Zuschreibungen möglich. Die Komplexität, die im allgemeinen bereitwillig zugestanden wird, wird also in vielen Fällen verständlicherweise der Praktikabilität geopfert. Allerdings muß man sehen, daß in der konkreten Einzelfalldiagnostik in der Praxis und ebenso in der Theorienbildung durchaus auch „dynamisch" gedacht und entschieden wird. Das konkrete psychologische Handeln ist eben manchmal besser als der Ruf, der ihm in der theoretischen Reflexion anhängt.

Mittlerweile haben sich die Eigenschaften von den für sie aufreibenden 70er Jahren erholt, in denen es wenig opportun erschien, für das traditionelle Eigenschaftskonzept zu votieren. In der Persönlichkeitspsychologie der 90er Jahre hingegen werden Eigenschaften wieder mit derselben Selbstverständlichkeit benutzt wie ehedem, sie sind allerdings, wie das immer so war, nur ein möglicher Strukturierungsversuch, eine mögliche Konstruktion der menschlichen Persönlichkeit neben anderen.

Der ontologische Status von Eigenschaften

Während sich viele darauf verständigt haben, daß Eigenschaften für eine Klasse von Verhaltensweisen stehen, von denen man annimmt, daß sie zeitlich stabil und über Situationen hinweg konsistent sind, gibt es zwei unterschiedliche Annahmen über die Natur oder das „Wesen" von Eigenschaften. Für die einen sind Eigenschaften lediglich ein bequemes, ökonomisches und in Forschung wie Praxis gut handhabbares Kürzel für komplexe Verhaltensmuster. Sie sind aus dieser Sicht ein theoretisches Konstrukt, ein abstraktes Etikett, mit dem wir Verhalten allerdings nicht nur klassifizieren, sondern auch mit Zusatzannahmen versehen, nämlich daß es stabil und konsistent sei.

Andere Eigenschaftstheoretiker, darunter Allport (1937/1947), Cattell (1957) und Eysenck (für einen Überblick siehe 1990), gingen bzw. gehen davon aus, daß Eigenschaften eine „reale" Basis haben. Sie nehmen an, daß der zugeschriebenen Verhaltensbeständigkeit neurophysiologische Strukturen oder biochemische Prozesse zugrundeliegen, die die Beständigkeit „real" werden lassen. Ansätze, die den Eigenschaften und damit der Persönlichkeit eine biologische Grundlage zuschreiben, haben seit einigen Jahren Konjunktur, und es ist zweifellos eine Denkrichtung, die die Persönlichkeitspsychologie der 90er Jahre weiterhin mit beeinflussen wird.

Allport hatte zwar schon für Eigenschaften eine neurophysiologische Basis angenommen, aber er hatte noch keine genaue Vorstellung davon, wie sie aussehen könnte. Eysenck (Überblick 1990) hingegen macht dezidierte Aussagen darüber, welche Strukturen seiner Theorie zufolge den drei von ihm postulierten Typen unterliegen. Auf seine Theorie wollen wir als Beispiel für biologisch verankerte Eigenschaften kurz eingehen.

Extraversion bzw. *Introversion* sind für Eysenck Folge einer unterschiedlichen Reizschwelle, die im ARAS (dem „aufsteigenden retikulären System") vorliegt. Dieses Neuronengeflecht im Hirnstamm ist eines der Zentren im Gehirn, die eine Art Weckfunktion ausüben; wird es über sensorische Reize erregt, aktiviert es ab einer gewissen Schwelle seinerseits die Großhirnrinde. Extravertierte haben Eysenck zufolge im Vergleich zu Introvertierten ein niedrigeres Erregungsniveau, die Schwelle, ab der das System „anspringt", liegt höher. Von daher brauchen Extravertierte eine im Vergleich zu den Introvertierten höhere Stimulation, bis das ARAS und damit die Großhirnrinde aktiviert sind – das erklärt nach Eysenck ihr vermehrtes Bedürfnis und ihre Suche nach Stimulation, vor allem nach sozialen Reizen.

Neurotizismus lokalisiert Eysenck in Teilstrukuren des vegetativen Nervensystems, vor allem im limbischen System, von dem im allgemeinen angenommen wird, daß es die Emotionalität (und Neurotizismus ist in erster Linie das gehäufte und intensive Erleben negativer Emotionen) reguliert. Allerdings liegen hier keine spezifischeren Thesen vor, auf welche Weise es nun zu höheren oder niedrigeren Ausprägungen in Neurotizismus kommt. Es wird lediglich angenommen, daß neurotische Menschen auf Belastungen hin stärker mit Angst und Distress reagieren, damit auch die mit den Emotionen verbundene physiologische Aktivierung erhöht ist.

Noch weniger geklärt ist die biologische Basis für *Psychotizismus*, jenem Typus, der nach Eysenck die Neigung zur Schizophrenie darstellt, allerdings die noch im „Normalen" befindliche Tendenz. Hier legt Eysenck derzeit nur Thesen zu einzelnen Eigenschaften vor, die seiner Theorie nach Bestandteil von Psychotizismus sind. Dazu gehört beispielsweise erhöhte Aggressivität, von der Eysenck im Anschluß an andere Autoren annimmt, daß sie mit höheren Werten an Testosteron, dem männlichen Geschlechtshormon, einhergehe.

Forschungsarbeiten, in denen die Eysenck'schen Thesen geprüft wurden, liegen in erster Linie zur Extraversion vor, und sie scheinen die Annahme einer unterschiedlichen kortikalen Erregbarkeit zu stützen. Studien haben zeigen können, daß Extravertierte in der Tat auf Reize (z.B. Töne oder Bilder) mit dem erwarteten niedrigeren Erregungsniveau reagieren, gemessen z.B. über das EEG oder den Hautleitwiderstand (für Überblick über Studien siehe Eysenck, 1990). Für die beiden anderen Dimensionen bleibt die Eysenck'sche Theorie derzeit noch Spekulation.

Idiographische und nomothetische Konzeptionen

Wenn wir an Eigenschaften denken, dann zunächst an solche Merkmale, nach denen sich *viele* Menschen charakterisieren und unterscheiden lassen; Gordon Allport (1937) nannte das die *allgemeinen* Eigenschaften. So ist es sicherlich möglich, viele, wenn nicht alle Menschen im Hinblick auf ihre Aggressivität, ihre Freundlichkeit oder Sportlichkeit zu unterscheiden. Allport stellte dem die *persönliche* Eigenschaft gegenüber, die nur für wenige oder gar nur einen einzigen Menschen Sinn macht. Ihm zufolge gibt es völlig individuell ausgeprägte, sozusagen exklusive Eigenschaften, bei denen es sinnlos ist, andere an ihnen zu messen.

Die Neigung eines Reinhold Messners zu extremen Expeditionen in Höhe oder Kälte könnte man als eine solche persönliche Eigenschaft verstehen. Es würde keinen Sinn machen, viele oder alle Menschen nach ihrer Ausprägung in „Messnerimus" zu diagnostizieren, da sie zweifellos gegen Null gehen würde. Und es wäre auch gar nicht relevant, darüber Informationen zu haben, zumindest nicht für eine westeuropäische Gesellschaft.

Allport forderte von der Persönlichkeitspsychologie, sich auch, wenn nicht sogar in erster Linie, um solche individuellen Eigenschaften zu kümmern und damit *idiographisch*, d.h. auf den Einzelfall bezogen, vorzugehen. Die individuelle Einzigartigkeit sollte Dreh- und Angelpunkt der Persönlichkeitspsychologie sein. Das ist damals wie heute eine umstrittene Forderung. Denn nach dem vorherrschenden Selbstverständnis der Fachvertreter verschreibt sich die Psychologie nicht dem idiographischen, sondern dem *nomothetischen* Forschungsziel. Der Begriff „nomothetisch" steht für die Suche nach und Formulierung von allgemeinen Gesetzmäßigkeiten. Nun kann man zwar auch am und für den Einzelfall Gesetzmäßigkeiten entdecken, aber im allgemeinen sucht die Psychologie nach Gesetzmäßigkeiten oder verallgemeinerbaren Aussagen, die für *viele* Menschen, zumindest Gruppen von Menschen, gelten. Und dahin kann man nur gelangen, wenn man nicht von idiosynkratischen Merkmalen ausgeht, sondern von solchen, die möglichst vielen oder allen Menschen zukommen.

Das Begriffspaar „idiographisch-nomothetisch" stammt nicht von Allport, der es lediglich in der Persönlichkeitspsychologie bekannt gemacht hat, sondern von dem deutschen Philosophen Windelband (1894). Windelband brachte die beiden Begriffe ein, um Wissenschaften voneinander zu unterscheiden. Er trennte zunächst „rationale Wissenschaften", nämlich Philosophie und Mathematik, von dem Rest, und die nannte er die „Erfahrungswissenschaften". Die Erfahrungswissenschaften teilte er wiederum in zwei Gruppen, in die nomothetisch orientierten Naturwissenschaften, die „allgemeine Gesetze" suchen, das, „was immer ist", und in die idiographisch orientierten Geisteswissenschaften, die „besondere geschichtliche Tatsachen" suchen, das, „was einmal war" (S. 25f).

Die Frage, wo die Psychologie in dieser Aufteilung unterzubringen ist, scheidet bis heute die Geister (vgl. Craik et al., 1993). Dabei steht vor allem das idiographische Erkenntnisziel zur Disposition, und hier wiederum die Frage, ob es Aufgabe der Psychologie sein kann, es bei der Analyse des Einzelfalls *zu belassen*. Einzelfälle mit der nomothetischen Zielsetzung zu untersuchen, zu möglichst fruchtbaren und repräsentativen Konstrukten zu kommen, ist dagegen fraglos erlaubt und wird, wie Kapitel 4 an Beispielen zeigen wird, allerorts praktiziert. „Rein" idiographisch, d.h. konsequent auf den Einzelfall bezogen und begrenzt, sind dagegen beispielsweise Ansätze, die sich der Biographie eines einzelnen Menschen widmen und es dabei auch belassen wollen (vgl. dazu Rosenberg, 1989; Runyan, 1983). Runyan (1981) hat am Beispiel einer Studie zu Van Gogh („Warum schnitt sich Van Gogh sein Ohr ab?") sehr anschaulich die Probleme illustriert, die sich bei der psychologischen Analyse individueller Biographien bzw. einzelner biographischer Episoden stellen.

Windelband (1894) befand übrigens, daß die Psychologie von ihrem Erkenntnisziel und ihren Methoden her den nomothetisch operierenden Naturwissenschaften zuzuordnen sei: „ihr methodisches Gebaren ist vom Anfang bis zum Ende dasjenige der Naturwissenschaften" (S. 24). Von ihrem Gegenstand her sei die Psychologie allerdings Geisteswissenschaft, da sie es mit dem Menschen zu tun hat, der in seiner konkreten Ausgestaltung nun einmal einzigartig ist (was viele Definitionen von Persönlichkeit auch als ein Merkmal betonen). Und hier unterstreicht Windelband den Wert, den wir im allgemeinen dem Einzelnen, der Einzigartigkeit zuschreiben:

Dem gegenüber muss daran festgehalten werden, dass sich alles Interesse und Beurteilen, alle Wertbestimmung des Menschen auf das Einzelne und das Einmalige bezieht ... Wie aber alle lebendige Wertbeurtheilung des Menschen an der Einzigkeit des Objekts hängt, das erweist sich vor Allem in unserer Beziehung zu den Persönlichkeiten. Ist es nicht ein unerträglicher Gedanke, dass ein geliebtes, ein verehrtes Wesen auch nur noch einmal ganz ebenso existire? ist es nicht schreckhaft, unausdenkbar, dass von uns selbst mit dieser unserer individuellen Eigenart noch ein zweites Exemplar in der Wirklichkeit vorhanden sein sollte? Daher das Grauenhafte, das Gespenstige in der Vorstellung des Doppelgängers — auch bei noch so grosser zeitlicher Entfernung. Es ist mir immer peinlich gewesen, dass ein so geschmackvolles und feinfühliges Volk wie das griechische die durch seine ganze Philosophie hindurchgehende Lehre sich hat gefallen lassen, wonach in der periodischen Wiederkehr aller Dinge auch die Persönlichkeit mit allem ihrem Tun und Leiden wiederkehren soll. (S. 35f)

Bei aller Faszination und Wertvoreingenommenheit für das Einzigartige, die wir sicherlich auch heute noch mit Windelband teilen, dominiert in der Persönlichkeitspsychologie letztlich das Bemühen um und die Sehnsucht nach verallgemeinernden Aussagen. Konkrete Beispiele, Anekdoten und Fallgeschichten nutzen wir dagegen meist nur zum besseren Verständnis abstrakt formulierter Aussagen und als bisweilen anrührende oder vergnügliche Ergänzung.

3.2 Das Universum menschlicher Eigenschaften

Da Eigenschaften eines der gebräuchlichsten Konzepte in der Persönlichkeitspsychologie sind, ist es dem wissenschaftlichen Umgang mit ihnen dienlich, sich auf eine *einheitliche* Beschreibungsbasis, eine Taxonomie, zu verständigen. Und das heißt, zunächst einmal zusammenzustellen, welche Eigenschaften es überhaupt gibt. Ist das Universum an potentiellen Merkmalen definiert, kann man im nächsten Schritt dazu übergehen, es säuberlich und zweckmäßig zu ordnen.

Der lexikalische Ansatz

Wo fängt man an, wenn man möglichst alle Aspekte zusammentragen will, mit denen die menschliche Persönlichkeit beschrieben werden kann? Alt ist die Idee, die Sprache zu untersuchen, denn ihrer bedienen wir uns in erster Linie, um Menschen zu beschreiben. Dabei kann man annehmen, daß nur für solche Merkmale Begriffe geschaffen werden, die für bedeutsame Erfahrungen stehen, die Menschen miteinander machen, und die Aspekte der Persönlichkeit repräsentieren, auf die zu achten eine Kultur oder eine Gesellschaft für wesentlich hält. Je entscheidender eine Erfahrung oder ein Merkmal ist, so die Prämisse, desto größer ist die Wahrscheinlichkeit, daß ein Wort dafür geprägt wird (John, Angleitner & Ostendorf, 1988).

Die Idee, die Sprache nach Beschreibungsdimensionen abzusuchen, geht nach dem historischen Überblick von John et al. (1988) bis auf den Briten Francis Galton Ende des 19. Jahrhunderts, in Deutschland in die 1920er und 30er Jahre auf Ludwig Klages und Franziska Baumgarten zurück. Im angloamerikanischen Raum wurde die Sammlung von Allport und Odbert von 1936 für alle weiteren Forschungsarbeiten entscheidend – wir kommen darauf zurück.

Die menschliche Persönlichkeit kann nicht nur durch Eigenschaften beschrieben werden, auch wenn diese ein wichtiger Teil sind. Zudem stellen Eigenschaften eine in sich sehr *heterogene* Klasse von Merkmalen dar, die zu unterscheiden sinnvoll ist. Wir charakterisieren einen Menschen als intrigant, redegewandt, vielseitig interessiert, gutaussehend, energiegeladen, mit erotischer Ausstrahlung, und jeder dieser Begriffe steht für einen anderen Inhaltsbereich. Angleitner, Ostendorf und John (1990) haben eine umfassende Taxonomie aller deutschsprachigen Begriffe, die wir zur Persönlichkeitsbeschreibung nutzen, entwickelt. Und da diese aufwendige Sortierung der zur Sprache gewordenen Vorstellung von der menschlichen Persönlichkeit spannend ist, wollen wir diese Arbeit ausführlicher darstellen.

Angleitner und Mitarbeiter haben den „Wahrig" in der Ausgabe von 1981 nach allen Begriffen abgesucht, die für die Beschreibung der menschlichen Persönlichkeit relevant sind. Aber welche sind das? Während Allport und Odbert in ihrer Sammlung *Adjektive* bevorzugt hatten, nahmen Angleitner et al. zwei Arten von Substantiven hinzu. Zum ersten Namen für *Persönlichkeitstypen* (z.B. „Pfeife" oder „Hitzkopf"), die entweder ein besonders typisches Merkmal oder eine ganze Konstellation von Merkmalen beinhalten. Zum zweiten wurde *Attribute* in die Sammlung aufgenommen (z.B. Freundlichkeit oder Arroganz); das sind zugleich die Begriffe, mit denen wir in der Persönlichkeitspsychologie in der Regel hantieren.

Nach der Festlegung, nach welchen Begriffssorten zu suchen sei, wurde definiert, welche *Inhalte* relevant sind, wobei klar war, daß es um solche

Begriffe gehen muß, die geeignet sind, das Verhalten von Menschen untereinander zu unterscheiden. Hier wurden zum ersten sechs Gruppen von Persönlichkeitsmerkmalen spezifiziert, die nach vorliegenden Analysen zu erwarten waren:

- stabile Eigenschaften (z.b. freundlich)
- Zustände und Stimmungen (z.b. gereizt)
- Aktivitäten, Handlungen (z.b. zögerlich)
- Soziale Rollen, Beziehungen und Wirkungen (z.b. brüderlich)
- Fähigkeiten und Begabungen (z.b. kompetent)
- Physische Merkmale (z.b. groß)

Zum zweiten wurde definiert, welche Begriffe *auszuschließen* sind. Und das sind Merkmale, die allen Menschen gemeinsam sind (z.b. atmend); weiterhin Begriffe, die sich auf den geographischen Ursprung beziehen (z.b. Franke), auf berufliche Positionen und Rollen (z.b. Arzt) oder nur auf einen Teil der Persönlichkeit (z.b. glänzende Augen); schließlich Begriffe, die nur im metaphorischen Sinn auf die menschliche Persönlichkeit bezogen werden können (z.b. Rose, Maus). Zum dritten wurden dem Suchteam Testsätze an die Hand gegeben, mit deren Hilfe sie prüfen konnten, ob ein Begriff „paßt", d.h. zur Persönlichkeitsbeschreibung geeignet ist. Diese Mustersätze, in die das fragliche Wort einzusetzen war, lauteten:

für Adjektive
1. Wie *(Adjektiv)* bin ich?
2. Wie *(Adjektiv)* hat sich X verhalten?

für Typennamen
3. Ist X ein *(Substantiv)*?
4. Kann man ihn/sie einen/eine *(Substantiv)* nennen?

für Eigenschafts-Substantive (Attribute)
5. X's *(Substantiv)* ist bemerkenswert
6. Besitzt er/sie *(Substantiv)*?

Acht Beurteiler bildeten das „Suchteam", die alle 97.000 Begriffe, die im „Wahrig" aufgeführt sind, nach den gegebenen Kriterien auf persönlichkeitsrelevante Beschreibungen hin absuchten. Dazu wurden das gesamte Werk in zehn Teile geteilt, die jeweils 80 bis 100 Seiten umfaßten. Jedes Teilbuch wurde von zwei Gutachtern unabhängig bearbeitet. Am Ende standen 10.646 relevante Begriffe, davon 4.827 Adjektive, 2.212 Typennamen und 3.607 Attribute. Damit war die Menge identifiziert, aber sie war noch ungeordnet. Um in die Fülle der Begriffe eine Struktur zu bringen, haben Angleitner und Mitarbeiter folgende Kategorien gewählt:

Eigenschaften
o Temperament und Charaktereigenschaften
o Fähigkeiten, Begabungen bzw. ihre Abwesenheit

Vorübergehende Zustände
- o Emotionen, Stimmungen, Gedanken
- o Physische und körperliche Zustände
- o Handlungen, beobachtbare Aktivitäten

Soziale Aspekte und solche, die sich auf Ruf und Ansehen beziehen
- o Rollen und Beziehungen
- o Soziale Wirkungen; Reaktionen von anderen
- o Reine Bewertungen
- o Einstellungen und Weltsichten

Äußerlich sichtbare Merkmale und Erscheinung
- o Anatomie, Konstitution, Morphologie
- o Äußere Erscheinung, Aussehen, Haltung

Begriffe von begrenztem Nutzen
- o Kontextspezifische oder technische Begriffe
- o Metaphorische, vage, veraltete Begriffe

Mit dieser Taxonomie ist eine Ordnung geschaffen, die, zumindest bezogen auf die Sprache, alle Aspekte enthält, nach denen wir uns und andere beschreiben und voneinander unterscheiden. Die schiere Menge an Wörtern macht zwar klar, wieviele Möglichkeiten uns im Prinzip dabei zur Verfügung stehen, sie reizt aber auch dazu, sie nach grundlegenden Dimensionen abzusuchen und damit wieder zu reduzieren. Erst recht zwingen praktische Erwägungen im Hinblick auf Forschung und Diagnostik dazu, eine handhabbare Anzahl an Merkmalen zu definieren, mit der man vernünftigerweise arbeiten kann. Unter den zahlreichen Versuchen, den „semantischen Alptraum" (John & Robins, 1993, S. 219) auf grundlegende Dimensionen zu reduzieren, wurde seit den 80er Jahren eine Taxonomie besonders einflußreich: die „Big Five".

Beispiel für eine Taxonomie: Die „Big Five"

Die Suche nach grundlegenden inhaltlichen Dimensionen nahm in den USA von der Sammlung von Allport und Odbert ihren Anfang (1936 erschienen; für eine zusammenfassende Darstellung siehe Allport, 1937/1949). Die beiden hatten aus dem „Webster's", einem Lexikon der englischen Sprache, alle Wörter ausgelesen, die benutzt werden können, um das Verhalten eines Menschen von dem eines anderen zu unterscheiden. Diese Wörter, nahezu 18.000 an der Zahl, wurden nach theoretischen Gesichtspunkten in vier Kategorien geordnet (sie finden sich auch in der Klassifikation von Angleitner und Mitarbeitern wieder):

— Eigenschaftsworte im engeren Sinn, d.h. solche Begriffe, die sich auf konsistente und stabile Verhaltenstendenzen eines Menschen beziehen
— Vorübergehende Zustände und Aktivitäten
— Bewertungen, mit denen ein Mensch, sein Verhalten und sein Ansehen, versehen werden (z.B. „wertvoll" oder „durchschnittlich")
— Physische Merkmale

Cattell (Überblick 1957) machte sich als erster an die Arbeit, die 18.000 Wörter zu reduzieren, er beschränkte sich dabei allerdings auf die erste Kategorie, also auf die Eigenschaften im engeren Sinn, und das waren immerhin noch nahezu 4.500 Wörter. Auf teils theoretischem, teils empirischem Wege (Personen schätzten andere anhand der ausgewählten Eigenschaften ein; miteinander korrelierende Eigenschaften wurden dann zu „Clustern" zusammengefügt), verringerte er den Begriffssatz auf 42 Variablen (und vier zusätzliche, vor allem für Kinder). Jede der Variablen besteht aus einem Eigenschaftspaar, das durch Synonyme und Umschreibungen erläutert ist; Variable Nr. 12 sieht beispielsweise so aus:

Kühl, reserviert: neigt dazu, gegenüber anderen indifferent zu sein, sie zu ignorieren; Abstand wahrend; kalt und zurückhaltend gegenüber anderen

vs

Aufmerksam gegenüber anderen: schließt leicht Freundschaften; hört anderen zu und nimmt an ihren Interessen, Problemen und Besorgnissen Anteil.

Die Liste mit den Eigenschaftspaaren wurde Studienteilnehmern mit der Aufforderung vorgelegt, andere danach einzuschätzen. Faktorenanalysen dieser Fremdbeurteilungen führten zu 12 Faktoren, und dabei beließ es Cattell. Die 12 Faktoren finden sich auch unter den 16 Persönlichkeitsfaktoren wieder, die Cattell auf der Basis von *Selbstbeurteilungen* über Fragebogen identifiziert hatte und die sein bekanntes persönlichkeitsdiagnostisches Instrumentarium darstellen (der „16 PF"; deutsche Adaptation von Schneewind, Schröder & Cattell, 1983).

Andere Autoren, die ebenfalls von Cattells Variablensatz ausgingen, fanden nicht 12, sondern *fünf* Faktoren (für einen historischen Überblick siehe Goldberg, 1993; John et al., 1988; John, 1990). Und diese Autoren, zunächst Tupes und Christal, später Norman, gelten nunmehr als die „Väter" derjenigen Faktoren, die derzeit als die grundlegenden Dimensionen der menschlichen Persönlichkeit gehandelt werden, nämlich die *Big Five*. Die Fünf-Faktoren-Struktur gewann in dem Maße an Einfluß, in dem über unterschiedliche Studien und methodische Vorgehensweisen hinweg (beispielsweise nicht nur Fremd-, sondern auch Selbstbeurteilungen) Anzahl und Inhalte einigermaßen repliziert werden konnten. „Big" bedeutet nicht „groß" im Sinne von großartig oder bedeutsam, sondern, daß es sich um sehr breite, abstrakte Dimensionen handelt. Jeder Faktor setzt sich aus einer Vielzahl an teils unterschiedlichen Eigenschaften zusammen, und zu seiner Kennzeichnung muß man daher mehrere Teileigenschaften heranziehen. Die *Big Five* sind:

— *Extraversion* (gesellig, selbstbewußt, gesprächig, aktiv)
— *Verträglichkeit* (angenehm, liebenswürdig, vertrauenswürdig, warmherzig)
— *Gewissenhaftigkeit* (zuverlässig, organisiert, gradlinig, effizient)
— Emotionale Stabilität bzw. als Gegenpol: *Neurotizismus* (ängstlich, unruhig, besorgt)

– *Offenheit* für neue Erfahrungen oder *Intellekt* oder *Kultiviertheit* (phantasievoll, neugierig, vielseitig interessiert).

Für die Erfassung der *Big Five* liegen im anglo-amerikanischen Sprachraum Skalen von Costa und McCrae (1992) vor; für eine Variante dieser Verfahren, nämlich das NEO Five-Factor Inventory oder „NEO-FFI", haben Borkenau und Ostendorf (1993) eine deutschsprachige Adaptation entwickelt. (Das NEO Inventar ist insofern ein Kuriosum, als es zunächst entwickelt wurde, um *drei* grundlegende Faktoren zu erfassen, nämlich Neurotizismus, Extraversion und Offenheit für Erfahrungen; von daher auch das Kürzel „NEO". Mit dem Aufstieg der *Big Five* haben Costa und McCrae Skalen für Verträglichkeit und Gewissenhaftigkeit ergänzt).

Während über die Benennung der ersten vier Faktoren weitgehend Einigkeit besteht, wird der fünfte Faktor abwechselnd als „Offenheit für neue Erfahrungen", als „Intellekt" oder als „Kultiviertheit" beschrieben. In jedem Fall handelt es sich dabei um kognitive Merkmale, während die anderen vier Faktoren in erster Linie affektive Merkmale, Merkmale des Temperaments, Aspekte des sozialen Verhaltens und Einstellungen beinhalten (die Zeitschrift „European Journal of Personality" hat dem fünften Faktor ein Sonderheft gewidmet; siehe De Raad & Van Heck, 1994). Gemessen an der Erwartung, mit den *Big Five* (endlich) einen weitgehenden Konsens über grundlegende Dimensionen der Persönlichkeit erzielt zu haben, sieht Goldberg (1993) in der variablen Benennung des fünften Faktors so etwas wie eine „wissenschaftliche Peinlichkeit" (S. 27). Sieht man von dieser Peinlichkeit einmal ab, sind es vor allem zwei Themen, die rund um die *Big Five* diskutiert werden: Ihr theoretischer Status sowie Sinn und Zweck der Abstraktion (John & Robins, 1993; Briggs, 1989).

Erster Diskussionspunkt: Der theoretische Status

Von ihrer Entstehungsgeschichte her sind die fünf Faktoren nichts anderes als das Produkt einer Folge von Reduktionsmethoden. Am Anfang steht die in Wörterbüchern dokumentierte und als weitgehend vollständig angenommene Sammlung an Eigenschaftswörtern, die infolge semantischer Überlegungen und empirischer Analysen nach und nach reduziert wurde. Und jeder Reduktionsschritt ist begleitet von der Entscheidung, das jeweils Abstrahierte zu *benennen* und ihm damit so etwas wie Identität zu verleihen. Das ist die Herkunft der *Big Five*, aber was sagen sie letztendlich über die menschliche Persönlichkeit aus? Was ist ihr theoretischer Status? Nur am Anfang stehen jene Beschreibungsdimensionen, von denen man vermuten darf, daß sie wichtige Erfahrungen wiedergeben, die Menschen miteinander machen. Das ist zumindest die Idee des lexikalischen Ansatzes. Was aber geschieht, wenn man von den Tausenden an Begriffen in der Abstraktionshierarchie aufsteigt? Repräsentieren die fünf Faktoren ebenfalls noch Erfahrungen?

Man könnte vermuten, so führt Briggs (1989) aus, daß den Faktoren eine *implizite Persönlichkeitstheorie* zugrundeliegt. Denn die Faktoren sind ja das Ergebnis von Zusammenhängen, die die Beurteiler *konstruieren*, wenn sie sich und andere einschätzen. Und in diese Einschätzung fließen neben persönlichen Strukturierungsvorlieben auch allgemeine Vorstellungen darüber ein, welche Eigenschaften zusammengehen. Wir neigen nun einmal dazu, zwischen Eigenschaften Zusammenhänge zu denken, und die schlagen sich in den Ratings natürlich entsprechend nieder. Hinter dem *Big Five* Faktor „Gewissenhaftigkeit" könnte beispielsweise unsere implizite Theorie stehen, daß Zuverlässigkeit, Fleiß, Sorgfalt, Effizienz und eine strukturierte, organisierte Lebensführung zusammengehen. Mit der Annahme, daß die Einschätzung von uns und von anderen Menschen von impliziten Persönlichkeitstheorien geleitet wird, ist aber noch lange nicht erklärt, warum es ausgerechnet *fünf* Faktoren sein sollen. Denn es ist nicht so, daß eine implizite Theorie existiert, die besagt, die menschliche Persönlichkeit ließe sich nach Extraversion, Verträglichkeit, Gewissenhaftigkeit, emotionaler Stabilität und Offenheit für neue Erfahrungen gewinnbringend und vollständig beschreiben. Im Gegenteil, die fünf Faktoren spiegeln so gar nicht unser Alltagsdenken wieder, das ist eine Folge der Abstraktion, die die konkreten Alltagskonzepte nun gerade hinter sich gelassen hat.

Die Anzahl läßt sich theoretisch nicht begründen, sie ist zunächst einmal ein empirisches, „theorieloses" Produkt, und das macht auch das Unbehagen aus, das manche bei den *Big Five* befällt. Die Fünf bieten in ihrer Gesamtheit keine erkennbar in sich geschlossene Struktur, es bleibt bei einer bloßen Aufzählung. Goldberg (1993, S. 29) hielt sie einst für einen „ästhetischen Alptraum". Dazu kommt, daß die Anzahl bei allem Konsens, wie er zumindest derzeit in der Literatur erscheint, so definitiv nun auch wieder nicht ist. Es gibt Widerständige. Goldberg zählt in seinem historischen Rückblick, in dem die Begeisterung zum Ausdruck kommt, das langersehnte Ziel sei nun endlich erreicht, zum Abschluß jene Autoren auf, die „noch zu überzeugen seien", da sie eine andere Anzahl grundlegender Dimensionen verfechten. Zu den Standfesten, die den *Big Five* widerstreben, gehören vor allem Eysenck (er bleibt bei Extraversion, Neurotizismus und Psychotizismus; siehe z.B. 1991) und Cattell, der es mit 16 Faktoren hält. Andere gehen von sechs oder sieben Faktoren aus. Briggs (1989) spricht daher auch stets von den *„fünf (plus oder minus zwei) Faktoren"*, und er stellt damit klar, daß ihre Anzahl so eindeutig eben nicht ist.

Die Beliebigkeit der Anzahl würde in dem Moment ein Ende nehmen, in dem irgendeine Theorie gebildet wird, die den *Big Five* Plausibilität und Sinnhaftigkeit verschafft, die begründet, warum es diese und keine anderen sind. Eine mögliche theoretische Grundlage könnte *soziologischer* Natur sein, indem begründet wird, daß in den Faktoren eben jene Persönlichkeitsmerkmale zusammenkommen, die eine Kultur im Hinblick auf das menschliche Zusammenleben besonders relevant hält. Und jeder bzw. jede wird dazu erzogen, die Wahrnehmung von sich selbst und anderen nach diesen Dimensionen hin auszurichten. In diesem Falle müßte erklärt werden, warum das ausgerechnet Extraversion, Verträglichkeit, Gewissenhaftigkeit, emotionale Stabilität und Intellekt sein sollen. Nun zeichnen die Fünf zwar in der Tat das Bild eines zumal in nordamerikanischen und westeuropäischen Kulturen sehr geschätzten Menschen, aber das macht noch lange keine Kulturtheorie der *Big Five*.

Eine andere theoretische Basis wäre gegeben, wenn den fünf Faktoren irgendeine *biologische* Grundlage zukäme, mit der einige Autoren auch liebäugeln. Nun ist es zwar naheliegend, daß Erleben und Verhalten in irgendeiner Form mit neurophysiologischen Prozessen einhergehen; es ist aber äußerst unwahrscheinlich (auch wenn es manche Autoren nicht ausschließen), daß sich für so komplexe Verhaltensmuster wie beispielsweise „Verträglichkeit" eine dazugehörige physische Struktur, physiologische oder biochemische Prozesse finden lassen. Für Extraversion und Neurotizismus, die ja Bestandteil der Fünf sind, ohne daß er sie im ganzen akzeptiert, nimmt Eysenck (1990) immerhin eine solche Basis an. Das hatten wir schon beschrieben.

Zweiter Diskussionspunkt: Sinn und Zweck der Abstraktion

Was ist mit den *Big Five* für die Persönlichkeitspsychologie erreicht? Welchen Stellenwert haben sie für die Theorie, für die diagnostische Praxis, für die Forschung? Im Hinblick auf die Theorie der Persönlichkeit ist ihr Stellenwert zwiespältig. Zum einen scheint mit ihnen ein Rahmen gefunden, in dem sich Persönlichkeit beschreiben läßt und anhand dessen sich interindividuelle Unterschiede festmachen lassen. Die Taxonomie der Fünf erfüllt für manche sicherlich die Sehnsucht nach der großen Ordnung der Dinge. Die Freude daran wird allerdings durch die fehlende theoretische Verankerung deutlich geschmälert.

Im Hinblick auf Diagnostik und Forschung ist ihr Stellenwert ähnlich gemischt. Gut an den Fünfen ist, daß sie Ordnung schaffen; so kann man an ihnen beispielsweise überprüfen, ob man an alle relevanten Aspekte gedacht hat, wenn man Menschen zu beschreiben oder nach interindividuellen Unterschieden zu suchen hat. Und dann bieten sie der weitverbreiteten Neigung Einhalt, immer wieder „neue" Eigenschaften ins Leben zu rufen, die doch nur ein neues Etikett für längst umschriebenes Verhalten sind, und die die Diagnostik unnötig aufblähen. Hier könnte man mit Blick auf die fünf Faktoren prüfen, ob ein Vorschlag wirklich neu ist, oder lediglich Facette eines bereits etablierten Faktors (Briggs, 1989).

Für viele Fragestellungen in Diagnostik und Forschung reichen jedoch die abstrakten Dimensionen bei weitem nicht aus, und man wird in der Abstraktionshierarchie herabsteigen, d.h. auf situationsspezifische Eigenschaften, Gewohnheiten, und schließlich konkrete Verhaltensweisen zurückgreifen. Wenn es beispielsweise darum gehen soll, Ängstlichkeit zu diagnostizieren, so reicht der bloße Wert dafür als Information nicht hin. Ich muß nicht nur wissen, wie ängstlich ein Mensch im Vergleich zu anderen ist, sondern auch, auf welche Lebensbereiche und Erfahrungen sich seine Ängste beziehen und welche Strategien er oder sie zur Bewältigung heranzieht, um nur einige wichtige diagnostische Suchrichtungen zu nennen. Der Erkenntniswert aus den allgemeinen Beschreibungsdimensionen tritt hier gänzlich zurück hinter die für den Einzelfall bedeutsamen Informationen, die zu einer für den Einzelnen einzigartigen Ängstlichkeit werden, ganz im Sinne Allports persönlicher Eigenschaften.

Allgemeine Dimensionen und konkrete, auf den Einzelnen bezogene Beschreibungen schließen einander natürlich nicht aus. Es bleibt auf der einen Seite die schier unendliche Möglichkeit zur Differenzierung, die die Sprache mit ihren feinen Nuancen bietet, und von der Allport und Odbert so begeistert waren. Sie wird dem Einzelnen allemal gerecht. Auf der anderen Seite steht die Freude derer, die mit den fünf Faktoren den Rahmen gefunden zu haben glauben, innerhalb dessen sich die Beschreibung interindividueller Unterschiede bewegen kann. Die fünf Faktoren befriedigen das wissenschaftliche Bedürfnis nach Struktur, ohne daß die Vielfalt geleugnet wird. Ohne theoretische Verankerung bleiben allerdings die fünf Faktoren ebenso unbefriedigend wie es die Beliebigkeit ist, mit dem ein einzelner Mensch beschrieben wird. Denn die von Allport gewünschte idiographische Beschreibung ist nicht weniger theoriearm, wenn es nicht ebenso gelingt, idiographische Beschreibungsdimensionen in eine Theorie der menschlichen Persönlichkeit einzuordnen.

3.3 Eigenschaften in der Anwendung: Das Beispiel Streßforschung

In den beiden ersten Abschnitten dieses Kapitels haben wir Eigenschaften in erster Linie unter grundlagentheoretischen Gesichtspunkten behandelt – ihre Definitionsmerkmale, ihr ontologischer Status, ihre interne Struktur, ein wenig auch ihr Auf und Ab über die Forschungsgeschichte hinweg. Zum Abschluß wollen wir zeigen, wie sich das Konzept der Eigenschaften in einem Anwendungsgebiet darstellt. Als Beispiel wählen wir die Streß- und Bewältigungsforschung, in der interindividuelle Unterschiede eine wichtige Rolle spielen. Die Streß- und Bewältigungsforschung geht den Fragen nach, wie Menschen Belastungen wahrnehmen, psychisch und physisch auf sie reagieren, und wie sie Belastungen auf welche Weise mit welchen Folgen bewältigen (für einführende Überblicke siehe z.B. Krohne, 1990; Schwarzer, 1993; Weber, 1992).

Ein erster wichtiger Aspekt, in dem sich interindividuelle Unterschiede zeigen, ist die *Form* der Bewältigung, also das, was wir tun und denken, um mit einer für uns problematischen Situation fertig zu werden. Nun zeigt sich zwar, daß die Form der Bewältigung durchaus von der Situation oder dem Typ der Belastung abhängt. Es spricht aber ebenso viel dafür, daß es auch *beständige*, persönlichkeitsspezifische Formen oder *Stile* der Bewältigung gibt, die damit dem Status einer Eigenschaft nahekommen. Im Unterschied zu den „klassischen" Eigenschaften wie etwa den *Big Five*, sind habituelle Bewältigungsstrategien jedoch deutlich verhaltensnäher, sie stehen für klar umschriebene Kategorien von Verhaltensweisen. Gemessen an den vier Ebenen, die Eysenck unterscheidet, liegen die Bewältigungsstile irgendwo zwischen den Gewohnheiten und den Eigenschaften. Es gibt eine Reihe von Ansätzen, die habituelle Strategien der Bewältigung theoretisch vorsehen und auch entsprechende diagnostische Verfahren zu ihrer Erfassung entworfen haben. Dazu gehört der *Streßverarbeitungsfragebogen* von Janke, Erdmann und Kallus (1985), der 19 Formen der Bewältigung erfragt, beispielsweise Versuche, die Situation und die eigene Reaktion zu kontrollieren, die Situation zu bagatellisieren oder sich abzulenken. Andere Ansätze sehen nur wenige, sehr abstrakte Dimensionen vor. Krohne (1989) etwa unterscheidet in der Bewältigung von Angst zwei grundlegende Reaktionsformen, nämlich *kognitive Vermeidung* und *Vigilanz*.

Seit den 80er Jahren gewinnen in der Bewältigungsforschung auch traditionelle Persönlichkeitseigenschaften an Gewicht, indem angenommen wird, daß bestimmte Eigenschaften helfen können, Streß besonders gut zu bewältigen. Eigenschaften werden damit zu *Ressourcen*, genauer gesagt, zu „personalen" Ressourcen; das grenzt sie deutlicher von ökonomischen (z.B. Einkommen) und sozialen Ressourcen (z.B. Unterstützung durch Familie und Freunde) ab. Im folgenden stellen wir zunächst Eigenschaften vor, denen Ressourcenqualität zugesprochen wird, und diskutieren dann, worin ihre stützende und wohltuende Wirkung vermutet wird.

Der Ressourcenfundus

Ressourcen tauchen in der Literatur Ende der 70er Jahre auf, zumindest als einschlägiges Konzept, die Idee ist zweifellos älter. Ihre Einführung in die Streßforschung verdanken sie vor allem Kobasa (1979) und ihrer These, daß Menschen trotz streßhafter Erfahrungen dann keinen gesundheitlichen Schaden nehmen, wenn sie über eine geeignete Eigenschaftsausstattung, nämlich *Hardiness*, verfügen. *Hardiness* setzt sich aus drei Elementen zusammen:

1. der Überzeugung, daß ich die Dinge, die mir geschehen, selbst beeinflussen kann („internale Kontrollüberzeugung"),
2. der Interpretation von Ereignissen bzw. Belastungen als Herausforderung und
3. einer engen Bindung an die Ziele, die ich verfolge.

Im selben Jahr stellte Antonovsky (1979; siehe auch 1987) eine ähnliche Kunsteigenschaft vor, von der er ebenso annahm, daß sie gegenüber Belastungsfolgen einen Schutz bilde. Er nannte sie *Sense of coherence*, und auch sie besteht aus drei Elementen, die Hardiness ähnlich sind:

1. der Überzeugung, daß alles im Leben seinen Sinn hat,
2. der Überzeugung, daß alles, was geschieht, anzupacken und zu bewältigen sich lohnt, und
3. der Überzeugung, daß letztlich alles zu bewältigen ist.

Im Laufe der 80er Jahre kamen weitere Eigenschaften hinzu, denen man den Status einer Ressource zubilligte, und zur aktuellen Liste gehören:

– die Motivation, neue Erfahrungen zu machen und sie als Herausforderung zu sehen
– die Überzeugung, daß alles, was mir geschieht, seinen Sinn hat
– die Erwartung, daß ich die Dinge selbst kontrollieren kann
– die Erwartung, daß ich kompetent bin, Belastungen bewältigen zu können
– die Erwartung, daß Dinge letztlich gut ausgehen, woran auch immer das liegen mag
– ein positives Selbstkonzept und ein hohes Selbstwertgefühl
– emotionale Stabilität und das Vorherrschen positiver Gefühle
– Kompetenzen, z.B. im sozialen Bereich oder Problemlösefähigkeiten.

Der gegenüber negativen Belastungsfolgen resistente oder zumindest besser gewappnete Mensch ist demnach mit drei „Boni" ausgestattet: einem *affektiven*, indem er mit einer heiteren, positiven Gemütslage gesegnet ist; einem *kognitiven*, indem er der Überzeugung ist, mit Anforderungen entweder selbst fertig zu werden oder aber die Erwartung hegt, daß sich alles zum Guten wendet; einem *motivationalen*, indem er von vornherein in allem, was ihm zustößt, das Gute, die Herausforderung sieht und es als sinnhaft interpretiert. Etwas überspitzt, schält sich da eine Persönlichkeit heraus, die will, die kann und der es gutgeht – und von der man schlicht annimmt, daß es dabei auch bleibt. Die Frage ist nun, wie man sich die Wirkung dieser heilsamen Eigenschaften überhaupt vorstellt.

Die Wirkung von Ressourcen

Was macht eine Eigenschaft zur Ressource? Grundsätzlich stehen zwei Modelle zur Diskussion: Im ersten Fall wird eine *direkte* Beziehung zwischen einer Eigenschaft und einer gelingenden Bewältigung angenommen. So könnten etwa die Verhaltensweisen und Einstellungen, die die Eigenschaft ausmachen, mit gesundheitsförderlichen physiologischen Reaktionen verbunden sein. Beispielsweise wird vermutet, daß *Optimismus,* also die Überzeugung, daß Dinge gut ausgehen, mit einem besser funktionierenden Immunsystem einhergeht (Scheier & Carver, 1992). Dasselbe nimmt Bandura (1989) für die Erwartung von *self-efficacy* an; das ist die Erwartung, eine bestimmte Verhaltensweise zu beherrschen, sie realisieren zu können. Eine solche Erwartung stattet uns – bezogen auf den jeweiligen Sachverhalt – mit dem Gefühl der Kompetenz aus, das uns dazu motiviert, entsprechende Ziele zu setzen und sie in guter Hoffnung auf Erfolg anzugehen (siehe auch Kapitel 4).

Im zweiten Fall wird von einer *indirekten* Beziehung zwischen Eigenschaft und Bewältigungserfolg ausgegangen, indem angenommen wird, daß Eigenschaften mit bestimmten Verhaltensweisen korrespondieren, die ihrerseits zu Erfolg führen. Dabei lassen sich in der Literatur (zumindest) drei unterschiedliche Wirkungsmodelle ausmachen, von denen jedoch nur das erste theoretisch überzeugt:

1. Erfolgreiche Bewältigungsformen zählen zum Konstruktbereich der Eigenschaft: Hier wird davon ausgegangen, daß eine Eigenschaft mit bestimmten Bewältigungsformen einhergeht, die theoretisch sinnvoll und begründet aus ihr abgeleitet werden. So kann man beispielsweise bei Menschen, die einer internalen Kontrollüberzeugung anhängen, also davon ausgehen, daß das, was ihnen geschieht, weitgehend ihrer eigenen Kontrolle unterliegt, vermuten, daß sie Probleme aktiv angehen. Das ist natürlich nur in solchen Situationen eine erfolgreiche Strategie, in denen aktive Veränderung tatsächlich möglich ist.

2. Eine Eigenschaft befähigt generell zu erfolgreichem Verhalten: Hier wird wie im ersten Fall angenommen, daß eine Eigenschaft bzw. eine Einstellung sich mit erfolgreichem Verhalten zusammentun, aber es bleibt offen, um welche Strategien es sich handelt. Es wird lediglich angenommen, die Ressourcenträger handelten in jedem Falle so, daß es ihrem Wohlbefinden diene. An die Ressource – die Eigenschaft – binden sich damit keine spezifischen Verhaltensformen, sondern Verhaltens*konsequenzen.* Das ist nun ein sehr merkwürdiges Verständnis von einer Eigenschaft, sie besagt nicht mehr, was Menschen tun, sondern sie prädiziert, daß sie in jedem Falle das Richtige, das Angemessene oder das Erfolgreiche tun. So verstehen beispielsweise Scheier und Carver (1992) Optimismus. Damit soll nicht gesagt sein, daß situationsangemessenes Verhalten nicht tatsächlich das effektive sein kann; es ist nur die Frage, ob eine Eigenschaft das garantiert, sozusagen als Wundermittel.

3. Eigenschaften als Bestandteil einer insgesamt förderlichen Umwelt: Dieses Wirkungsmodell findet sich in erster Linie für *Hardiness* (abgeschwächt auch für *Sense of coherence),* indem beide Momente enthalten, die mit einer Eigenschaft nichts zu tun haben. So zählt Kobasa (1979) zu *Hardiness* beispielsweise neben den erwähnten Überzeugungen auch gewährte soziale Unterstützung und gute Arbeitsbedingungen. Da ist es erstens kein Wunder, wenn eine so definierte Ressource mit gelungener Bewältigung einhergeht. Und es ist zweitens völlig unsinnig, Dinge, die von außen gewährt werden, als Eigenschaft zu reklamieren. Mit derselben Logik könnte auch die Höhe des Jahreseinkommens eine Eigenschaft sein.

Wie sehen nun die empirischen Ergebnisse aus? Halten die Eigenschaften, was man sich von ihnen verspricht? Sind Optimismus, Kompetenzüberzeugungen, Selbstbewußtsein, emotionale Stabilität usw. mit einem höheren Wohlbefinden bzw. mit einem angesichts von Belastungen weniger schlechten Befinden verbunden? Will man diese Frage beantworten, stößt man auf das Problem, daß sich viele Ressourcen bereits über Indikatoren des Wohlbefindens definieren. Denn viele Ressourcen bestehen ja gerade aus einer positiven Gemütslage und der Überzeugung, es gehe einem gut und alles sei zu bewältigen. Daß sich die Träger dieser Ressourcen Wohlbefinden — positive Emotionen, wenige Symptome — bescheinigen, bestätigt ihre Kategorienzugehörigkeit, nicht jedoch, daß die Ressource *Ursache* vermehrten Wohlbefindens ist. Wenn Optimisten im Vergleich zu den Pessimisten angeben, positiverer Stimmung zu sein, heißt das nicht, daß Optimismus eine Ressource ist, die zu einer positiven Welt- und Daseinssicht führt. Ressourcen *führen* nicht zu einem besseren Wohlbefinden — sie *sind* es. Und das gilt vor allem dann, wenn die Erfolgskriterien nicht als aktueller Zustand, sondern als relativ stabiles Merkmal erfaßt werden.

Die in vielen Studien gefundenen Zusammenhänge sind daher solange kein Nachweis für die Annahme, Eigenschaften führten zu besserer Bewältigung, solange nicht Kriterien als Maß für den Bewältigungserfolg verwendet werden, die von der subjektiven Selbstbeschreibung unabhängig sind, also etwa Leistungsmaße oder Indikatoren der physischen Gesundheit. Und werden sie eingesetzt, so zeigen sich unterschiedliche Ergebnisse. In vielen Fällen machen die Ressourcen *keinen* Unterschied. Pessimisten beispielsweise schneiden bei Prüfungen nicht schlechter ab als Optimisten (Norem, 1989) und emotional Labilere nicht schlechter als emotional Stabilere (Bolger, 1990). Für das Merkmal der *Seelischen Gesundheit* haben Becker, Bös und Woll (1994) hingegen zeigen können, daß es mit einer besseren physischen Gesundheit in Zusammenhang steht.

Was sind die Konsequenzen aus den beschriebenen Schwierigkeiten? Die Idee, daß Eigenschaften Einfluß darauf nehmen, wie man mit Belastungen umgeht, macht theoretisch Sinn. Eigenschaften stehen für komplexe Verhaltensmuster, unter denen sich eben auch bewältigungsrelevante Verhaltensformen befinden. Für die weitere Forschung scheinen drei Dinge beachtenswert, und sie sind für den Umgang mit Eigenschaften in der Anwendung generell von Bedeutung (vgl. auch Weber, 1995):

1. Sich auf die Definition von Eigenschaften besinnen

Ein erster Punkt betrifft die Frage, welche Ansprüche man an Eigenschaften legitimerweise stellen kann, und welche nicht. Eigenschaften stehen für eine Klasse von Verhaltensweisen, nicht mehr und nicht weniger. Man kann daher im besten Falle vorhersagen, welches Verhalten ein mit einer bestimmten Eigenschaft diagnostizierter Mensch realisieren wird: Der Gelassene wird erst einmal eine Tasse Kaffee trinken und einen Spaziergang machen; die Problemlösekompetente wird die wichtigsten Aspekte der Belastung zusammentragen und entscheiden, was in welcher Reihenfolge zu tun ist; der Optimist wird davon ausgehen, daß sich alles von selbst erledigt. Was eine Eigenschaft aber nicht leisten kann, ist vorherzusagen, welche *Folgen* das jeweilige Verhalten nach sich zieht. Eigenschaften garantieren weder Erfolg noch Mißerfolg. Insofern ist das Ressourcenkonzept theoretisch fragwürdig, wenn es Verhalten und Folgen in einer „Eigenschaft" zusammenbringen will. Welche Folgen das Verhalten hat, hängt von Tausenderlei Einflußfaktoren ab. Eigenschaften machen dort Sinn, wo sie eingesetzt werden, um interindividuelle Unterschiede in der Bewältigung herauszuarbeiten, um eigenschaftskongruente Bewältigungsmuster zu untersuchen, sie zeigen die ganze Spielbreite persönlichkeitsspezifischer Streßbewältigung auf. Sie dienen in diesem Sinn der Differenzierung, Wundermittel sind sie nicht.

2. Pluralismus zulassen

Vorliegende Ressourcenkonzeptionen konzentrieren sich auf Kontroll- und Kompetenzerwartungen, positive emotionale Gestimmtheit und eine stark ausgeprägte Motivation, Anforderungen zu bewältigen. Dieses Muster ist in hohem Maße selektiv. Es entspricht der in unserer Gesellschaft weitverbreiteten Ideologie, derzufolge jeder seines Glückes Schmied ist und großer Einsatz auch entsprechend belohnt wird. Die ideologieverhaftete Auswahl der Variablen wird jedoch nicht reflektiert, sie wird als sachlogisch begründet dargestellt (Weber, 1993). Alternative Eigenschaften und alternative Konstruktionen von Erfolg haben da wenig Chancen, als potentielle Ressourcen bzw. Kriterien überprüft zu werden. Aber es gäbe Alternativen.

So wurde etwa im Zusammenhang mit der Anfälligkeit für koronare Herzerkrankungen diskutiert, daß ein durch Gelassenheit und maßvolle Aktivität gekennzeichneter Mensch, den man den Typ B nannte (im Unterschied zum krankheitsanfälligen Typ A) gesünder lebt. Nun hat sich das Konzept aus vielerlei Gründen nicht halten können (Weber, 1994a), aber immerhin gab es gute Gründe, einen solchen Persönlichkeitstypus als positiv zu sehen. Auf diesen Typ B verwiesen auch Holahan und Moos (1985), als sie „easygoing" als Ressource konzipierten. Easygoing sollte sich zudem auf Arbeiten von Hinkle (1974) beziehen, der untersuchte, ob und wie einschneidende Veränderungen (z.B. Emigration infolge Kriegswirren) mit physischer Krankheit in Zusammenhang stehen. Hinkle berichtet, daß sich Menschen, die trotz hoher Belastung nicht krank wurden, durch „insulation" auszeichnen, durch emotionale und kognitive Nicht-Betroffenheit, durch eine Abschottung gegenüber den Ereignissen. Die Gesundbleibenden, so Hinkle, seien sich ihrer Grenzen und ihrer Bedürfnisse bewußt; sie vermieden Anforderungen, wenn sie das Gefühl haben, ihnen nicht standhalten zu können oder zu wollen.

Für diesen sorgsamen Umgang mit den eigenen Kräften würde sprechen, daß er unter verhaltensökonomischen Aspekten die Reaktion der Wahl ist. Verhaltensökonomisch heißt, daß der Aufwand und die Kosten für Bewältigung zu ihrem Nutzen oder allgemein ihren Folgen ins Verhältnis zu setzen sind. Schönpflug (1986) hat eine solche Analyse der Streßbewältigung vorgelegt, und es wäre zu wünschen, daß seine Überlegungen mehr Rückhall finden.

Die mit Verzicht und Besonnenheit korrespondierenden Eigenschaften „Gelassenheit" und „Phlegma" tauchen auch auf, wenn man Laien die Frage gestellt, welche Eigenschaften einem Menschen helfen könnten, mit Streß besonders gut umzugehen (Weber, 1987). Und ihre Antworten sind erstaunlich, wie die folgende Liste zeigt, in der angegeben ist, wieviel Prozent der Befragten auf diese *offene* Frage hin ein Merkmal aus der jeweiligen Kategorie nannten (die Kategorien wurden erst im Nachhinein gebildet, sie waren nicht vorgegeben):

37% Geduld, Gelassenheit, Ruhe
29% Innere Festigkeit, seelische Ausgeglichenheit, inneres
    Gleichgewicht
23% Selbstbewußtsein, Selbstsicherheit
17% Phlegma, Gleichmut, „dickes Fell"
10% Optimismus, Zuversicht, Lebensbejahung
10% Intelligenz, Urteilsfähigkeit
 9% Disziplin, Willensstärke, Selbstkontrolle
 8% Fähigkeit zur Selbsterkenntnis, zur Einsicht in die
    eigenen Kräfte und ihre Grenzen
 6% Körperliche Fitness, gute Kondition
 6% Freundlichkeit

Laien nennen zwar auch jene Eigenschaften, die derzeit als Ressourcen konzipiert sind (z.B. Selbstbewußtsein und Optimimus), sie favorisieren aber Gelassenheit, Gleichmut, Phlegma, Verzicht. Wenn man sich die Liste anschaut, so fällt auch auf, daß sich dort die *Big Five* wiederfinden, zwar nicht im Wortlaut, aber von der Idee her. Denn es werden Eigenschaften genannt, die sich den gemeinhin als positiv bewerteten Polen der fünf Faktoren zuordnen lassen, nämlich Extraversion, Verträglichkeit, Gewissenhaftigkeit, emotionale Stabilität und Offenheit/Intellekt. Daß Aspekte dieser fünf Eigenschaftsdimensionen von den Laien als positiv, streßlindernd genannt werden, zeigt einmal mehr, daß die *Big Five* nicht einfach nur *deskriptive* Konzepte sind, sondern daß ihnen eine beträchtliche implizite *Bewertung* zukommt (vgl. Borkenau & Ostendorf, 1993).

3. Soziale Abhängigkeiten beachten

Wenn das einer Eigenschaft zugeordnete Verhalten positive Folgen zeitigt, so liegt das meist nicht nur an dem Verhalten allein. Eine nach Prioritäten sorgsam geordnete und geplante Abfolge von Handlungsschritten kann mir zwar helfen, ein Problem zu lösen oder eine Belastung zu bestehen, aber zum Erfolg gehört in der Regel auch, daß *andere* dieses Verhalten akzeptieren und, noch mehr, dabei mitmachen. Diese Abhängigkeit von anderen wird jedoch innerhalb des Ressourcenmodells nicht diskutiert, das ist eine Folge der dominierenden Kontroll- und Kompetenzideologie, die den Einzelnen mit unangemessener Autonomie versieht.

Bewältigungserfolg ist aber nun einmal häufig an das Urteil und die Kooperation *von anderen* gebunden; natürlich kann ich mich jederzeit darüber hinwegsetzen und meine Welt und meinen Erfolg auf eine mir eigene Weise konstruieren. Da wir uns aber vermutlich nur ungern und selten in „splendid isolation" begeben (was allerdings eine Form der Bewältigung sein kann), müssen wir hinnehmen, daß andere (mit)definieren, was Erfolg und erfolgreiches Verhalten ist. Und damit stellt sich die Frage, welches Bewältigungsverhalten von den anderen gebilligt und gefördert oder aber abgelehnt, wenn nicht gar sanktioniert wird. Diese Reaktion der anderen hängt wiederum davon ab, welchen Ruf eine Verhaltensform im allgemeinen genießt. In unserer Gesellschaft existiert eine Fülle von *Normen*, wie mit Belastungen umzugehen ist: so sollten wir uns beispielsweise ins Unvermeidliche schicken, das Machbare tun, das Beste aus der Situation machen, sich zusammenreißen, nach einer Weile mit dem Jammern aufhören. Für die Darstellung des eigenen Belastetseins nach außen existiert offenbar die Norm, daß man zwar andeuten darf, belastet zu sein, aber zugleich signalisieren sollte, daß man die Sache schon in den Griff bekommen wird (Silver et al., 1990). Es ist die „Kopf hoch" Mentalität, wie sie von den Optimisten praktiziert wird, die erwünscht ist, vielleicht deshalb, weil sie diejenigen, die mit dem betreffenden Menschen zu tun haben, aus mehreren Gründen entlastet. Im Umgang mit den Optimisten sind wir nicht verpflichtet zu helfen, wir müssen uns nicht hilflos fühlen, wir brauchen keine Angst haben, daß uns ein schlimmes Schicksal trifft. Wir sind den Optimisten oft von Herzen für ihre Haltung dankbar und belohnen sie dafür mit unserem Zuspruch und unserer Unterstützung. Optimismus wäre damit eine Eigenschaft, die in unser Wertesystem paßt und den Umgang miteinander erleichtert, und er ist möglicherweise *allein deshalb* von Erfolg gekrönt, nicht, weil ihm inhärente Merkmale Erfolg garantieren.

3.4 Abschließender Kommentar

Das Fazit, das aus der Darstellung eigenschaftsbasierter Ansätze zu ziehen ist, kann kurz ausfallen, da wir die Probleme, die sich mit der Idee der Eigenschaft verbinden, in den einzelnen Abschnitten in aller Ausführlichkeit diskutiert haben. So bleibt eine letzte abschließende Würdigung.

Das Konzept der Eigenschaften ist aus der Persönlichkeitspsychologie schlicht und einfach nicht wegzudenken. Eigenschaften sind immer dabei, wenn es darum geht, Menschen zu beschreiben, sie voneinander zu unterscheiden und ihr wahrscheinliches Verhalten vorherzusagen. Einige Autoren beanspruchen auch, Verhalten mit Eigenschaften zu *erklären*, aber das ist zweifellos eine kritische Sache. Wenn Sportlichkeit ein zusammenfassender Begriff für eine Klasse von Verhaltensweisen ist, so erklärt diese Eigenschaft nicht, warum ein Mensch es sich antut, steile Hänge auf Skiern hinunterzustürzen. Nur wenn angenommen wird, Eigenschaften seien mehr als eine deskriptive Kategorie, nämlich Repräsentanten biologischer Vorgänge, würde es Sinn machen, Verhalten mit ihnen zu erklären. So könnte Eysenck sagen, ein Mensch suche das Abenteuer, *weil* er extravertiert sei, damit meint er aber genaugenommen, weil der Mensch ein niedriges Erregungsniveau und daher Bedürfnis nach Stimulation habe. Es sind die physiologischen Prozesse, die das Verhalten erklären können, nicht die imaginäre Größe „Eigenschaft", in diesem Falle „Extraversion". Führt man Verhalten statt auf biologische Prozesse auf Eigenschaften zurück, besteht immer die Gefahr einer zusätzlichen Bedeutungszuschreibung, auch einer Mystifizierung. Das liegt daran, daß wir dazu neigen, Eigenschaften als eigenständige Entitäten zu sehen, die sozusagen aus sich selbst heraus wirken.

Aber es bedarf nicht der Kausalität, um Eigenschaften als Konzept nützlich zu machen, denn sie überzeugen auch, oder vor allem, als *deskriptives* Konstrukt. Mit ihnen erst entsteht das Bild der menschlichen Persönlichkeit, und gerade der lexikalische Ansatz zeigt auf, in welchem Umfang wir uns im Alltag der Eigenschaften bedienen. Der praktische Umgang mit dem Konzept der Eigenschaft in der Differentiellen und Persönlichkeitspsychologie ist vielschichtig. Da ist die Grundlagenforschung, in der die Taxonomie gesucht wird, da ist die Diagnostik, die versucht, menschliches Verhalten in Kategorien zu fassen, da ist die angewandte Forschung, die Eigenschaften nimmt, um das Verhalten in unterschiedlichen Lebensbereichen zu beschreiben und interindividuelle Unterschiede aufzuzeigen. Und bei alldem ist das Eigenschaftsmodell so handlich und begriffsökonomisch, daß wir auch bei großen Anstrengungen wohl kaum Chancen haben werden, es durch andere Denkmodelle zu ersetzen — wenn wir es denn überhaupt wollten.

4. Vierter Strukturierungsversuch: Ziele und Strategien

An der Wende zwischen den 60er und den 70er Jahren sorgte Walter Mischel (1968), wie wir es in Kapitel 3 schon beschrieben hatten, für erhebliche Aufregung in der Persönlichkeitspsychologie. In seinem Buch mit dem arglosen Titel „Personality and assessment" trug er Argumente dafür zusammen, daß Eigenschaften nicht oder zumindest nicht ganz das halten, was sich Eigenschaftstheoretiker von ihnen versprachen. Seine Kritik wurde von einigen als ein Generalangriff gegen jede Form personbedingter Verhaltensstabilität und -konsistenz interpretiert. Obwohl Mischel nur forderte, auf die Situation zu achten, sah man in ihm einen „Situationisten", für den Verhalten das *alleinige* Produkt situativer Gegebenheiten ist. Auf diesen Abschnitt der Geschichte der Eigenschaften sind wir in Kapitel 3 bereits eingegangen; in diesem Kapitel greifen wir eine andere Spur auf, die von Mischel aus (jedoch nicht nur von ihm) in die Persönlichkeitspsychologie der 90er Jahre führt. Und sie beginnt weniger mit der Kritik an den althergebrachten Eigenschaften, sondern mit möglichen Alternativen: den kognitiven Persönlichkeitsvariablen.

4.1 Kognitive Persönlichkeitsvariablen

Mischel (1973) beließ es nicht bei dem Angriff auf die „alten" Eigenschaften, er bot auch neue an, halbwegs neue zumindest. Er gab also die Idee relativ stabiler und konsistenter Persönlichkeitsmerkmale nicht auf, im Gegenteil, er betonte, daß eine Persönlichkeitspsychologie ohne Persönlichkeitsvariablen nicht denkbar sei. Aber Mischel suchte stabile Merkmale in anderen Bereichen. Waren die traditionellen Eigenschaften eher auf Aspekte der Emotionalität, des Temperaments und des Sozialverhaltens gerichtet, so verlegte sich Mischel auf Aspekte der Wahrnehmung, der Interpretation und Strukturierung von Information. Die neuen Variablen sollten „kognitiv" sein, und darin folgte er dem Trend der 70er Jahre. Zudem wollte Mischel mit seinen Vorschlägen eine Unart des alten Eigenschaftskonzeptes überwinden, die er darin sah, daß alle Menschen nach wenigen vorgegebenen Kategorien eingeteilt werden, beispielsweise nach „Extraversion", „Ängstlichkeit" oder „Ichstärke".

Menschliche Verhaltensvielfalt könne damit nicht eingefangen werden, so Mischel, es bedürfe, um sie angemessen abzubilden, eines *idiographischen*, der individuellen Eigenart Rechnung tragenden Zugangs. Das bedeute den Verzicht auf eine Handvoll von Kategorien, auf die alle reduziert werden. In diesem Punkte konnte sich Mischel (1977) auf ähnlich lautende Forderungen von Allport (1937) berufen, der damit zugleich zu neuen Ehren kam (vgl. Laux & Weber, 1985).

Eine Persönlichkeit, so nun der Vorschlag von Mischel, sei vor allem dadurch zu charakterisieren, wie sie auf die ihr jeweils besondere Art und Weise die Welt und sich selbst wahrnimmt, interpretiert, strukturiert, und wie sie handelt. Sein theoretischer Bezugsrahmen ist die *sozial kognitive Lerntheorie*, ein Ansatz, der vor allem mit dem Namen Albert Bandura (1977a, 1986) verbunden ist. Die sozial kognitive Lerntheorie geht davon aus, daß Verhalten weitgehend über direkte Anweisungen und/ oder die Beobachtung von Modellen gelernt wird. Ob, wann und wie wir das auf diese Weise Gelernte auch in die Tat umsetzen, unterliegt jedoch der *von uns selbst gesteuerten* Verhaltensregulierung. Wir sind nicht das bloße Produkt der Umwelt, wir sind nicht passive Rezipienten der Modelle, die uns vor die Nase gesetzt werden, auch sind wir nicht allein von externen Verstärkern abhängig. Wir tun das Unsrige dazu: *Wir* wählen die Situationen aus, die wir erleben, *wir* gestalten sie nach *unseren* Vorstellungen und Zielen, *wir* entwerfen die notwendigen Strategien, *wir* „belohnen" uns (lerntheoretisch gesehen), wenn wir Ziele erreichen, *wir* „bestrafen" uns, wenn nicht. Wir schaffen uns also unsere Lebenswelt ebenso sehr selbst wie wir umgekehrt von ihr beeinflußt werden. *Reziproker Determinismus* nennt Bandura dieses Wechselspiel.

Die Grundannahmen der sozial kognitiven Lerntheorie klingen banal, und sie sind es auch nur dann nicht, wenn man sie mit der Lerntheorie etwa von Skinner (1978) vergleicht, der davon ausgeht, daß unser Verhalten gänzlich unter der Verstärkerkontrolle der Umwelt steht. Selbstinitiiertes Verhalten gibt es nach Skinner nicht: „Ein Selbst, das der Urheber oder Initiator seines Handelns wäre, findet in unserer wissenschaftlichen Theorie keinen Raum" (S. 252f). Dieser Annahme also steht die Konstruktion eines aktiv sein Leben strukturierenden und gestaltenden Menschen gegenüber, wie sie von der sozial kognitiven Lerntheorie entworfen wird. Und dieses Bild bestimmt auch die fünf Persönlichkeitsvariablen, die Mischel aus vorhandenen Ansätzen als für eine Psychologie der Persönlichkeit erfolgversprechend auswählte. Obgleich die fünf Variablen nicht eindeutig voneinander abhebbar sind und untereinander eng zusammenhängen, war Mischel guter Hoffnung, daß sie unterscheidbare Informationen über das Individuum bieten.

1. Kognitive und verhaltensbezogene Strukturierungskompetenzen

Hinter diesem Wortungetüm verbirgt sich ein ziemlich weiter, globaler und kaum abgrenzbarer Phänomenbereich. Menschen, so Mischel (1973) sehr allgemein, unterscheiden sich in ihren Kompetenzen oder in ihren Fähigkeiten, gewünschte Verhaltensmuster zu erzeugen; sie verfügen über unterschiedliches Wissen und über unterschiedliche Fertigkeiten, kurz, sie unterscheiden sich in dem, „was ein Mensch weiß und kann" (S. 275). Strukturierungskompetenzen sind damit nichts anderes als das, was man sonst unter *Intelligenz* versteht. In späteren Studien verwendet Mischel zur Erfassung von Kompetenzen denn auch vorliegende Intelligenztest-Verfahren (z.B. Shoda, Mischel & Wright, 1993).

Kognitive und verhaltensbezogene Fähigkeiten (also etwa Referate strukturieren oder Risotto kochen) lernen wir Mischel zufolge in erster Linie von Modellen, von Menschen, mit denen wir konkret zu tun haben, von fiktiven Medienfiguren, oder durch abstrakte Anweisungen. Individuelle Erfahrungen und Fähigkeiten wandeln den derart erworbenen Grundstock ab. Unser Verhalten ist zwar durch allgemeine Regeln und gemeinsame Modelle geprägt, aber es bleibt genügend Spielraum für individuelle Variationen. Für das Verhaltensmuster „Arztbesuch" beispielsweise (Termine festlegen, Krankenschein mitbringen, sich anmelden, im Wartezimmer warten) waren Eltern oder ältere Geschwister unsere primären Modelle, ihnen folgten andere, real existierende (die Tante mit ihren Horrorgeschichten) und Medienmenschen (Dr. Brinkmann aus der Fernsehserie „Schwarzwaldklinik"). Aus alldem bastelt sich ein jeder von uns sein persönliches Grundmuster oder Schema „Arztbesuch" zusammen. Die Patientin, die auf pünktlichen Terminen beharrt, weil sie in der ärztlichen Beratung eine Dienstleistung sieht und auf Service besteht, und der Patient, der geduldig wartet, weil für ihn ein Arzt der große Weise ist, der sich seiner gnädig erbarmt, sind Beispiele dafür, wie unterschiedlich Situationen strukturiert und bewältigt werden können.

Für Mischel ist dabei entscheidend, und das steckt in dem Begriff der Strukturierungs*kompetenz*, daß wir diese Leistung unterschiedlich gut vollbringen (so wie wir auch unterschiedlich intelligent sind). Allgemeine Kriterien für die Qualität der Strukturierung, dafür, was „Kompetenz" heißen soll, gibt er allerdings nicht an. Nun kann man auch sinnvollerweise nur auf konkrete Inhalte bezogen angeben, was eine gute Strukturierungsleistung ist. Im Hinblick auf ein generelles Kriterium für Kompetenz weichen viele Autoren auf vage Konzepte wie allgemeine Anpassung aus, auf die möglichst reibungslose Einbindung des einzelnen in seine (soziale) Umwelt (vgl. Cantor & Kihlstrom, 1987). Vielleicht hält sich auch Mischel an solche Überlegungen. In jedem Falle sind die Strukturierungskompetenzen für ihn eine Schlüsselvariable der Persönlichkeit, er sieht in ihnen ein sowohl stabiles als auch konsistentes Merkmal. Daß er seine als alternativ gedachte Liste von Persönlichkeitsvariablen mit einem derart klassischen Merkmal — Kompetenzen sprich Intelligenz

— beginnt, verblüfft angesichts seiner früheren Kritik. Mischel hatte allerdings schon 1968 betont, daß unter allen Persönlichkeitsmerkmalen die Intelligenz das am meisten zeitlich stabile und konsistente sei. Das zeigt einmal mehr, daß er sich nicht generell von dem Eigenschaftskonzept der alten Schule verabschiedet hatte.

2. Kodierungs-Strategien und personale Konstrukte

Kodierungsstrategien sind die Eigenarten bei der Aufnahme, Speicherung und Reproduktion kognitiver Elemente und ihrer Zusammenhänge. Auf einer höheren Ebene und bei anspruchsvoller Fassung des Strategiebegriffs gehören dazu auch ideologische Setzungen, Leitideen oder übergreifende Lebensziele, die uns bereits bei der Selektion, Interpretation und Kategorisierung der einzelnen Informationen steuern.

Wenn ich gerade ein Selbstbehauptungstraining hinter mir habe, stellt sich die Tatsache, daß ein verabredeter Termin bei der Ärztin nicht eingehalten wird, vermutlich anders dar, als wenn ich in Konsultationen auch eine gute Gelegenheit sehe, Zeitschriften zu lesen, die ich mir sonst nicht kaufen würde.

„Kodierungsstrategien" sind ein etwas aufgeputzter Begriff für ein Konzept, das von Kelly her vertraut ist, nämlich das der persönlichen Konstrukte. Denn es war Kelly (1955), der die Frage, auf welche Weise ein Mensch die Welt strukturiert, welche Dimensionen oder Ordnungsgesichtspunkte er an die Wahrnehmung, Verarbeitung und Erinnerung von Selbst- und Welterfahrung heranträgt, der Psychologie als Thema ans Herz gelegt hat. Und derselbe Gedanke findet sich in der Literatur noch einmal unter dem Begriff des *Schemas* (ein Begriff, der eine lange Tradition hat und in der Literatur meist auf Bartlett, 1932, zurückdatiert wird). Wir werden in Kapitel 5 auf Schemata zurückkommen.

3. Erwartungen hinsichtlich der Verhaltens- und Stimulusfolgen

Diese dritte Gruppe von Personmerkmalen bezieht sich auf die *Erwartungen*, die wir im Hinblick auf die *Folgen* unseres Verhaltens haben. Erwartungen sollen Auskunft darüber geben, wann und wie wir unsere Strukturierungskompetenzen und unser Verhaltenspotential, um das es in Punkt 1 und 2 ging, in Aktion umsetzen. Und dazu gehören unsere Erwartungen, was wohl geschehen wird, wenn wir dies oder jenes tun bzw. unterlassen.

Erwartungen waren zu dem Zeitpunkt, als Mischel der Persönlichkeitspsychologie die kognitiven Persönlichkeitsvariablen anempfahl, als eine wichtige Variablengruppe schon längst etabliert, und zwar vor allem durch die sozial kognitive Theorie von Rotter (1954). Rotter ging davon aus, daß wir, sofern wir überhaupt die Wahl haben, dasjenige Verhalten realisieren, von dem wir erwarten, daß wir mit hoher Wahrscheinlichkeit ein Ergebnis erzielen, das für uns wichtig ist (Beispiel: mein Blutdruck ist zu hoch, und es ist mir wichtig, ihn zu senken; wenn ich der Überzeugung bin, daß weniger Salz essen sehr wahrscheinlich den Blutdruck senkt, stelle ich meine Ernährung entsprechend um). Wie ich mich verhalte, hängt also von der persönlichen Bedeutsamkeit eines Handlungsergebnisses und der Wahrscheinlichkeit ab, daß ich dieses mit dem fraglichen Verhalten auch erreichen kann.

Eine grundlegende Dichotomie, nach der Erwartungen unterschieden werden können, ist, so ein berühmtes Konzept von Rotter (1966), die *internale/externale Kontrollüberzeugung*, auf die wir in früheren Kapiteln schon hingewiesen haben. Sie bezieht sich darauf, ob ich erwarte, daß ich selbst ein Ergebnis beeinflussen kann (wenn ich weniger Salz esse, sinkt mein Blutdruck), oder ob ich ein Ergebnis allein durch externe Faktoren kontrolliert sehe (mein Blutdruck hängt vom Verhalten meiner Chefin ab).

Kontrollüberzeugungen sind ein Beispiel für unsere Vorstellungen darüber, wie es zu einem bestimmten Ergebnis kommt, es sind *Verhaltens-Ergebnis-Erwartungen*. Eine andere Form der Erwartung ist die *Reiz-Ergebnis-Erwartung*, bei der wir von einem bestimmten Reiz auf die Folgen schließen. So kann ich beispielsweise, um bei dem Beispiel des Blutdrucks zu bleiben, überzeugt sein, daß ein bestimmter Gesichtsausdruck meiner Chefin Ärger ankündigt (ihren und in der Folge dann auch meinen), und daß mein Blutdruck im Verlauf der bevorstehenden Auseinandersetzung steigen wird.

Bandura (1977b; 1989) hat eine weitere Variante der Erwartung ins Leben gerufen, die Erwartung von *Selbstwirksamkeit* (auch sie hatten wir im dritten Kapitel schon erwähnt, als es um die Ressourcen ging). Erwartung von Selbstwirksamkeit oder „self-efficacy" bezieht sich darauf, ob ich glaube, ein bestimmtes Verhalten oder eine Handlung *bewerkstelligen zu können*. Ich kann beispielsweise überzeugt sein, daß salzarme Diät den Blutdruck senkt: das ist die Erwartung hinsichtlich eines Verhaltensergebnisses. Eine andere Frage ist, ob ich erwarte, eine solches Essen auch zubereiten zu können oder auf Dauer essen zu wollen, und das ist die Erwartung der Selbstwirksamkeit. Selbstwirksamkeit bezieht sich Bandura zufolge stets auf *spezifische* Situationen (die Erwartung, 100 Meter unter 11 Sekunden laufen zu können; ein Referat vor einem großen Publikum in einem Hörsaal halten zu können). Man kann sich solche Erwartungen allerdings auch in *generalisierter* Form vorstellen. So wird beispielsweise in der Streß- und Bewältigungsforschung von generalisierten Erwartungen der Selbstwirksamkeit ausgegangen; sie stehen für die allgemeine Erwartung von Bewältigungskompetenz und gelten als eine wichtige Ressource (vgl. Jerusalem, 1990; Schwarzer, 1993). Auch von den Kontrollüberzeugungen nimmt man an, daß sie über unterschiedliche Erfahrungsbereiche hinweg generalisiert sein können; in diesem Fall werden sie als eigenschaftsähnliche Personmerkmale gehandelt (vgl. dazu Krampen, 1989).

4. Subjektive Bedeutsamkeit eines Stimulus

Menschen unterscheiden sich in dem Wert, den sie einem Ereignis oder einer Verhaltensfolge beimessen (Mischel bezeichnet das alles als „Stimuli"). Für den einen ist ein erhöhter Blutdruck nicht weiter wichtig, da er keine spürbar belastenden Symptome mit sich bringt. Für die andere stellt bereits eine leichte Erhöhung des Blutdrucks den ersten Schritt zum Herzinfarkt dar und ist von daher in höchstem Maße bedeutsam. Wenn ich das Verhalten eines Menschen vorhersagen will, muß ich wissen, wieviel ihm oder ihr an der jeweiligen Sache liegt. Nur wenn mir ein normal hoher Blutdruck wichtig ist, werde ich gewillt sein, etwas dafür zu tun. Diesen Faktor hat schon Rotter (1954) unterstrichen, der ja davon ausgeht, daß wir dann aktiv werden, wenn wir einer Sache entsprechenden Wert beimessen *und* wenn wir vom Erfolg unseres Verhaltens einigermaßen überzeugt sind.

5. Selbstregulative Systeme und Pläne

Hinter dem etwas pompösen Begriff der „selbstregulativen Systeme" steckt die schlichte Annahme, daß wir unser Verhalten nach Maßgabe unserer eigenen Pläne, Ziele und Standards regulieren. Verhaltensleitende Pläne können explizit (drei Mal Sport pro Woche) oder implizit sein (einen Beruf mit viel Bewegung wählen), es können weitreichende Lebenspläne (bis ins hohe Alter sportlich bleiben) oder undiskutierte Vornahmen „was tue ich morgen" sein (Müsli zum Frühstück). Dabei werden unsere Pläne nicht so sehr durch *objektive* Konsequenzen und *externe* Verstärker gesteuert (z.B. das Lob der Ärztin), sondern durch die *subjektiv wahrgenommenen* Folgen (wir fühlen uns wohler, wir genügen den selbstgesetzten Standards), das ist zumindest die Annahme der sozialen Lerntheorie.

Den theoretischen Entwürfen von 1973 ließ Mischel keine Arbeiten folgen, in denen er die fünf Persönlichkeitsvariablen konsequent operationalisierte. Andererseits sind es ohnehin Merkmale, die bereits vorlagen, und die Mischel lediglich unter dem Etikett „kognitive Persönlichkeitsmerkmale" bündelte. In seinen eigenen Forschungsarbeiten griff er in der Folge sehr unterschiedliche Themen auf (für einen Überblick siehe Mischel, 1990). So beschäftigte er sich zum seinen mit allgemeinen Prinzipien der Selbstkontrolle bei Kindern, er untersuchte sie am Beispiel der Belohnungsverzögerung, also dem Wartenmüssen auf eine attraktive Belohnung wie Spielsachen oder Süßigkeiten. Ein anderes Gebiet, auf dem er forschte, sind allgemeine Prinzipien der Personwahrnehmung.

Für die Persönlichkeitspsychologie sind seine Arbeiten zur konditionalen, d.h. situationsgebundenen Verhaltensvorhersage auf der Basis von Eigenschaften besonders relevant (Wright & Mischel, 1987).

Wenn man sich den weiteren Werdegang der fünf kognitiven Persönlichkeitsvariablen ansieht, die Mischel (1973) als erfolgsversprechend hingestellt hatte, dann war es wohl eine kluge Wahl, denn sie erfreuen sich größter Zuwendung in Theorie und Forschung. Das liegt jedoch nicht nur an Mischels Einsatz, sondern zweifellos auch daran, daß es sich ganz einfach um klassische psychologische Inhalte handelt, deren Zeit wieder einmal gekommen ist. Die *Strukturierungskompetenzen* werden inzwischen von Cantor und Kihlstrom (1987) dem Begriff der „sozialen Intelligenz" zugeschlagen, was nur allzu konsequent ist, da Mischel sie von Anfang an als Intelligenz umschrieb. Die *Kodierungsstrategien* oder die persönlichen Konstrukte im Sinne von Kelly kommen seit Ende der 70er Jahre zu neuen Ehren (siehe dazu Kapitel 2). *Erwartungen* waren durch das von Rotter (1966) formulierte Konstrukt der Kontrollüberzeugung schon längst eingeführt und erhielten ebenfalls seit Ende der 70er Jahre durch das Konzept der Selbstwirksamkeit (Bandura, 1977b) zusätzlichen Auftrieb. Und seit Mitte/Ende der 80er Jahre kommen nun auch *Ziele, Pläne und Motive*, die Nummer vier und fünf der Persönlichkeitsvariablen in der Aufstellung nach Mischel entsprechen, auf die aktuelle Tagesordnung der psychologischen Forschung.

In den beiden folgenden Abschnitten werden wir zunächst ausführlich auf Ansätze eingehen, die über *Ziele, Pläne und Motive* einen Zugang zur Persönlichkeit suchen. Ihnen folgen in einem kürzeren Abschnitt Überlegungen zu den *Strategien*, mit denen wir persönlichkeitsgemäß unsere Ziele zu verwirklichen suchen. Strategien wären im Sinne Mischels den Strukturierungskompetenzen zuzurechnen.

4.2 Ziele, Pläne und Motive

Seit Mitte/Ende der 80er Jahre sind die Ziele, die ein Mensch verfolgt, ein „heißes Thema", (Emmons, 1986, S. 1066). Im angloamerikanischen Bereich liegen dazu gleich vier Ansätze vor. Ob sich die Begeisterung für das Thema halten wird, ist angesichts der üblichen raschen Themenwechsel in der psychologischen Forschung nicht vorherzusehen, und das ist letztlich auch nicht wichtig. Denn die Idee, nach den Zielen zu fragen, die Menschen verfolgen, oder ihre Motive zu erforschen, gehört zu den Klassikern und lohnt allemal die Beschäftigung. Was treibt uns? Wofür leben wir? Was wollen wir erreichen? Morgen? Nächstes Jahr? In zwanzig Jahren? Die Frage nach dem, was uns antreibt, erscheint so zwingend, so zentral, daß es schon verwundern muß, daß die Psychologie sie zwischendurch immer wieder einmal zu vergessen scheint. So spottete Murray (1938), Psychologen, die die Dynamik menschlichen Handelns betonten, fiele die unangenehme Aufgabe zu, lediglich das zu wiederholen, was der gesunde Menschenverstand ohnehin sage. Denn für Laien, so Murray, seien Dynamik und Zielbezogenheit nun einmal Inbegriff des Psychologischen. Murray selbst hat eine betont dynamische Theorie der Persönlichkeit vorgelegt, auf ihn werden wir zunächst kurz eingehen. Ihm folgt eine Theorie, die Ziele und Strategien aufs Beste vereint, nämlich die von Hans Thomae (1968). An die beiden traditionellen Theorien schließt sich die Darstellung neuerer Ansätze an.

Needs — Bedürfnisse

In der Persönlichkeitstheorie, die Murray (1938) in Verbindung mit Vorschlägen zu einer extensiven Diagnostik der menschlichen Persönlichkeit vorlegte, steht die motivationale Komponente ganz im Mittelpunkt. Murray zufolge wird unser Handeln durch eine Vielzahl von Bedürfnissen (needs) geleitet, die zusammen mit Merkmalen der Umwelt (press), in der wir unsere Bedürfnisse zu verwirklichen suchen, unser Erleben und Verhalten bestimmen. Die Theorie ist damit ein Musterbeispiel für „Interaktionismus": ein personseitiges Bedürfnis trifft auf einen umweltseitigen Druck; daraus ergibt sich eine „Episode", die sich durch ein bestimmtes „Thema" auszeichnet.

> Beispiel: Mein Bedürfnis nach Autonomie stößt mit Forderungen meiner Familie zusammen, die Einfügung verlangt: die Kollision von Bedürfnis und dem Druck der Umwelt führt zu einem Kampf um Eigenständigkeit, der als „Thema" mein Erleben und Verhalten (nicht nur) in der Familie beherrscht.

Murray nahm an, daß ein Bedürfnis ein Spannungszustand ist, dem neurophysiologische oder neurochemische Prozesse zugrundeliegen. Diese physiologische Basis der Bedürfnisse war damals — und wäre es heute noch ebenso — pure Spekulation. Sie ist allerdings nicht weiter von Belang, denn psychologisch bedeutsamer sind die subjektiv erlebten und mitteilbaren Abkömmlinge der Bedürfnisse: Wünsche, Begierden, Ziele, Intentionen, Handlungsimpulse und Gefühle. Gefühle zeigen Murray zufolge dabei besonders deutlich an, wie es um die Verwirklichung meiner Bedürfnisse steht. Begeisterung signalisiert, wenn das Begehrte endlich erreicht ist, tiefe Enttäuschung, wenn Mißerfolge eingetreten sind.

Murray stellte eine Liste mit 28 Bedürfnissen zusammen, die er noch einmal in manifeste und latente unterschied, aber das ist hier nicht weiter wichtig. Die meisten von ihnen sind sozialer Natur, sie entstehen im Zusammenleben mit anderen. So streben wir beispielsweise danach, unseren Status zu erhalten, ihn zu verteidigen oder zu erhöhen (z.B. Bedürfnis nach *Autonomie, Selbstdarstellung, Überlegenheit*), kooperative Beziehungen zu Wohlgesonnenen aufzubauen oder zu erhalten (z.b. Bedürfnis nach *Bindung, Sexualität, Gehegtwerden*) oder feindlich Gesonnene abzuwehren oder anzugreifen (z.b. Bedürfnis nach *Widerstand, Aggression, Zurückweisung*). Die Liste der „Needs" wurde in der Folgezeit zu einem Steinbruch, aus dem sich Forscher einzelne Motive herausschlugen, darunter vorrangig die Motive Leistung, Aggression und Bindung (siehe dazu Heckhausen, 1989).

Daseinsthemen

Ziele und die Strategien zu ihrer Verwirklichung stehen im Mittelpunkt der biographisch fundierten Persönlichkeitstheorie von Hans Thomae (1968), die er in seinem Buch „Das Individuum und seine Welt" darlegte. Thomae spricht allerdings nicht von Zielen oder Motiven, sondern er wählte für die Inhalte, die unser Handeln leiten, den Begriff des „Themas", genauer *Daseinsthema*. Im Vergleich zu Murrays *Needs* sind die Daseinsthemen vielschichtiger, komplexer, es sind weitreichende Lebenspläne, wobei jedoch auch hier der Schwerpunkt auf dem sozialen Bereich liegt. Thomae zufolge stellen sich Daseinsthemen je nach Persönlichkeit, nach Lebensphase oder Lebenssituation unterschiedlich dar, sie sind in hohem Maße individuumsspezifisch ausgeprägt. Aus den freien Schilderungen individueller Daseinsthemen hat Thomae sieben grundlegende Kategorien herausgearbeitet (die er in der Neubearbeitung seines Buches von 1988 nicht mehr wiederholt). Wir nennen sie hier trotzdem, da sie eine anschauliche Vorstellung davon geben, wie solche Themen aussehen können:

1. Varianten einer regulativen Thematik: Als Ziel erscheint hier der Ausgleich einer Störung im weitesten Sinn, der Wiedergewinn eines Gleichgewichts; Störungen können beispielsweise sein: physische Mangelsituationen; Enttäuschungen; Bedrohungen; Veränderungen der Lebensumstände oder des Lebensraums (ein Begriff, den Thomae von Lewin übernimmt).

2. Die antizipatorische Regulation als Thematik: Mit der ersten Thematik eng verwandt, betont dieser zweite Themenkreis das Bemühen, mögliche Störungen vorwegzunehmen und Sorge zu tragen, daß sie nicht eintreten, sei es durch entsprechend vorbeugende Aktivitäten oder vorwegnehmende abwehrende Wahrnehmungen und Interpretationen.

3. Daseinssteigerung als Thematik: Dazu gehören Bestrebungen, den momentanen Lebensraum auszudehnen; Ausgangspunkt sind häufig Langeweile, Unausgefülltheit oder einzelne unbefriedigte Bedürfnisse, die zu der Suche nach Anregungen und expansiven Aktivitäten führen.

4. Der Themenkreis der sozialen Integration: Er umfaßt das Streben nach Resonanz und nach Anerkennung durch andere.
5. Soziale Abhebung als thematische Einheit: Das Streben nach sozialer Abhebung ist nicht der Gegenpol zu dem nach sozialer Integration; es geht vielmehr

um den Wunsch, sich von der sozialen Umgebung, in der man lebt, zu unterscheiden, abzuheben, aufzufallen.

6. *Varianten der „kreativen" Thematik:* „Kreativ" bezieht sich hier vor allem auf die Gestaltung des eigenen Lebens, weniger auf die Schaffung von Produkten oder Ideen. Zu den Zielen gehören in ferner Zukunft gelegene Pläne, vor allem auch solche, die ungewöhnlich sind; es geht um die Extension und Intensivierung von Erfahrungen.

7. *Variationen der normativen Thematik:* Zu diesem Themenkreis gehören alle Bestrebungen, das eigene Handeln an Normen auszurichten, in Übereinstimmung mit den in den Normen niedergelegten Forderungen zu leben. Dabei geht es vor allem um jene Regeln, die von einer Gesellschaft als angemessenes Verhalten definiert werden, weniger um Normen abstrakter oder metaphysischer Natur.

Die Wege zur Verwirklichung der Themen nannte Thomae 1968 *Daseinstechniken*, ein Begriff, den er in der Neubearbeitung seines Buches von 1988 nicht mehr verwenden will, da „Technik" aus seiner Sicht zu sehr die kognitiven und willentlich steuerbaren Aspekte des Verhaltens betont. Diese Gefahr sieht er vor allem dann gegeben, wenn erforscht wird, wie Menschen mit Belastungen umgehen. Die Auseinandersetzung mit Belastungen, alltäglichen wie gravierenden, ist das Gebiet, in dem Thomae Formen der Daseinstechniken in erster Linie untersucht hat. Und hier fand er Reaktionen wie etwa Wut oder Resignation, die ihm zufolge Möglichkeiten des Umgangs mit Belastungen darstellen, die aber mit Begriffen wie „Technik" oder „Strategie" kaum zu vereinbaren sind. Thomae bevorzugt daher den neutral beschreibenden Begriff der *Reaktionsform*. Das ist in gewisser Weise verständlich, aber nimmt man „Daseinstechnik" nicht so wörtlich, sondern metaphorisch, so ist es ein anschaulicher Begriff, schön zumal in der Kombination mit dem Begriff des Daseinsthemas. Auf die Reaktionsformen, die früheren Daseinstechniken, werden wir in einem späteren Abschnitt noch eingehen.

Thomae hat 1968 nicht nur die beiden seit den 80er Jahren wieder so aktuellen Inhalte, nämlich Ziele und Strategien, in den Mittelpunkt seiner Theorie gestellt. Auch in *methodischer* Hinsicht nahm er vorweg, was die neueren Ansätze als ein besonderes Verdienst preisen: die Kombination aus einem idiographischen und einem nomothetischen Zugang. Daseinsthemen und Daseinstechniken, so Thomae, sind zunächst in einer Art und Weise zu erheben, die dem einzelnen möglichst alle Freiheit in der Schilderung beläßt. Das geschieht in der *freien Exploration*, dem durch keine Vorgaben eingeschränkten Gespräch. Erst im nächsten Schritt folgt das Bemühen um Verallgemeinerung, indem aus den individuellen Beschreibungen übergeordnete Kategorien gebildet werden, nach denen die Explorationen zum Zwecke verallgemeinernder Aussagen ausgewertet werden können (die Daseinsthemen, die wir beschrieben haben, sind Beispiele für solche Kategorien). Die Kategorienbildung ist notwendig, um Themen und Reaktionsformen zu anderen Fragestellungen in Beziehung zu setzen: Ändern sich die dominierenden Themen und Reaktionsformen über die Lebensspanne hinweg? Variieren sie mit den unterschiedlichen Lebensbereichen? Mit unterschiedlichen Formen der Belastung? (für Studienbeispiele siehe Thomae, 1988).

Current concerns — aktuelle Anliegen

„Current concern" ist nach Klinger (1987a) der interne Zustand eines Organismus, der von dem Beginn einer Zielsetzung bis zur Zielerreichung andauert. Setze ich mir das Ziel, bis zum nächsten Freitag ein besonders originelles Geburtstagsgeschenk für meine Freundin zu finden, so ist das bis zu diesem Datum einer meiner „current concerns". Für den Begriff „concern" läßt sich in der deutschen Sprache keine gute Entsprechung finden, zumindest nicht als Substantiv, man muß auf verbale Umschreibungen ausweichen. „Concern" bedeutet, daß mich eine Sache betrifft, mich beschäftigt, mir nahegeht, mich angeht. Current concerns sind demnach meine aktuellen oder gegenwärtigen Anliegen, Belange, Interessen, „Betroffenheiten". Es macht Sinn, von ihnen im Plural zu sprechen, denn in aller Regel verfolgen wir viele Dinge gleichzeitig, auch wenn wir uns dessen nicht immer voll bewußt sind.

Wenn ich mir ein Ziel setze und damit ein Anliegen seinen Lauf nimmt, so bleibt das nicht ohne Folgen. Die Initiierung eines Anliegens verändert mich, sie verändert, was und wie ich fühle, über was und wie ich nachdenke, und wie ich handele. Wenn mir eine Sache zu einem Anliegen wird, binde ich mich daran, engagiere ich mich dafür, Klinger nennt das „commitment", ein weiterer schlecht zu übersetzender, aber leicht zu verstehender Begriff. Die Bindung an diese eine Sache führt dazu, daß ich sozusagen immer auf dem Sprung bin, bereit, im Sinne des Anliegens zu handeln. Bei jedem Einkauf werde ich, selbst wenn ich nicht gezielt nach dem Geschenk suche, für relevante Hinweise sensibilisiert sein, bereit, auf sie anzusprechen, aufzumerken, wenn ich etwas sehe, das in Frage kommt oder mir eine Anregung geben könnte. Commitment präpariert meine Wahrnehmung, mein Denken, meine Gefühle.

Ein Anliegen kann auf zweifachem Wege ein Ende finden. Die erste Möglichkeit ist die psychisch bekömmlichere, und sie ist gegeben, wenn ich das angestrebte Ziel erreiche („goal consummation"). Die zweite ist die problematischere. Sie tritt ein, wenn das Ziel nicht zu verwirklichen ist oder wenn seine Erreichung mehr Kosten verschlingt als ich zu erbringen bereit bin. Im diesem Falle bin ich gezwungen, von dem Ziel abzulassen, mich von ihm zu „entbinden", wobei nichts wirklich beendet, sondern eben nur gestoppt wird, und das mit großem Mißbehagen. Ist mir bis zum kritischen Freitag immer noch nichts eingefallen, weiche ich auf die selbstgebackene Schokoladentorte vom vergangenen Jahr aus, von der ich immerhin weiß, daß meine Freundin sie gerne mag. Aber ich fühle mich nicht wohl dabei, es ist nicht das originelle Geschenk, das doch mein Anliegen war. Es gibt, so Klinger, keinen Rückzug von einem Ziel, ohne daß ich dafür in Form von Enttäuschung, Kummer, Traurigkeit oder Depressivität einen Preis zahle. Das gilt natürlich vor allem für Anliegen, die mir besonders wichtig und für mein Leben zentral sind.

Die Zielentbindung (*disengagement*) vollzieht sich in vier Schritten: zunächst verstärke ich mein Bemühen noch einmal (es muß doch gehen!); geht es eben doch nicht, reagiere ich mit Wut und zunehmend primitiveren Aktionen des Beharrens; bleibt das Ziel weiterhin unerreichbar, folgen Enttäuschung und Niedergeschlagenheit, zwar immer noch von Wut begleitet, aber es dominieren Hilf- und Hoffnungslosigkeit. Nach einer Weile erst setzt die allmähliche Genesung ein, und das Ziel verliert an Bedeutung, wobei es mir unter Umständen nie völlig gleichgültig wird. So kann es geschehen, daß ich ein Leben lang immer wieder berührt bin, wenn die Erinnerung an vergangene, erzwungene Zielstopps zufällig geweckt wird.

Wie können aktuelle Anliegen erfaßt werden? Die Arbeitsgruppe um Klinger kombiniert dazu ein individuumszentriertes oder idiographisches Vorgehen mit einem nomothetischen (Klinger, Barta & Maxeiner, 1981; Klinger, 1987b).

Zu Beginn werden die Teilnehmenden gebeten, entweder mündlich in einem Interview oder schriftlich in einem „Interview-Fragebogen" ihre aktuellen Anliegen frei zu beschreiben – das ist der idiographische Einstieg. Als Assoziationshilfe werden Lebensbereiche vorgegeben, z.B. Familie; Liebe und Sexualität; Freundschaften; Beruf/Finanzen oder seelische und geistige Gesundheit.

Um die Zielrichtung eines Anliegens auf den Punkt zu bringen, sind die Teilnehmenden aufgefordert, es in einer spezifischen sprachlichen Form anzugeben. Dazu werden 10 Verben angeboten, die grundlegende Handlungsmuster beschreiben, beispielsweise etwas tun, bekommen, bewahren, vermeiden. Verfolge ich also etwa das Anliegen, meine aggressiven Impulse im Zaun zu halten, würde ich das formulieren als „*vermeide* aggressive Reaktionen". Andere Beispiele wären „*besorge* ein Geschenk" oder „*bewahre* die Gesundheit". Der freien, wenn auch in der Form vorgeschriebenen Auflistung folgt eine nomothetische Prozedur, indem jedes Anliegen nach den folgenden neun Dimensionen einzuschätzen ist:

– Die *Rolle*, die ich spiele: Bin ich selbst unmittelbar betroffen? Oder nur Beobachter/in?
– *Valenz*: Ist das Anliegen für mich eher positiv oder negativ besetzt?
– *Zielbindung*: Wieviel Aufwand, Energie und Mühe bin ich zu investieren bereit?
– *Bedeutsamkeit*: Sie wird über die Intensität der Emotionen erfragt, die sich bei Zielerfolg (Freude, Erleichterung) bzw. bei Mißerfolg (Traurigkeit) vermutlich einstellen würde
– *Wahrscheinlichkeit der Zielerreichung*, eingeschätzt in Prozent

– Zuversicht, daß das Ziel erreicht wird, eingeschätzt in Prozent
– Geschätzte *Zeitspanne* (in Tagen) bis zur vermutlichen *Zielerreichung*
– Geschätzte *Zeitspanne* (in Tagen) bis zum *Handeln*: Ab wann muß ich beginnen, aktiv etwas für die Zielerreichung zu tun?
– *Derzeitiger Status des Ziels*: z.B. „es droht ein Versagen", „die Wege zur Zielerreichung sind unsicher" oder „es gibt unerwartete Schwierigkeiten".

Die Kombination aus der individuumszentrierten Beschreibung von aktuellen Anliegen und ihrer Einschätzung nach standardisierten Dimensionen ermöglicht eine sowohl personzentrierte als auch gruppenstatistische Auswertung. Die *personzentrierte* Auswertung bezieht sich auf die inhaltliche Analyse der beschriebenen Anliegen und auf die ebenso personbezogenen Zusammenhänge zwischen den Dimensionen. Für die *gruppenstatistische* Auswertung werden die Einschätzungen je Dimension über alle Anliegen hinweg zu einem Wert gemittelt. So erhält man beispielsweise einen Wert für das Ausmaß, mit dem man in aktuelle Anliegen engagiert ist, oder einen Wert für die gemittelte Erfolgsaussicht, die Ziele auch zu verwirklichen. Die Strukturmerkmale der Anliegen werden so quasi zu Persönlichkeitsmerkmalen. Und diese können dann zu anderen Variablen in Beziehung gesetzt werden. Wie unterscheiden sich unterschiedliche Gruppen von Menschen in ihren Anliegen? Wie hängen Merkmale der Zielstruktur mit Aspekten des psychischen und physischen Wohlbefindens zusammen? Wir werden bei den nachfolgenden Ansätzen, die allesamt von derselben Grundidee ausgehen, auf diese Fragen zurückkommen.

Personal projects – persönliche Projekte

Persönliche Projekte sind, so Little (1983), eine aufeinander bezogene Serie einzelner Verhaltensakte (aktionaler oder intrapsychischer Natur), die dazu dient, einen gewünschten Zustand herbeizuführen oder zu erhalten. Wenn man dieser Umschreibung die abstrakte Verfremdung nimmt, sind persönliche Projekte nichts anderes als geplante und kontrollierte Unternehmungen zum Zwecke einer Zielerreichung. Im Unterschied zu den aktuellen Anliegen, die den *Zustand* zum Ziele hin bezeichnen, stehen Projekte für eine *zielführende Handlungskette*. Projekte können so banal, relativ kurzfristig und erfolgversprechend sein wie Küche aufräumen und so großartig, langandauernd und wenig erfolgversprechend wie ein tugendhaftes Leben führen. Der Begriff des *Projektes* ist bewußt gewählt, denn Little vergleicht unsere Unternehmungen in der Tat mit wirtschaftlichen oder wissenschaftlichen Projekten. Das gilt vor allem für die Struktur ihres Ablaufes. Little zufolge durchlaufen Projekte von der Entstehung über die Planung und Durchführung bis hin zur systematischen Beendung vier Phasen, und das gilt selbst für so ungeplant und bisweilen chaotisch erscheinende Unternehmungen wie „Küche aufräumen".

Persönliche Projekte sind in besonderem Maße geeignet, so Little, einen Menschen und mit ihm seine Lebenswelt zu beschreiben. Denn zum einen stehen sie für die Vorlieben und Themen, auf die wir uns kaprizieren, und Little (1973) hält uns in dieser Hinsicht allesamt für „Spezialisten". Zum zweiten sagen die persönlichen Projekte sehr viel über die Umwelt aus, in der sie umgesetzt und über die sozialen Beziehungen, innerhalb derer sie verwirklicht werden. So macht es einen Unterschied, ob mein Projekt lautet, ein Auslandsstudium in den USA vorzubereiten, oder am Studienort endlich ein Dach über dem Kopf zu finden. Persönliche Projekte werden damit ideal der alten Forderung nach einer Analyse des *Menschen in seiner Lebenswelt* gerecht, wie es Thomae (1968, 1988) so entschieden gefordert hat. Mit der Analyse der persönlichen Projekte ist der Schritt hin zu einer sozial ökologischen Theorie der Persönlichkeit getan, die Little als Ideal anstrebt. Das unterscheidet ihn auch von den anderen Ansätzen, die an den Zielen ausschließlich die Personseite sehen.

Das Verfahren, das Little zur Erfassung persönlicher Projekte vorschlägt, ähnelt dem Vorgehen bei Klinger, an den er sich auch explizit anschließt. Erneut verbinden sich freie Beschreibung und allgemeine Dimensionen, es kommen aber zusätzliche Schritte hinzu. Die „persönliche Projektanalyse" vollzieht sich wahlweise in vier oder fünf Teilen.

Sie beginnt mit der Bitte, persönliche Projekte, umschrieben als „Aktivitäten und Anliegen, die Menschen in einer bestimmten Phase ihres Lebens verfolgen", frei aufzuzählen. Beispiele sollen die Idee verdeutlichen (meine Angst im Umgang mit neuen Leuten überwinden; den Rasen mähen; 10 Pfund abnehmen; Peter helfen, mit anderen Menschen besser auszukommen).

Im zweiten Schritt werden die zehn subjektiv wichtigsten Projekte nach 17 allgemeinen Dimensionen eingeschätzt, die sich zu fünf grundlegenden Aspekten gruppieren lassen (siehe dazu Little, 1983, 1989):

Persönliche Bedeutsamkeit
— wieviel Freude bereitet die Beschäftigung mit der Sache?
— wie sehr stimmt die Sache mit meinen grundlegenden Werthaltungen überein?
— wie charakteristisch ist diese Sache für mich, meine Persönlichkeit?
— wie tief bin ich in die Sache involviert?
— wie wichtig ist mir die Sache?

Struktur
— wie sehr bin ich dafür verantwortlich, daß die Sache begonnen hat?
— wie sehr unterliegt sie meiner Kontrolle?
— wie sehr empfinde ich den zeitlichen Aufwand, den ich in das Projekt stecke, als angemessen?
— wie sehr schadet oder umgekehrt hilft dieses Projekt meinen anderen?

Außenwirkung
— wie sehr wird das Projekt nach außen hin ersichtlich? Wie sehr kriegen andere mit, daß ich in diesem Projekt engagiert bin?
— für wie wichtig halten andere, die mir nahestehen, diese Sache?

136

Belastung
- wie belastend ist die Verwirklichung dieses Projektes?
- wie sehr fordert mich das Projekt? Fordert es mich heraus?
- wie schwierig ist die Realisierung des Projektes?

Erfolgsaussichten
- wie erfolgreich war ich bis jetzt in dieser Sache?
- für wie erfolgreich bzw. nicht erfolgreich halte ich den Ausgang des Projektes?

Im dritten Teil der Projektanalyse wird der Frage nachgegangen, auf welcher *Handlungsebene* das Projekt anzusiedeln ist, das reicht von sehr konkreten Projekten (Referat ausarbeiten) bis hin zu abstrakten, übergeordneten Zielen und Wertsetzungen (ein umweltschonendes Leben führen).

Der vierte Schritt untersucht den *wechselseitigen Einfluß* der Projekte *untereinander*. Dazu wird in einer 10 x 10 Matrix (es wurden ja 10 Projekte ausgewählt) eingeschätzt, in welchem Ausmaß sich ein Projekt auf alle anderen positiv oder negativ auswirkt. Aus dieser wechselseitigen Einschätzung wird ersichtlich, wie konflikthaft sich ein Projektgefüge zu einem gegebenen Zeitpunkt gestaltet bzw. wie synchron oder kohärent seine interne Struktur ist.

Der persönlichen Projektanalyse kann sich je nach Fragestellung eine fünfte Phase anschließen, in der individuelle Projekte auf ihre wechselseitige Abhängigkeit innerhalb einer *Gruppe*, beispielsweise einer Familie, untersucht werden.

Die schrittweise Analyse der persönlichen Projekte eröffnet attraktive Möglichkeiten der Auswertung, sowohl auf der idiographischen als auch der nomothetischen Ebene. Wie Klinger sieht auch Little in den Projektdimensionen Informationen über einen Menschen, die zu anderen Faktoren in Beziehung gesetzt werden können, allen voran dem Wohlbefinden. Ergebnisse deuten an, daß das subjektive Wohlbefinden vor allem mit dem Erfolg der Projekte, ihrem aktuellen Fortschritt oder ihrem vermutlich erfolgreichen Verlauf, in Beziehung steht (Little, 1989). Das erscheint trivial, aber die Zusammenhänge sind durchaus differenzierter. So hatten Palys und Little (1983) gefunden, daß die Lebenszufriedenheit bei denjenigen höher ist, die sich mit Projekten beschäftigen, die gerade *jetzt* wichtig sind und *jetzt* Freude machen. Die mit ihrem Leben weniger Zufriedenen sind dagegen eher mit *langfristigen* Projekten zugange; offenbar ist es unserem Befinden dienlich, den Augenblick zu leben.

Personal strivings — persönliche Bestrebungen

Persönliche Bestrebungen sind nach Emmons (1986) diejenigen Ziele, die ein Mensch „typischerweise zu erreichen sucht" (S. 1959). Im Unterschied zu den aktuellen Anliegen und den persönlichen Projekten liegt in dieser Definition der Schwerpunkt auf „typischerweise". Emmons ist daran gelegen, die *beständigen*, einen Menschen besonders charakterisierenden Zielsetzungen zu erfassen. In den Bestrebungen sieht er etwas,

was ein Mensch *ist* – im Unterschied zu Projekten, die darauf abzielen, was ein Mensch *tut* (Emmons, 1992, S. 292).

Ihre Erfassung entspricht jedoch der der aktuellen Anliegen und Projekte. Auch hier werden die Teilnehmenden zunächst gebeten, ihre Bestrebungen („ein Ziel, das Sie typischerweise zu erreichen oder zu vollenden suchen") frei zu beschreiben. Im zweiten Schritt folgt – wie bei den anderen – eine Einschätzung nach allgemeinen Dimensionen. Emmons übernimmt dabei einige der von Klinger et al. (1981) formulierten Dimensionen (z.B. Bedeutsamkeit, Zielbindung, Erfolgswahrscheinlichkeit) und ergänzt sie um die folgenden:

– *Wichtigkeit*: Wie deutsam ist das Ziel für Ihr Leben?
– *Aufwand*: Wieviel Energie und Aufwand investiere ich in die Erreichung des Ziels?
– *Schwierigkeit*: Wie schwierig ist die Erreichung des Ziels?
– *Ursachenzuschreibung*: Hängt der Erfolg von mir selbst oder von externen Faktoren ab?
– *Klarheit*: Wie sehr weiß ich, was zur Zielerreichung getan werden muß?
– *Instrumentalität*: Wie sehr beeinflußt die Erreichung dieses Zieles diejenige der anderen?
– *Einfluß*: Wieviel andere Ziele hängen von der Erreichung dieses einen Ziels ab?

Wie Klinger und Little ist auch Emmons vor allem an dem Zusammenhang zwischen der Struktur der Bestrebungen und Aspekten des physischen und psychischen Wohlbefindens interessiert. So zeigt sich etwa, daß eine geringe wechselseitige Instrumentalität unter den Bestrebungen und ambivalente Gefühle gegenüber Zielen, deren Erreichung zugleich positive und negative Momente hat, mit einem schlechteren subjektiven Befinden einhergehen. Studienergebnissen zufolge erhalten vor allem Bestrebungen, in denen es um den *Ausdruck von Gefühlen* geht, hohe Ambivalenzwerte. Die Ambivalenz ist dabei häufig dadurch bedingt, daß normative Forderungen (man soll sich beherrschen) mit persönlichen Werthaltungen (ich will meine Gefühle offen und authentisch zum Ausdruck bringen) kollidieren. In diesen emotions- und ausdrucksbezogenen Konflikten sieht Emmons einen Sprengstoff für das psychische und physische Wohlbefinden.

In einer anderen Studie konzentriert sich Emmons (1992) auf den *Abstraktionsgrad*, d.h. die Frage, ob eher konkrete (immer tadellos gekleidet sein) oder abstrakte Ziele (ein guter Mensch sein) formuliert werden. Emmons nimmt an, daß der Grad der Abstraktion selbst ein stabiles Persönlichkeitsmerkmal ist und mit Wohlbefinden in Zusammenhang steht. Ergebnisse einer Studie zeigen, daß abstrakte Ziele mit einem *schlechteren* subjektiven Befinden einhergehen. Eine naheliegende Erklärung könnte sein, so Emmons, daß abstrakte Ziele weniger schnell zu erreichen sind (ein guter Mensch zu sein, wann kann ich das schon von mir behaupten?), und daß ich mir nie gewiß sein kann, ob ich das Ziel auch tatsächlich erreicht habe (bin ich denn nun edel und gut?). Konkrete Ziele garantieren dagegen schneller und mit höherer subjektiver Gewißheit das Gefühl des Erfolgs. So hatten ja auch Palys und Little (1983) gefunden, daß die Lebenszufriedenheit höher ist, wenn ich mich mit Projekten beschäftige, die mir *jetzt* wichtig sind und *jetzt* Erfolg und Freude bringen. Immer nur auf langfristige, abstrakte Ziele hin zu leben, ist der Lebensfreude und dem Wohlbefinden offenbar eher abträglich.

Current life tasks — gegenwärtige Lebensaufgaben

Im Unterschied zu allen drei anderen Ansätzen konzentrieren sich Nancy Cantor und ihre Arbeitsgruppe auf Ziele, die einem Menschen durch die jeweilige Kultur *vorgegeben* werden. Es sind Aufgaben, von denen Cantor et al. annehmen, daß wir mehr oder weniger alle uns ihnen stellen müssen: wir werden beispielsweise eingeschult, wählen Beruf, Partner, bekommen Kinder, steigen irgendwann aus der Berufstätigkeit aus. Lebensaufgaben kommen dem Begriff der *Entwicklungsaufgabe* von Havighurst gleich, an den sich Cantor auch anlehnt.

Cantor beschäftigt sich in ihren Studien vor allem mit den Aufgaben, die mit dem Eintritt ins College verbunden sind (Cantor, Norem, Niedenthal, Langston & Brower, 1987; Cantor, Norem, Langston, Zirkel, Fleeson & Cook-Flannagan, 1991). Grundsätzlich geht Cantor davon aus, daß Lebensaufgaben *individuell* definiert und interpretiert werden, und auf eben diese persönliche Strukturierung komme es an. In der Forschung geht aber genau dieses persönliche Element, das einen idiographischen Zugang verlangen würde, verloren. Denn in den Studien dürfen die teilnehmenden Studierenden zwar zunächst ihre derzeitigen Lebensaufgaben frei beschreiben; im nächsten Schritt aber sind sie aufgefordert, sie sieben vorgegebenen Aufgaben-Kategorien zuzuordnen (Cantor et al., 1991):

— gute Leistungen im akademischen Bereich erbringen, gute Noten erzielen
— Ziele für die Zukunft festlegen; Entscheidungen für die Zukunft treffen
— Freunde gewinnen, mit anderen zurechtkommen
— intime Beziehungen haben
— allein auf sich gestellt sein, von der Familie weg sein
— Mitglied der College-Wohngemeinschaft sein
— physische Kondition erhalten: Diät, Sport, Gesundheit.

In der weiteren Datenerhebung — die Aufgaben werden nach ähnlichen Dimensionen wie in den anderen Ansätzen eingeschätzt — geht es nur noch um diese sieben Kategorien, individuumspezifische Aufgaben bleiben unberücksichtigt. Cantor et al. betonen zwar, 69% der frei genannten Aufgaben könnten den Kategorien zugeordnet werden, aber wer sagt, daß dies die entscheidenden sind? Das methodische Vorgehen kappt damit die *individuelle Strukturierung* von Erfahrungen und Zielen, an der der Autorengruppe, die sich in der Tradition der kognitiven Persönlichkeitsvariablen von Mischel sieht (Cantor und Mischel haben gemeinsame Arbeiten vorgelegt), doch am meisten gelegen sein müßte. Statt dessen werden individuell wahrgenommene Ziele auf normative Vorstellungen und Ansprüche reduziert. Erscheint die Ablösung von den Eltern noch als eine überindividuelle Lebens- oder Entwicklungsaufgabe plausibel, so sind gute Noten und die Erhaltung der physischen Kondition nichts anderes als (möglicherweise vorübergehende) gesellschaftliche Normen, die unreflektiert den wissenschaftlichen Segen einer „Lebensaufgabe" erhalten. Das Konzept der Lebensaufgabe ist den persönlichen Zielen, um die es in allen anderen Ansätzen ging, also keineswegs gleichzusetzen. Natürlich können sich normative Anforderungen in persönliche Ziele verwandeln, aber das muß nicht so sein. Die Konzeption der Lebensaufgabe ist zudem eine völlig freudlose Angelegenheit, wie Emmons und King (1989) zu Recht bemängeln. Man kann den erhobenen Zeigefinger förmlich sehen, der zur Arbeit an den Aufgaben mahnt. Was hat dieses Konzept noch mit Zielen, Projekten, Bestrebungen zu tun, die ich mir wähle? Die ich mir persönlich gestalte? Die mich kennzeichnen?

Es fragt sich zudem, ob die Konzeption von Lebensaufgaben überhaupt Sinn macht. Denn ihr liegt ja die Prämisse uniformer Lebensläufe zugrunde, die selbst für die relativ homogene Population der Collegestudenten und -studentinnen fraglich ist. Lebensläufe lassen sich nicht standardisieren — heute so wenig wie in der Vergangenheit (vgl. dazu Keupp, 1989). Es macht beispielsweise keinen Sinn anzunehmen, alle Erstsemester (die bei uns allerdings älter sind als die Erstkollegiaten in den USA) seien mit der Lebensaufgabe „sich von den Eltern lösen" konfrontiert. Scheidungskinder mußten das schon viel früher tun, erprobte WG-Bewohner haben es hinter sich und solche, die am Studienort noch bei den Eltern wohnen, haben es noch vor sich. Andere wollen oder können es nie.

4.3 Strategien der Zielerreichung

Auf welchen Wegen, mit welchen Strategien suchen Menschen ihre Ziele zu erreichen? Und wie unterscheiden sie sich darin? Während Thomae, Klinger, Little, Emmons und Cantor et al. zwar nach den Zielen fragen, erkundet nur Thomae auch die Wege, auf denen sie zu verwirklichen gesucht werden. Dabei gehören Ziele und Strategien notwendigerweise zusammen, sie bilden ein psychologisch sinnvolles Paar. Thomae hat das so gesehen; bevor wir auf seinen Ansatz eingehen, wollen wir zunächst etwas weiter ausholen.

Die Frage nach Strategien ist in dieser Form sehr global gestellt. Die Antwort kann lauten „Tisch abräumen, spülen und Abfalleimer ausleeren" im Falle des bescheidenen Ziels „Küche aufräumen" oder „aggressive Impulse kontrollieren, tolerant sein und sich in andere hineinversetzen" im Falle des anspruchsvolleren Ziels „ein guter Mensch sein". Die Spannbreite instrumenteller Verhaltensformen legt nahe, daß gleich mehrere Gebiete der Psychologie angesprochen sind. Wir gehen drei Gebiete der Reihe nach kurz durch.

1. Zielerreichung und Problemlösung

Um Strategien geht es zum einen in Ansätzen, in denen der Umgang mit Problemen untersucht wird, wie beispielsweise Dörner (1989) und seine Arbeitsgruppe es tut. Die Verbindung zwischen Zielerreichung und Problemlösung ist offenkundig, denn auf dem Wege zum Ziel werden wir in aller Regel vor eine Reihe von Problemen und Aufgaben gestellt. Im engeren Sinn bedeutet der Begriff des *Problems*, daß sich zwischen mich und das Ziel Barrieren stellen, die ich nicht routinemäßig beiseite räumen kann. Die Sache ist komplizierter und verlangt, daß ich neue Wege suchen muß. Stehen mir dagegen Routinestrategien zur Verfügung, würde es sich in der Terminologie von Dörner (1979) lediglich um eine *Aufgabe* handeln.

Die Problemlöseforschung beschäftigt sich also mit Strategien der Zielerreichung und ist für unsere Fragestellung durchaus relevant, allerdings mit zwei Einschränkungen. Zum einen stehen *allgemein-psychologische* Fragestellungen im Mittelpunkt, die für die Persönlichkeitspsychologie besonders interessante Frage nach beständigen *interindividuellen Unterschieden* im Umgang mit Problemen ist (noch) nicht konsequent aufgegriffen, auch wenn sie sehr wohl gesehen wird. Zum anderen hantiert die Problemlöseforschung häufig mit eingeschränkten experimentellen Anordnungen, und sie ist auch von daher für unsere Betrachtung hier — Strategien zur Verwirklichung selbstgesetzter Lebensziele, Anliegen oder Projekte — nicht gut geeignet.

Die Einschränkung gilt weniger für Ansätze innerhalb der Problemlöseforschung, die, wie Dörner (1989), über Computersimulation komplexe Probleme vorgeben und verfolgen, wie Menschen diese zu lösen suchen. Aber auch hier handelt es sich nicht um die Realisierung von Zielen im erlebten „Bios" — um einen Begriff von Thomae zu übernehmen.

2. Zielerreichung und Streßbewältigung

Ein anderes Gebiet, das sich traditionell mit Strategien oder Wegen der Zielerreichung beschäftigt und dabei zumindest zum großen Teil in der natürlichen Lebensumwelt verbleibt, ist die Forschung zur *Streßbewältigung*. Hier sind Ziele und Strategien zentrale Themen.

Zunächst zu den *Zielen.* Es wird in der Bewältigungsforschung im allgemeinen angenommen, daß all unseren Versuchen, mit belastenden Situationen fertigzuwerden, zwei basale Ziele zugrundeliegen: zum einen die *sachbezogenen Probleme,* zum anderen *Emotionen* wie Wut, Trauer und Angst, die in der Regel mit belastenden Situationen verbunden sind, zu bewältigen. Problemlösung und Emotionsregulation sind die beiden Ziele, die traditionell der Streßbewältigung zugeschrieben werden (siehe dazu Lazarus & Folkman, 1984). Es kommen aber zwei weitere, nicht minder grundlegende Ziele hinzu (vgl. Weber & Laux, 1993; Weber & Piontek, 1995): wir sind gezwungen, die Beziehung zu den anderen, die in die Belastungen involviert sind, zu regulieren, und wir wollen unser Selbstbild schützen, wenn es durch die Situation in Frage gestellt oder verletzt wird.

In der Bewältigung einer chronischen Krankheit beispielsweise zeigt sich diese mehrfache Zielsetzung: Eine Kranke kann sich zum Ziel setzen, ihr Möglichstes zur Verbesserung des Zustandes beizutragen, ihre Angst, Wut oder Trauer zu überwinden, die Beziehung zum Partner der veränderten Situation anzupassen und den bedrohten Selbstwert, der aus einem veränderten Körperbild resultiert, zu schützen.

Die mit dem Bewältigungsverhalten verbundenen Ziele werden in der Regel jedoch nicht explizit von den Studienteilnehmern erfragt, sondern sie werden ihrem Verhalten zumeist unterstellt. Für eine phänomenologisch orientierte Bewältigungsforschung ist es allerdings konsequenter, die Studienteilnehmer explizit um eine Beschreibung ihrer Bewältigungsziele zu bitten, und nicht nur nach ihrem Bewältigungsverhalten zu fragen (Laux & Weber, 1987; Weber, 1994a; Weber & Piontek, 1995). Das Wissen um die Ziele gewährt einen vollständigeren Einblick in die Schwierigkeiten und die vielfältigen Probleme, mit denen wir im Umgang mit Belastungen zu kämpfen haben.

Zu den *Formen und Strategien der Bewältigung.* Ihnen galt und gilt vor allem die Aufmerksamkeit der Streß- und Bewältigungsforschung. Hier liegen zahlreiche Vorschläge vor, welche handlungsbezogenen, intrapsychischen und expressiven Verhaltensweisen als Formen der Bewältigung gelten können (Überblick Weber & Laux, 1993). Um Beispiele zu nennen, wählen wir diejenigen Bewältigungsformen aus, die Thomae aus freien Explorationen gewonnen hat; er nannte sie zunächst *Daseinstechniken,* später *Reaktionsformen,* um damit dem Verhalten den aus seiner Sicht unangemessenen Technizismus zu nehmen. In der Neubearbeitung seines grundlegenden Werkes „Das Individuum und seine Welt" stellt Thomae (1988) 20 Reaktionsformen zusammen, aus denen wir nachfolgend – in der Umschreibung von Thomae – eine Auswahl vorstellen. Sie geben anschaulich wieder, welche Wege uns zur Verfügung stehen, mit Belastungen umzugehen, oder eben die Ziele, die in den Daseinsthemen formuliert sind, zu erreichen:

142

— *Leistung*: das sind alle Reaktionsformen, die mit Anstrengung, Mühe und Energieeinsatz verbunden sind.

— *Anpassung*: entweder an die institutionellen Aspekte der Situation oder an die Eigenheiten und/oder Bedürfnisse anderer.

— *Aufgreifen von Chancen*: das ist eine Form aktiver Auseinandersetzung, bei der der Eintritt bestimmter Ereignisse in der Umwelt als Chance erkannt und genutzt wird.

— *Bitte um Hilfe*: an andere Menschen, Institutionen oder übernatürliche Wesen.

— *Stiftung und Pflege sozialer Kontakte*: dazu gehören der Aufbau sozialer Netze zur Lösung von Problemen und die emotionale Unterstützung.

— *Korrektur von Erwartungen*: sie wird vorgenommen, wenn Enttäuschungen oder Frustrationen zu entsprechenden Änderungen in den Zukunftsplänen nötigen.

— *Widerstand*: die Weigerung, Zwängen, Druck oder auch normativen Vorschriften wie Traditionen nachzugeben oder Folge zu leisten.

— *Akzeptieren der Situation*: eine Situation hinnehmen.

— *Positive Deutung der Situation*: es werden die positiven Aspekte einer Situation betont, auch wenn diese negative Seiten hat.

— *Hoffnung*

— *Identifikation mit den Schicksalen und/oder Zielen anderer*: das ist ein stärkeres Beteiligtsein an dem Leben anderer, auch eine symbolische Erweiterung des eigenen Selbst.

— *Evasive Reaktionen*: das sind alle Formen faktischen oder symbolischen „Aus-dem-Felde-Gehens".

Die Reaktionsformen, die Thomae als Ergebnis einer Vielzahl an Studien zu unterschiedlichen Lebens- und Belastungserfahrungen zusammengetragen hat, geben die Spielbreite an Bewältigungsformen, die sich in der Literatur finden läßt, weitgehend wieder. Es fehlen nur wenige Strategien, die in anderen Ansätzen noch hinzukommen, beispielsweise die Einnahme von Pharmaka und Genußmittel (Janke et al., 1985), Formen des Emotionsausdrucks (Laux & Weber, 1993) und die klassischen *Ab*wehrmechanismen.

Mit den Abwehrmechanismen sind die (neo)psychoanalytischen Ansätze angesprochen und deren Interpretation von Belastungsbewältigung. Aus psychoanalytischer Sicht greifen wir zumal bei starken Belastungen, hier vor allem bei Angst und Konflikten, zu einer Reihe von Strategien, den Abwehrmechanismen, die das unerträglich erscheinende Geschehen in irgendeiner Art und Weise umdefinieren, verzerren, verfremden. Abwehrmechanismen nehmen dem Geschehen so das Tragische, das Definitive, das Unkontrollierbare, das Schmerzhafte, oder was immer auch eine Situation für uns unerträglich macht. Von den Abwehrmechanismen wird klassischerweise, d.h. in der Nachfolge von Freud, der das Konzept der Abwehr geschaffen hat, angenommen, daß sie *unbewußt* sind, wenn auch im Prinzip bewußtseinsfähig (zu den Stichworten „Freud" und „Psychoanalyse" siehe Kapitel 6). Beispiele für Abwehrmechanismen sind *Verdrängung* (die in den Sand gesetzte Prüfung entschwindet aus meinem Bewußtsein), *Verleugnung* (ich war in der Prüfung nicht schlecht) oder *Rationalisierung* (das schlechte Prüfungsergebnis geht für mich völlig in Ordnung, weil die Inhalte ohnehin nicht relevant sind). Einige Autoren teilen Abwehrmechanismen aus rein normativen Erwägungen heraus in mehr oder weniger funktionale bzw. mehr oder weniger „reife" Formen ein (Haan, 1977; Vaillant, 1977). So hält beispielsweise Vaillant Rationalisierung für eine reife, Verleugnung für eine unreife Form des Umgangs mit Belastungen. Auch nicht-analytische Ansätze nehmen zum Teil eine generelle Bewertung von Formen der Bewältigung vor; so gelten im allgemeinen alle Formen der aktiven Problemlösung als adaptiv und daher wünschenswert, passives Verhalten oder „evasives" Verhalten gelten dagegen als wenig adaptiv. Eine solch generelle Bewertung ist jedoch nicht gerechtfertigt; es ist angemessener, die Wirksamkeit von Bewältigungsformen im Lichte der jeweils zu bewältigenden Situation zu bewerten und an den konkreten Folgen zu bemessen (Weber, 1994c). Da kann sich unter Umständen die Flucht aus der Situation als die überlegene Strategie erweisen.

Problemlöseforschung, Bewältigungsforschung, Psychoanalyse: Es ist schon auffallend, daß diejenigen Ansätze, die sich mit der Frage beschäftigen, auf welchen Wegen Menschen Ziele erreichen, vor allem von *negativ* definierten Zielen ausgehen: Probleme lösen, Belastungen bewältigen, Konflikte abwehren. Uns fällt kein Ansatz ein, der von vornherein untersucht, wie *positiv* definierte Ziele, beispielsweise die Steigerung der Daseinsfreude, zu erreichen sind. Man könnte allerdings argumentieren (was jedoch ein ziemlich schwaches Argument ist), daß auch die Belastungs- oder die Problemlöseforschung positiv definierte Ziele mit einschließen. So betont Lazarus, daß es Sache der *individuellen* Einschätzung ist, einer potentiellen Belastung eine genuin positive Qualität zuzusprechen, indem ich sie für meisterbar halte und als Herausforderung interpretiere (Lazarus & Folkman, 1984). Beispiel: Wie nehme ich den ersten Job nach Abschluß des Studiums wahr? Als Belastung, weil ich Neuland betrete? Als Beginn einer großen Zukunft, die ich für mich sehe?

3. Zielerreichung und Erwartungshaltung

Zum Abschluß stellen wir kurz zwei Strategien vor, die von der Arbeitsgruppe um Cantor (Cantor et al., 1987, 1991) formuliert wurden. Von ihnen nehmen die Autoren und Autorinnen an, daß es zwei Möglichkeiten sind, die von ihnen untersuchten „aktuellen Lebensaufgaben" (vgl. dazu Abschnitt 4.2) zu bewältigen: *Defensiver Pessimismus* und *„rosiges Licht" Optimismus*. In beiden Fällen handelt es sich um grundlegende Erwartungshaltungen, um Optionen hinsichtlich der Antizipation und Strukturierung künftigen Geschehens.

Defensive Pessimisten zeichnen sich dadurch aus, daß sie zwar das Schlimmste erwarten, sich dadurch aber nicht abschrecken lassen, die Anforderungen anzugehen. Im Gegenteil, defensive Pessimisten investieren sehr viel Energie und Aufwand, da sie sich ja auf ein „worst case" Szenario einstellen.

„Rosiges Licht" Optimisten hingegen gehen davon aus, daß letztlich alles sein gutes Ende findet; dennoch verlassen sie sich nicht auf bloßes Glück, sondern arbeiten heftig daran, den erwarteten Erfolg auch zu sichern.

Cantor el al. (1987, 1991) sehen in Pessimismus und Optimismus zwei grundverschiedene Möglichkeiten, die mit dem Eintritt ins College verbundenen *Lebensaufgaben*, die wir in Abschnitt 4.2 beschrieben haben, zu bewältigen. Die Autorengruppe geht dabei offenbar davon aus, daß die Lebensaufgaben eher bedrohlichen Charakter haben, daß sie Ängste wecken, den gestellten Anforderungen nicht gerecht zu werden. Das ist insofern konsequent, weil die von den Autoren formulierten Lebensaufgaben (u.a. gute Noten erzielen, Freunde gewinnen, gute physische Kondition erhalten) weitgehend zu erbringende *Leistungen* sind, entweder akademisch-intellektueller oder sozialer Natur. Die dazu entworfenen Strategien sind daher verständlicherweise vor allem Formen der Angstbewältigung oder der Problemlösung.

Die Autoren nehmen an, daß *defensiver Pessimismus* und *„rosiges Licht" Optimismus* den Status eines Persönlichkeitsmerkmals haben, wenn auch nicht alle einem der beiden Pole zugeordnet werden können. Optimismus und Pessimismus werden durch einen kurzen Fragebogen erfaßt, in dem insgesamt neun Aussagen für Pessimismus (z.B. „Wenn ich in eine akademische Situation komme, erwarte ich das Schlimmste, obwohl ich weiß, daß ich das wahrscheinlich schaffen werde") und Optimismus („Ich gehe in akademische Situation mit der Erwartung, daß ich das schaffen werde") zusammengestellt sind. Interessant sind nun die Studienergebnisse, die zeigen, daß sich Pessimisten und Optimisten in ihren Leistungen (z.B. Prüfungsergebnisse) *nicht* unterscheiden. Es hat allerdings den Anschein, als koste es die Pessimisten mehr an psychischer Energie, da sie ja zusätzlich zu der sachbezogenen Arbeit noch ihre Ängste und Befürchtungen bewältigen müssen (Norem, 1989).

Defensiver Pessimismus und *„rosiges Licht" Optimismus* sind zweifellos Wege, mit Belastungen umzugehen und persönliche Ziele zu erreichen. Im Unterschied zu den gängigen Formen der Belastungsbewältigung, die wir im vorherigen Abschnitt beschrieben haben, sind sie allerdings auf einer hohen Abstraktionsebene angesiedelt. Was Pessimisten und Optimisten jeweils konkret unternehmen, um im Einklang mit ihrer Welt-

und Daseinssicht belastende Situationen zu bewältigen, wird nicht untersucht. Dabei wäre es gerade spannend zu erfahren, wie sich die beiden so grundverschieden erscheinenden Typen in konkrete Handlungsvollzüge umsetzen.

4.4 Abschließender Kommentar

Ziele geben Antworten auf die Frage, was einen Menschen bewegt, Strategien, was ein Mensch tut. Cantor (1990) zufolge verkörpern Ziele und Strategien die „doing" Seite der Persönlichkeit, während Eigenschaften für die „having" Seite stehen. Das sind sehr anschauliche Bezeichnungen, die sie von Allport (1937/1949) übernimmt, um an zwei grundlegende Zugangswege zur Persönlichkeit zu erinnern. Allerdings wird man den Eigenschaften nicht gerecht, wenn man sie kurzerhand als etwas interpretiert, was ein Mensch „hat". Das war zwar aus der Sicht von Allport konsequent, der ja annahm, Eigenschaften hätten eine neurophysiologische Grundlage. Versteht man unter Eigenschaften aber lediglich eine Klasse von Verhaltensweisen, so gehören auch sie in diesem Sinne zur „doing" Seite der Persönlichkeit.

Auf jeden Fall bieten Ziele und Strategien wichtige Informationen, die das Konzept der Eigenschaft, die traditionelle Analyseeinheit der Persönlichkeitspsychologie, sinnvoll ergänzen können. Das tun sie aus unserer Sicht vor allem dann, wenn sie als möglichst konkretes Verhalten definiert und nicht auf eigenschaftsähnliche Konstrukte reduziert werden (also lieber nicht die Eigenschaft „Optimismus" konzipieren, sondern das konkrete Verhalten, die konkrete Strategie beschreiben „ich blende alle Gedanken an Schwierigkeiten, die sich möglicherweise stellen könnten, aus"). Thomae (1988, S. 16) hat kritisiert, daß kognitive Ansätze, die sich mit Formen der Repräsentation von Selbst und Welt beschäftigen, fast immer in „eigenschaftstheoretisches Denken zurückgefallen" sind. Es ist zu hoffen, daß dieses Schicksal nicht auch den Zielen und den Strategien widerfährt.

Ziele und Strategien sind nicht nur als *deskriptive* Konstrukte für die Persönlichkeitspsychologie attraktiv. Sie überzeugen auch als *explikative* Konstrukte, indem sie zu einer Erklärung des psychischen und physischen Wohlbefindens beitragen, und die Ergebnisse sind alles andere als trivial. So ist es beispielsweise beachtenswert, daß Wohlbefinden mit *aktueller* Zielerreichung einhergeht, nur auf ein zukünftiges Glück hinzuleben, reicht nicht (Palys & Little, 1983; Emmons, 1992). Zielerreichung allein, um ein anderes Ergebnis zu nennen, macht jedoch auch nicht glücklich, wie man es vielleicht erwarten würde, es muß schon ein Ziel sein, das mir viel bedeutet. An Zielen zu hängen ist andererseits wiederum ein Risiko, denn dann leide ich auch ganz besonders, wenn es nicht gut geht (Brunstein, 1993).

Für die Erforschung der Ziele und Strategien spricht weiterhin die *Methode*, mit der sie in den Ansätzen von Thomae, Emmons, Klinger und Little erhoben werden. Die dort realisierte Kombination aus idiographischem und nomothetischem Vorgehen trägt mehreren Wünschen Rechnung: Für den *einzelnen* Menschen relevante Inhalte und Konstrukte, die durch offene Fragen — idiographisch — erkundet werden, werden in eine nomothetische Form gebracht, aus der heraus *generelle* Zusammenhänge aufscheinen können. Wie hängt beispielsweise das Zielgefüge von Menschen mit ihrem Wohlbefinden zusammen? Mit anderen Merkmalen ihrer Persönlichkeit? Mit Merkmalen ihrer Umwelt? Ziele und auch Strategien haben den zusätzlichen methodischen Vorteil, daß ihre Beschreibung keine derart starken Generalisierungen erfordert, wie es bei den Fragebögen der Fall ist, mit denen üblicherweise Eigenschaften erfaßt werden (Klinger et al., 1981). Ihre Beschreibung ist daher vermutlich ziemlich valide, wobei es natürlich immer nur die *subjektive* Sicht der Handelnden ist, aus der heraus Ziele oder Strategien beschrieben werden. Und da stellt sich die Frage, ob wir unsere Anliegen und die dazu gehörigen Strategien überhaupt *bewußt reflektieren*; viele werden uns vermutlich nicht gegenwärtig sein, da sie in automatisierte Handlungsabläufe integriert sind. Über die Grenzen der Berichtbarkeit eigener Erfahrungen und kognitiver Strukturierungen hatten wir ja in Kapitel 1 schon gesprochen, und die Frage nach den Zielen, die wir verfolgen, ist ein gutes Beispiel für diese Schwierigkeiten (Weber, 1994a).

In diesem Zusammenhang stellt sich natürlich auch die Frage, ob Ziele und Strategien nicht auch im strengen psychoanalytischen Sinn nach Freud *unbewußt* sein können, d.h. daß es uns auch bei gründlichem Nachdenken nicht gegeben ist, in sie einzusehen. Nun ist Freud kein gutes Beispiel für einen Autor, der sich zukunftsbezogenen Zielen zuwandte; er sah den Menschen eher mit seiner Vergangenheitsbewältigung beschäftigt (für Literatur zu Freud siehe Kapitel 6). Unter den psychodynamischen Autoren ist es *Alfred Adler,* der die Zielgerichtetheit zum Dreh- und Angelpunkt einer Theorie der menschlichen Persönlichkeit machte, und wer sich für Ziele und Strategien interessiert, der sollte Adler lesen. Adler schrieb uns ein grundlegendes Ziel zu, das wir ein Leben lang verfolgen, nämlich die von Kind an erlebte Unsicherheit und Angst vor Minderwertigkeit in Gefühle der Sicherheit und Überlegenheit zu verwandeln. Adler (z.B. 1920/1994) zufolge entwerfen wir dazu einen Lebensplan oder eine Lebenslinie, deren inhaltliche Ausgestaltung von dem Gedanken an Sicherheit beherrscht wird. Dabei geht Adler davon aus, daß unsere Ziele nicht immer die edelsten und unsere Strategien nicht immer vom Feinsten sind. Da kann es sein, daß wir beispielsweise andere mit psychischen und/oder physischen Symptomen in Schach halten und so letztlich Überlegenheit wahren („wenn Du mich alleine läßt, bekomme ich wieder diese Magenschmerzen"). Dieser Strategien sind wir uns Adler zufolge nicht unbedingt bewußt, sie sind aber nicht unbewußt im Freudschen Sinne, d.h. mit gutem Willen zur Einsicht können wir uns über unsere Ziele und Strategien sehr wohl klar werden. Die Frage ist jedoch, ob wir auch bereit sind, uns selbst sozial oder persönlich verpönte Ziele einzugestehen und anderen Menschen gegenüber zuzugeben. Offenbare ich meine Absicht, die kleine Schwester endlich einmal ausbooten zu wollen? Oder mit meiner ach so aufopferungsvollen Fürsorglichkeit für andere diese doch nur beherrschen zu wollen?

Schließlich noch eine letzte Bemerkung. Wenn wir uns Ziele und Strategien der Zielerreichung vorstellen, sind wir wahrscheinlich versucht, an ein aktives Darangehen zu denken, an Pläneschmieden und die kontrollierte Umsetzung dieser Pläne. Aber so gradlinig geht es vermutlich meistens nicht zu (Dörner, 1989). Wir haben häufig überhaupt keine rechte Vorstellung von dem, was wir wollen, wir leben in den Tag oder zumindest die Stunde hinein, Strategien werden nicht geplant, sondern wir „wursteln" uns irgendwie durch. Auch das gehört dazu, wenn es um die „doing" Seite der menschlichen Persönlichkeit geht.

5. Fünfter Strukturierungsversuch: Selbstkonzept und Selbstschemata

In diesem Kapitel werden wir Themen aufgreifen, die zum Herzstück der Persönlichkeitspsychologie gehören, es sind die Vorstellungen und Gefühle, die sich auf die eigene Persönlichkeit beziehen. Bevor wir entsprechende Theorieansätze vorstellen, wollen wir zunächst kurz auf den Stellenwert eingehen, der dem Selbstkonzept in der Psychologie zukommt.

Wie bei fast allen psychologischen Themen hat auch die Selbstreflexion, haben Vorstellungen und Beurteilungen des eigenen Selbst, vor aller wissenschaftlichen Psychologie eine Rolle gespielt. Hier ist vor allem auf die großen Biographien und die Autobiographien zu verweisen, etwa die Bekenntnisse des Rousseau, die Selbstbiographie von Karl Philipp Moritz („Anton Reiser"), auf Goethes „Dichtung und Wahrheit" und auf eine Fülle von autobiographischen Romanen im 19. und im 20. Jahrhundert. Hinzu kommen die verdeckten Autobiographien, in denen vorgebliche Fremdbeschreibungen stark mit autobiographischem Material angereichert sind. Wer beispielsweise Einblick in den quälenden Kampf einer um Identität und Anerkennung ringenden, schwer narzißtisch gestörten Persönlichkeit (so würde man heute diagnostizieren) nehmen will, der sollte „Anton Reiser" lesen.

Die (auto)biographischen Romane werden von der Psychologie wenig beachtet. Das hat Gründe, die teils in Ausbildung und Selbstverständnis der Psychologie zu suchen sind, teils in der Art der Materialien liegen. Von Ausbildung und Selbstverständnis her steht die Psychologie älteren Aussagen meist skeptisch gegenüber, zumal literarischen Aussagen. Auf der Seite des Rohmaterials ist einschränkend zu sagen, daß es sich nur teilweise um phänomengetreue Beschreibungen eigener Gedanken und Erlebnisse handelt; häufig haben die Autoren auch − oder nur − andere Absichten als die schlichte Information ihrer Leserschaft. So sind etwa die Bekenntnisse des heiligen Augustinus − vordergründig eine Selbstbiographie − eigentlich als Bekehrungsschrift konzipiert, die „Gedanken und Erinnerungen" Bismarcks als politische Rechtfertigungsschrift; in fast allen großen Autobiographien sind Intentionen spürbar oder aufzeigbar, die über den bloßen „so habe ich das erlebt" Bericht hinausgehen.

Neben biographischem und autobiographischem Material finden sich in der Philosophiegeschichte auch systematische Selbstreflexionen wie etwa die Selbstbetrachtungen des Marc Aurel oder Dantes „vita nuova". Die Ausbreitung des Christentums hat − wenn man das einmal so holzschnittartig vereinfacht ausdrücken darf — die phänomengetreue Selbstreflexion eher behindert als gefördert. Denn ein großer Teil dessen, was wir denken, fühlen und wollen, ist nach christlichen Kategorien eher als Sünde einzustufen, daher als Thema für schriftliche Selbstreflexionen lange Zeit ungeeignet und oft auch lebensgefährlich gewesen; die Inquisition war da zumeist sehr engherzig und gegenüber abweichenden Meinungen so intolerant wie die heutigen Diktaturen auch. Die ausführliche, thematisierte und wenigstens leidlich aufrichtige Selbstreflexion wurde in der Geistesgeschichte erst dann wieder möglich, als in der Renaissance das einzelne Individuum neu entdeckt wurde und gleichzeitig der Einfluß der Kirche auf das Geistesleben nicht mehr ganz so beherrschend war (später allerdings wieder wurde). Als Durchbruch der Laienphilosophie und Zuwendung zum eigenen Ich gelten in der Philosophiegeschichte die Essays von Montaigne (1533-1592). Obgleich auch er noch durch die Furcht vor der Inquisition in Themenwahl und Ausdruck behindert und eingeschränkt wurde, hat er es zum ersten Mal auf über tausend Druckseiten gewagt, Bruchstücke einer ausdrücklichen Selbstanalyse zu veröffentlichen, sich selbst und den Menschen in seinem So-Sein, in seiner Unvollkommenheit dazustellen. Nach Montaigne wurde es im Laufe der Jahrhunderte zunehmend einfacher, eigene Phänomene auch dann darzustellen, wenn sie den jeweiligen Normen nicht entsprachen.

In der Psychologie sind Fragen des Selbst, des Selbstkonzeptes, der Selbstbeurteilung und der Selbstbewertung immer Thema gewesen, wenn auch je nach Zeitgeist mit wechselndem Gewicht. Ein Gebiet, in dem das Selbstkonzept eine Rolle spielt, ist der klinisch therapeutische Bereich. Hier sind Vorstellungen von der eigenen Person sowohl Ausgangspunkt als auch Gegenstand von bewußt in die Wege geleiteten Prozessen der Veränderung. Je nach theoretischer Grundrichtung oder je nach „Therapieschule" fallen jedoch die Annahmen über Struktur und Funktion des Selbstkonzeptes sehr unterschiedlich aus. Das wollen wir für die drei „großen" Therapierichtungen kurz andeuten:

In der *Gesprächspsychotherapie* nach Rogers (1959, 1961/1991) erscheint das Selbst als jene für die Entwicklung der Persönlichkeit unbedingt zentrale Größe, die wir, einem angeborenen organismischen Bedürfnis folgend, zu entfalten und zu verwirklichen suchen. Rogers versteht dabei unter dem Selbst oder dem Selbstkonzept alle auf die eigene Person bezogenen Wahrnehmungen und Erfahrungen. Zu Störungen kommt es, so Rogers, wenn das Selbstkonzept, das wir von uns entworfen haben, mit Erfahrungen, die wir machen, inkongruent sind. Die Gefahr von Inkongruenz ist vor allem dann gegeben, wenn unser Selbstkonzept unter dem Zwang einer Umwelt gebildet wird, von der wir nur geliebt und geachtet werden, wenn wir uns auf bestimmte Art und Weise verhalten. Unter dem Druck dieser *bedingten* Achtung und Liebe erlauben wir uns nur, der Mensch zu sein, der den Anforderungen der anderen entspricht (ich bin immer freundlich und nett). Unser Selbstbild wird so notwendigerweise eingeschränkt, und da kann es nicht ausbleiben, daß es mit gegenteiligen Erfahrungen kollidiert (ich schreie einen anderen an), die wir jedoch aus Angst zurückweisen (ich schreie nicht, ich spreche nur sehr deutlich). Ziel der Therapie ist es, den Klienten zu einer *unbedingten* Annahme seiner selbst und damit seiner *gesamten* Erfahrungen zu verhelfen (für die Theorie von Rogers, auf die wir hier nicht weiter eingehen, siehe z.b. Rogers, 1961/1991; Rogers wird zudem in allen Lehrbüchern der Persönlichkeitspsychologie dargestellt, siehe z.b. Mischel, 1993; Pervin, 1993).

Verhaltenstherapeutische Ansätze operieren im Gegensatz zu Rogers nicht mit dem Begriff des „Selbst" im Sinne einer eigenständigen Größe oder Struktur. Verhaltenstheoretisch orientierte Autoren verwenden den Begriff „selbst" statt dessen zum einen schlicht im Sinne von „auf die eigene Person und das eigene Verhalten bezogen", wie es etwa in den Begriffen „Selbstregulation" und „Selbstkontrolle" zum Ausdruck kommt. Die Vorsilbe „selbst" dient in diesen Fällen dazu, personbestimmte Vorgänge in der Planung und Ausführung von Verhalten von externer oder fremdbestimmter Verhaltenssteuerung abzugrenzen. So steht beispielsweise der Begriff des *Selbstmanagement* für einen therapeutischen Ansatz, der die aktive Einbindung der Klienten in die Bewältigung ihrer Probleme betont (siehe Kanfer, Reinecker & Schmelzer, 1991). Der Begriff „Selbst" taucht in verhaltenstherapeutischen Ansätzen zum anderen auf, wenn von den Vorstellungen hinsichtlich eigener Fähigkeiten und Kompetenzen die Rede ist, dazu gehört die Erwartung von Selbstwirksamkeit (Bandura, 1977b, 1979), die wir schon mehrfach angesprochen haben. Hier geht es um einzelne, therapeutisch besonders bedeutsame Aspekte des Selbstkonzeptes, mit denen stets sehr konkret und verhaltensbezogen gearbeitet wird.

Auch die orthodoxe *Psychoanalyse* nach Freud (siehe dazu Kapitel 6), um die dritte therapeutische Grundrichtung zu nennen, kann mit dem Konzept des Selbst im Sinne einer eigenständigen Größe, wie sie von Rogers konzipiert wird, wenig anfangen, allerdings aus anderen Gründen. Die Struktur der Persönlichkeit ist nach Freud (1923) geprägt durch die drei Instanzen „Es" (der Bereich der Triebe), „Ich" (die Management-Instanz, die die Auseinandersetzung mit der Realität und die interne Konfliktdynamik zu regeln versucht) und „Über-Ich" (das Ich-Ideal und das Gewissen). Diese Instanzenkonzeption, die eine klare Funktionstrennung vorsieht, läßt für ein „Selbst" im Sinne eines integrierten Konzeptes der eigenen Persönlichkeit keinen rechten Platz. Fragen des Selbst und des Selbstkonzeptes wurden erst im Zusammenhang mit der Aufarbeitung der Theorie des *Narzißmus* ihrer Bedeutung entsprechend gewürdigt. Dieses Verdienst gebührt vor allem Heinz Kohut, auf den wir später noch zurückkommen werden.

Im Unterschied zu Freud hat C. G. Jung, der sich nach wenigen Jahren der Zusammenarbeit von Freud und seiner Theorie trennte, dem Selbst einen zentralen Stellenwert beigemessen. Jung sieht die menschliche Persönlichkeit aus zahlreichen, teils bipolaren und zugleich komplementären Teilstrukturen aufgebaut; dazu zählen etwa das persönliche und das kollektive Unbewußte oder die Persona. Das Selbst steht für die Mitte der Persönlichkeit, die alle ihre unterschiedlichen und in sich widersprüchlichen Bestandteile umfaßt; es symbolisiert die Einheit, die die bestehende Vielheit integriert und Gegensätze vereint. Diese Mitte und damit das Selbst zu finden, ist Aufgabe des Prozesses der *Individuation*, der die zweite Lebenshäfte eines Menschen prägt (siehe dazu Band 8 und 9/I der Gesammelten Werke von Jung; für eine Kurzfassung siehe Jung, 1990).

Noch mehr als in der Klinischen Psychologie sind Fragen des Selbst oder des Selbstkonzeptes seit Ende der 70er Jahre Thema der Sozialpsychologie geworden, mit vereinzelten Brückenschlägen zur Persönlichkeitspsychologie. Daß sich Sozialpsychologen, nicht aber Persönlichkeitspsychologen, bei diesem Thema hervortun, ist bemerkenswert. Denn da das Selbstkonzept traditioneller Gegenstand von Persönlichkeitstheorien ist, sollte man doch erwarten, daß die Persönlichkeitspsychologie hier Themenhoheit beansprucht.

Einen guten Einstieg in die Theorien und Forschungsarbeiten zum Selbstkonzept bietet das dreibändige Werk, das von Suls (1982) sowie Suls und Greenwald (1983, 1986) herausgegeben wurden (für einen Überblick siehe auch Lapsley & Power, 1988; Markus & Cross, 1990; Strauss & Goethals, 1991; Yardley & Honess, 1987).

In der Theorie und in den Forschungsarbeiten zum Selbstkonzept tauchen zwei weitere Begriffe auf, die zum Teil synonym verwendet werden, zum Teil einen etwas anderen inhaltlichen Schwerpunkt setzen, nämlich *Identität* (vor allem benutzt in soziologischen Ansätzen; wir gehen später darauf noch ein) und *Ich* (vor allem benutzt in psychoanalytischen Ansätzen; manchmal verwendet in der ursprünglichen Bedeutung nach Freud, manchmal auch gleichgesetzt mit Selbst oder Selbstkonzept). Wir werden die bestehende Konzept- und Themenfülle in der nachfolgenden Darstellung durch vier Abschnitte ordnen. Wir fangen mit *Begriffsklärungen* an, beschreiben dann *Quellen des Wissens* über uns selbst, diskutieren zum dritten die Frage *„multipler" Selbstkonzepte* und beenden das Kapitel mit den *Gefühlen,* die unseren Vorstellungen von uns selbst gelten.

5.1 Selbst, Selbstkonzept und Selbstschemata: Begriffsklärungen

Beginnen wir mit dem Stammwort aller Bindestrich-Selbst-Begriffe, dem „Selbst". Was kann man sich unter diesem antiquiert, vielleicht auch pompös anmutenden Begriff vorstellen? Die anschaulichste Definition stammt von dem Psychologen und Philosophen William James (1890/ 1981), und er ist es auch, auf den sich viele aktuelle Autorinnen und Autoren wieder beziehen. James hat in „Principles of Psychology" Fragen des Selbst und des Selbstbewußtseins ausführlich diskutiert, und seine zugleich präzise, konkrete und trocken humorvolle Abhandlung macht James zu einer höchst vergnüglichen Lektüre (da der Bezugspunkt seiner Analyse des Selbst der Mann ist, werden sich die Frauen allerdings gezwungen sehen, alle Aussagen zu extrapolieren, wie sie es bei vielen anderen Theorien ebenso tun müssen).

James trifft zunächst die grundlegende Unterscheidung zwischen dem *empirischen Selbst* oder dem *„me"* und dem *„Pure Ego"* oder *„I"*. Das letztere, das „reine Selbst", steht für die Tatsache des Selbstbewußtseins an sich, für den Umstand, daß Menschen Wesen sind, die sich selbst zum Gegenstand der Reflexion machen können. Was dieses selbstreflexive Bewußtsein sein könnte und woher es kommen könnte, war für James eine Sache metaphysischer, d.h. philosophischer Spekulation, und daher für die Psychologie als einer empirischen Wissenschaft weniger relevant. Legitimer Gegenstand psychologischer Analysen ist hingegen das *Objekt*, das wir für uns selbst sind und über das wir nachdenken können, und das ist das *empirische Selbst* oder das *me*. Bezogen auf diesen Objektstatus sieht James uns als eine kunterbunte Mischung, indem er das empirische Selbst (gegen Ende vielleicht augenzwinkernd) definiert als

> In its widest possible sense, . . ., a man's Self is the sum total of all that he CAN call his, not only his body and his psychic powers, but his clothes and his house, his wife and children, his ancestors and friends, his reputation and works, his lands and horses, and yacht and bank-account. (S. 279)

Diese simple Aufzählung potentieller „Selbstbestände", deren Summe das Selbst ist, mag als unangemessen materialistisch anmuten, was daran liegt, daß durch die Wahl der Beispiele in der Tat Aspekte des *materiellen Selbst* hervorstechen. Zum materiellen Selbst zählt James den Körper, die Kleidung, die Familie (hier nimmt sich seine Definition etwas chauvinistisch an), Haus und Wohnung, das angesammelte Eigentum sowie die selbstgeschaffenen Werke. Das materielle Selbst ist James zufolge jedoch nur ein Teilselbst neben zwei weiteren: dem sozialen und dem geistigen Selbst. Das *soziale Selbst* ist die Anerkennung, die ich von anderen bekomme, der Ruf, den ich bei anderen habe. Unter Anerkennung versteht James zunächst wortgetreu „erkannt", d.h. wahrgenommen werden. Ihm zufolge ist es für die Entwicklung eines Selbst und des Gefühls einer eigenen Existenz unabdingbar, als Person von anderen überhaupt wahrgenommen und beachtet zu werden. Die völlige Mißachtung und Indifferenz der anderen sei schlimmer als jede physische Tortur. Im weiteren Sinn zählt James zum sozialen Selbst die Reputation, die mir von anderen zugetragen wird, wobei der Ruf, den ich habe, je nach Bezugsperson oder -gruppe variieren kann. In diesem Sinne haben wir nicht nur *ein* soziales Selbst, sondern:

Properly speaking, *a man has as many social selves as there are individuals who recognize him* and carry an image of him in their mind. To wound any of these images is to wound him. But as the individuals who carry the images fall naturally into classes, we may practically say that he has as many different social selves as there are distinct *groups* of persons about whose opinion he cares. (S. 281f)

Das dritte Teilselbst, das *geistige Selbst*, umfaßt unsere psychischen Dispositionen, unsere Eigenschaften, Fähigkeiten, Einstellungen; sie sind „the most enduring and intimate part of the self, that which we most verily seem to be" (S. 283).

Spätere Selbsttheorien, und hier vor allem die im Kontext der Persönlichkeitspsychologie entwickelten, haben sich in erster Linie auf diese psychischen Merkmale oder die geistige Seite des Selbstkonzeptes verlegt, die auch James schon als „most intimate" bezeichnet hat. Aspekte des sozialen Selbst wurden hingegen vor allem in Theorien aufgegriffen, die der Soziologie nahestehen; darauf werden wir noch eingehen. Von dem materiellen Selbst blieb fast nichts übrig, allenfalls noch Forschungsarbeiten zum Körper-Selbstbild, und die haben sich bezeichnenderweise als eigenes Thema vom „mainstream" der Selbsttheorie abgespalten. Wie es gerade in der Persönlichkeitspsychologie häufiger der Fall ist, werden die materiellen und auch die sozialen Aspekte schlicht vergessen oder bewußt negiert. Vielleicht erscheint uns daher die James'sche Definition des empirischen Selbst als Summe aller selbstbezogenen Besitzstände so unangemessen und geradezu ungehörig materialistisch.

Mit dem materiellen, dem sozialen und dem geistigen Selbst ist die, so würde man heute sagen, *kognitive* Komponente des Selbst benannt. Zum empirischen Selbst zählt James weiterhin auch die *Gefühle*, die durch das, was ich als zu mir gehörig betrachte, ausgelöst werden; auf diese *affektive* Komponente kommen wir im letzten Abschnitt dieses Kapitels noch zurück. Und es kommt schließlich noch die *motivationale* Komponente hinzu, indem wir James zufolge stets bemüht, wenn nicht gar getrieben sind, das zu uns Gehörige zu schützen, zu wahren, zu hegen, zu pflegen und zu mehren.

Die Konzeption eines empirischen Selbst als simple und konkrete Aufzählung von Beständen, die wir als uns gehörig reklamieren, wird in neueren Ansätzen durch den Begriff des „Selbstkonzeptes" ersetzt. Aktuelle Definitionen des Selbstkonzeptes betonen im Unterschied zu James die interne Organisation selbstbezogener Vorstellungen: im Vordergrund steht das *integrierte und organisierte Wissen um uns selbst,* weniger die dahinter stehenden Besitzstände. Die Anschaulichkeit der James'schen Definition geht damit verloren, und das Selbstkonzept gerät zu einer eher abstrakten Größe. Das wird besonders deutlich in dem Vorschlag von Epstein (1973, 1990), das Selbstkonzept als eine *Selbsttheorie* zu begreifen, als eine Theorie, die wir über uns erstellt haben. Der Vergleich mit einer Theorie soll betonen, daß das Selbstkonzept aus strukturierten und hierarchisch geordneten Vorstellungen aufgebaut ist, die im Falle einer „guten" Theorie intern konsistent sind und aus denen sich Aussagen ableiten lassen, die wir empirisch überprüfen können. Eine Selbsttheorie erfüllt Epstein zufolge zwei wesentliche Aufgaben: sie soll unsere Erfahrungen auf eine Art und Weise organisieren, daß wir sie möglichst effektiv bewältigen können, und sie soll unser Selbstwertgefühl erhalten; auf diese Weise werde, so Epstein, die Anpassung an die Umwelt und die persönliche Lust-Unlust Balance optimiert.

Es wird allgemein angenommen, daß das Selbstkonzept in einzelne *themen-* und *bereichsspezifische* Domänen aufgeteilt ist (Filipp, 1985). Beispiele für solche Domänen sind etwa mein Wissen und meine Vorstellung von mir als Autofahrerin, als Bruder, als liberale Weltbürgerin, als Hochschullehrer, als Freundin. Die themenspezifischen Wissensbestände werden *Selbstschemata* genannt. Der Begriff des Selbstschema ist in die Selbstkonzeptforschung vor allem von Markus (1977) eingeführt worden (der Schemabegriff als solcher ist weitaus älter und wird meist auf Bartlett, 1932, zurückdatiert). Markus versteht unter einem Selbstschema „cognitive generalizations about the self, derived from past experience, that organize and guide the processing of self-related information contained in the individual's social experiences" (S. 64).

Schemata, so wird vermutet, enthalten sowohl *spezifische* Episoden (ich habe das Buch verlegt) als auch *abstrakte* Kategorisierungen (ich bin schlampig). Sie entstehen aus der persönlichen Geschichte, sie sind das Produkt der gesammelten Erfahrung zu einem bestimmten Inhaltsgebiet, dessen Gegenstand und Grenzen der einzelne jeweils definiert. Und das heißt, daß wir nicht unbedingt alle ein Schema für die gleiche Sache haben. Einige verfügen beispielsweise über ein Schema „ich als Sportler", für andere ist das überhaupt nicht relevant, entweder, weil dazu keine Erfahrungen vorliegen oder weil der Bereich für sie nicht bedeutsam ist. Sie wären im Hinblick auf diesen Inhaltsbereich, so nennt Markus (1977) das, „aschematisch". Daneben gibt es sicherlich Themen grundlegender Natur, bei denen wir alle kaum umhin kommen, entsprechende Schemata zu entwickeln (vgl. dazu Markus & Sentis, 1982); dazu gehören beispielsweise unsere physische Erscheinung, das Geschlecht (ich als Frau, ich als Mann), Verwandtschaftsrollen (ich als

Schwester, ich als Sohn) oder Beziehungen zu signifikanten anderen (ich als Freundin; ich als Partner; ich als Chefin).

Es wird angenommen, daß Schemata nicht nur *vergangene* Erfahrungen strukturieren, sondern auch *neu hinzukommende.* Sie bestimmen darüber mit, welchen Informationen ich mich überhaupt zuwende, wieviel Bedeutung ich ihnen beimesse, wie ich sie einordne und wie ich sie im Gedächtnis speichere und verarbeite.

Habe ich von mir ein Bild oder ein Schema eines unabhängigen, autonomen Menschen und ist das für mich ein wichtiges Thema, so werde ich sehr sensibel auf alles reagieren, was mit meiner Unabhängigkeit zu tun hat. Ich werde mich Beobachtungen zuwenden, die meine Unabhängigkeit bestätigen, ich werde alle neuen Erfahrungen daraufhin prüfen, inwieweit sie meine Autonomie berühren, ich werde sehr schnell vergangene Erfahrungen aufrufen können, in denen sich meine Unabhängigkeit bewiesen hat, ich werde gegenteilige Informationen und Erfahrungen − nämlich abhängiges Verhalten − entrüstet von mir weisen, ich werde mit großer subjektiver Gewißheit vorhersagen, wie ich mich in einer relevanten Situation verhalten werde. Markus (1977) hat Selbstschemata an eben diesem Beispiel der Dimension „Abhängigkeit/Unabhängigkeit" untersucht. Die Ergebnisse zeigen, daß beispielsweise diejenigen, für die „Unabhängigkeit" ein wichtiges und zentrales Merkmal ist, in der Tat mehr Episoden nennen konnten, in denen sie sich attributgemäß verhielten; auch haben sie sich schneller Eigenschaftsbegriffe zugeordnet, die Aspekte von Unabhängigkeit benennen.

Wenn Schemata tatsächlich so operieren, daß neue Erfahrungen und Wahrnehmungen nach ihrer Maßgabe strukturiert werden, würde sich das Bild, das ich einmal von mir gezeichnet habe, nur schwerlich ändern. Selbstschemata sind jedoch gegenüber Veränderungen nicht gänzlich resistent, aber möglicherweise bedarf es schon massiver Einbrüche und schemawidriger Erfahrungen, bis ich sie tatsächlich ändere. Greenwald (1980) spricht gar vom „totalitären Ich", um zu unterstreichen, wie sehr wir Selbstbilder gegenüber gegenteiligen Informationen und Erfahrungen abschotten; er vergleicht das mit der Informationspolitik eines totalitären Regimes. Zu klären, unter welchen Umständen sich Selbstschemata wandeln, ist nicht nur Gegenstand sozial- und persönlichkeitspsychologischer Theorienbildung und Forschung, sondern dringliches Anliegen therapeutischer Arbeit.

5.2 Quellen des Selbstkonzeptes

Woher stammen die Vorstellungen von mir selbst? Wie entstehen unsere Selbstbilder? Welche Informationen gehen in meine Selbstschemata ein? In der Literatur werden vor allem drei Quellen selbstbezogenen

Wissens beschrieben (siehe z.B. Markus & Cross, 1990; vgl. auch Neisser, 1988): 1. die Beobachtung des eigenen Verhaltens, 2. die direkte Interaktion mit anderen und die Vermutungen, wie andere uns wohl sehen und bewerten, und 3. der Vergleich mit anderen. Punkt 1 und 3 werden wir nachfolgend nur kurz beschreiben, bei Punkt 2 hingegen ziemlich weit ausholen.

Quelle 1: Die Beobachtung des eigenen Verhaltens

Daß wir Erkenntnisse und Vorstellungen über uns selbst aus der *Beobachtung* unseres eigenen Verhaltens gewinnen, erscheint banal. Natürlich sehen wir zu, was wir tun, und ziehen daraus unsere Schlußfolgerungen. Im allgemeinen gehen wir dabei jedoch davon aus, daß wir *zuerst* überlegen, was wir tun können oder wollen, dann das Geplante ausführen und schließlich anhand der Beobachtung unseres Verhaltens überprüfen, ob und wie es gelingt. Am Anfang, so zumindest die gängige Vorstellung, steht die Selbsterkenntnis, das Selbstwissen, aus ihm leitet sich alles weitere ab. Selbstbeobachtung würde keine wirklich neue Kenntnis über uns bringen, sondern lediglich bestehende Annahmen bestätigen oder ihnen widersprechen. So sähe es auch aus der Sicht von Epstein (1973, 1990) und seiner Konzeption einer Selbsttheorie aus.

Im Gegensatz zu diesen Vorstellungen besagt die *Selbstwahrnehmungstheorie* von Bem (1972), daß wir unser eigenes Verhalten auf dieselbe Art und Weise beobachten und interpretieren, wie wir es auch mit dem Verhalten *von andern* tun, die wir lediglich agieren sehen, ohne zu wissen, wie es dazu gekommen ist und was dabei in ihrem Inneren vorgeht. Ebenso wie wir anderen Menschen aufgrund der Beobachtung ihres Verhaltens Ursachen und Merkmale zuschreiben (das hatten wir in Kapitel 2 ausführlich beschrieben), verfahren wir Bem zufolge auch mit unserem eigenen Verhalten. Wir schauen sozusagen unbefangen, unwissend und interessiert zu, was wir tun, und schreiben dem, was wir da sehen, Ursachen oder Attribute zu. Das Wissen über uns steht hier nicht am Anfang, wie das gängige Verständnis es will, sondern es *folgt* erst aus der Beobachtung. Wir horchen nicht in uns hinein und erkennen kraft unseres Nachdenkens, wie und wer wir wohl sind. Wir fragen uns beispielsweise nicht, ob wir uns zutrauen, vor einem großen Publikum ein Referat zu halten. Der Selbstwahrnehmungstheorie zufolge stellen wir statt dessen fest, daß wir uns vor dem Referat zu drücken versuchen und schließen aus diesem Maneuver: Ich habe Angst vor Auftrittssituationen.

Quelle 2: Die Interaktion mit anderen

Aus der Selbstwahrnehmung ziehen wir Informationen über uns selbst sowohl in sozialen Situationen als auch dann, wenn wir mutterseelenallein sind. Die beiden anderen Quellen selbstbezogenen Wissens, um die es in diesem und in dem nächsten Abschnitt gehen wird, bedürfen dagegen der Interaktion mit anderen.

Die radikalste Annahme einer sozial bedingten Selbstkonzeption sieht vor, daß wir uns überhaupt nur über andere definieren können, nur über andere ein Konzept unserer eigenen Person oder Identität gewinnen. Einen solchen sozialen Ursprung des Selbstkonzeptes behauptet die Theorie des *„looking-glass self"*, ein Begriff, den Cooley (1902) geprägt hat. Cooley zufolge bilden wir eine Vorstellung von uns selbst, indem wir uns in diejenigen hineinversetzen, mit denen wir es zu tun haben, und unsere Erscheinung, unser Verhalten, unseren Charakter, aus *deren Sicht* definieren und bewerten. Der dem *Spiegel-Selbst* entsprechende Begriff des *reflected appraisal* betont diesen Prozeß der Übernahme von Bewertungen über das Hineinversetzen in andere, die erschlossene Fremdeinschätzung, die zur Selbsteinschätzung wird (vgl. dazu Shrauger & Schoeneman, 1979; Felson, 1985).

Wenn ich mich beispielsweise als schlampig definiere und mich dessen schäme, stände Cooley zufolge folgender Vorgang dahinter, der mir in dieser detaillierten Abfolge allerdings kaum bewußt wird:

1. Ich frage mich, sozusagen wie vor dem Spiegel stehend: Wie sehe ich aus der Sicht der anderen in dieser Aufmachung aus? Und meine Antwort könnte in Kenntnis oder Vermutung des Urteils der (allesamt äußerst korrekt Gekleideten) lauten: schlampig.

2. Bei der bloßen Zuschreibung bleibt es Cooley zufolge nicht, es kommt die Bewertung hinzu, und hier könnte ich urteilen: Die anderen finden meine Schlampigkeit abstoßend.

3. Beide Zuschreibungen, von denen ich vermute, daß die anderen sie vornehmen, gehen in mein Bild von mir und meine Selbstbewertung ein, und ich schäme mich meiner Schlampigkeit.

Aus der Sicht des *Spiegel-Selbst* sind Selbstbilder und auf das Selbst bezogene Gefühle ohne andere und die ihnen von mir zugeschriebene oder unterstellte Einschätzung meiner Person nicht denkbar. Die Zuschreibung von Merkmalen und Selbstwertgefühl kann nur erfolgen, wenn ich den Umweg über den Blickwinkel der anderen nehme. Es kann natürlich auch geschehen, daß andere uns *offen sagen*, was sie von unserer Erscheinung und unserem Verhalten halten; in diesem Falle bedarf es nicht der umständlich und unsicher erscheinenden Vermutung, was die anderen wohl denken mögen, mir wird die Bewertung unmittelbar mitgeteilt. Eine derart direkte Klassifizierung und Bewertung erfolgt jedoch selten. Gebote der Höflichkeit und die meist stillschweigend verbrüderte Selbstdarstellung in gemeinsamen Interaktionen beschneiden oder verbieten gar unverblümte Offenheit. Im allgemeinen neigen wir im gegenseitigen Interesse dazu, die jeweils aufgebauten Fassaden im Verhalten und im Ausdruck gegenseitig zu akzeptieren und zu bestätigen (Goffman, 1959/1991). Zudem scheint es schlicht nicht realisierbar, daß andere permanent unser Verhalten kommentieren und mit lautem Denken begleiten. Offene Rückmeldung erfolgt nur zu ausgewählten Zeitpunkten und zu ausgewählten Verhaltensweisen. Da wir unser Verhalten aber kontinuierlich kontrollieren und bewerten, operieren wir in der Tat weitgehend mit *Vermutungen*, wie wir wohl aus Sicht der anderen dastehen.

Der Umweg über andere, wie er von Cooley und anderen, hier vor allem von Mead (1934) beschrieben wird, macht uns zu genuin sozialen Wesen (zur Ideengeschichte, die häufig unter dem Stichwort „Symbolischer Interaktionismus" abgehandelt wird, siehe Markus & Cross, 1990). Wir *brauchen* die anderen als Spiegel, damit wir überhaupt ein Selbstkonzept, eine Identität, aufbauen können. Erst aus der Interaktion entsteht das Selbst, nicht aus uns selbst heraus. Mead (1934) fügte diesen Überlegungen den weiteren Gedanken hinzu, daß es nicht unbedingt der konkreten Interaktionspartner bedarf, deren ich mich als Spiegel bediene. Es genügt schon, wenn ich mir bei dem, was ich tue, denke und fühle, ein abstrahiertes Mitglied der Gesellschaft vor Augen halte: den *generalisierten Anderen*. Der *generalisierte Andere* repräsentiert die Vorstellungen und Normen der Gesellschaft, und ihn oder sie sehe ich vor mir, wenn ich etwas tue und mich dabei frage, wie das jetzt aussieht, was ich da treibe, und wie das zu bewerten und zu beurteilen ist.

Der *generalisierte Andere* ist als Bewertungsinstanz internalisiert und daher immer präsent (darin dem Freudschen „Über-Ich" vergleichbar), wir sind sozusagen nie wirklich allein. Tucholsky hat diese Situation der allgegenwärtigen anderen in „Ein Pyrenäenbuch" (hier zitiert in der Ausgabe von 1994) schön beschrieben. Bei einer einsamen Wanderung rutschte er einen Steilhang hinunter und machte, am Abgrund hängend, keine glückliche Figur; er zwang sich dennoch, offenbar des *generalisierten Anderen* gedenkend, zu einer Miene der Tapferkeit; er schreibt „Erst ging es ja ganz gut; da standen Bäume, an denen man sich hinaufziehen konnte – aber das hörte streckenweise auf, ich trat fest auf krümligen Boden, er rutschte fest weg, und ich hielt mich an der Luft. Das kann man nämlich. Vor wem spielt man eigentlich so ein Theater, wenn man allein ist? Immer, wenn ich haarscharf am Abrollen war, machte ich ein energisches und männliches Gesicht: Nur ruhig – nur ruhig – es wird ja gehen!" (S. 49).

Die Idee des *looking-glass self*, der Selbstdefinition über andere, hat entscheidende Folgen für die in unserer Gesellschaft so geschätzte *Selbsterkenntnis*. Denn wenn ich der anderen bedarf, um mich selbst zu definieren, so gibt es im Grunde nichts, was in mir und aus mir heraus zu erkennen ist. Es wäre reichlich sinnlos, lange und intensiv in sich hineinzuhören in der Hoffnung, etwas über sich zu erfahren.

Eine hinreichende Selbsterkenntnis wird überdies im Alltagsdenken als Voraussetzung für richtiges und erfolgreiches Handeln angesehen – Selbsterkenntnis ist der erste Schritt zur Besserung, sagt der Volksmund. Als die via regia dorthin gilt die Selbstreflexion, das einsame Nachdenken über sich, Modell Eremit. Wenn man sich jahrelang einsam in den Wald setzt und über sich nachdenkt, so wird man dabei in seiner Selbsterkenntnis weiterkommen und weit über diejenigen hinauswachsen, die den ganzen Tag im Getriebe der Welt tätig sind.

Das gängige Stereotyp, mit dem wir in den westlichen Kulturen aufwachsen, hält uns dieses Modell Eremit als Ideal vor Augen, es ist das Bild des *autonomen* Menschen, der sich *unabhängig von den anderen* erkennt, definiert, entscheidet, entwickelt (zum Vergleich kultureller Selbst-Stereotype siehe Markus & Kitayama, 1991). Aus der Sicht von Cooley und Mead würde mir die Einsamkeit jedoch gar nichts bringen; ich müßte die Interaktion mit anderen geradezu aufsuchen, um mich zu definieren. Oder ich müßte, so sähe es die Selbstwahrnehmungstheorie, beobachten, was ich tue, und daraus meine Schlußfolgerungen ziehen.

Das *Spiegel-Selbst* bzw. den Prozeß des „reflected appraisal" *empirisch* nachzuzeichnen ist schwierig (siehe dazu Shrauger & Schoeneman, 1979; Felson, 1985). Eine Möglichkeit wäre zu prüfen, ob unser Bild von uns mit dem, von dem wir glauben, daß wir so gesehen werden, übereinstimmt (also: „für wie sportlich halte ich mich?" im Vergleich zu „für wie sportlich, glaube ich, halten mich die anderen?"). Hier zeigt sich, daß diese Einschätzungen zwar im allgemeinen in hohem Maße übereinstimmen, aber die Interpretation der Ergebnisse ist schwierig. Denn daß mein Selbstbild (ich bin unsportlich) und das vermutete Fremdbild (die halten mich für unsportlich) übereinstimmen, kann ganz einfach daran liegen, daß ich mein Bild von mir auf die Einschätzung der anderen *projiziere*. Ich übernehme nicht deren von mir vermutete Einschätzung (und nur das wäre „reflected appraisal"), sondern ich schreibe den anderen das Urteil zu, das ich selbst bereits von mir gefällt habe. In diesem Falle stellt sich allerdings immer noch die Frage, wie ich überhaupt zu meinem Selbstkonzept gekommen bin.

Die Theorie des *Spiegel-Selbst* verknüpft lediglich Selbstbild und *vermutetes* Fremdbild. Was die anderen wirklich denken, also das *faktische* Fremdbild, spielt dabei im Grunde keine große Rolle. Es liegt allerdings nahe zu fragen, in welchem Maße mein Selbstbild und mein vermutetes Fremdbild mit der *tatsächlichen* Meinung der anderen zusammenhängen. Von der Theorie her streiten sich in dieser Frage zwei unterschiedliche Grundpositionen (siehe John & Robins, 1994). Die einen, nach John und Robins der *Korrespondenz-Position* zugehörig, gehen davon aus, daß wir im allgemeinen mit unseren Einschätzungen einigermaßen richtig liegen: die anderen sehen uns in der Tat so, wie wir glauben, daß sie es tun. Um das zu überprüfen, müßte man konsequenterweise vermutetes und faktisches Fremdbild miteinander vergleichen, was John und Robins in ihrem Überblick jedoch nicht tun. Sie berichten hier lediglich Studienergebnisse zum Vergleich zwischen Selbstbild und faktischen Fremdbild. Diese Zusammenhänge zwischen meiner Selbsteinschätzung und der faktischen Einschätzung durch andere sind zwar in der Regel statistisch signifikant, aber weitaus entfernt von einer guten geschweige denn perfekten Übereinstimmung (die auch niemand erwartet).

Die zweite Position, die John und Robins beschreiben, geht denn auch von einer *Verzerrung*, einem „Bias" aus, davon, daß unser Bild von uns schief ist. Es ist, das die Annahme vieler Autoren, positiv verzerrt: wir sehen uns ein bißchen besser, als es die anderen tun (eine besondere Variante der Verzerrung haben wir in Kapitel 2 über Attributionen ausgeführt, daß wir nämlich bisweilen dazu neigen, eigenes Fehlverhalten und Mißerfolge eher situativen Umständen und nicht unserer Persönlichkeit zuzuschreiben). Mit einer gütigen Selbstsicht, so wird allgemein vermutet, sichern wir unser Wohlbefinden und unser Selbstwertgefühl (siehe dazu Taylor & Brown, 1988). Wenn es zu Abweichungen zwischen Selbst- und Fremdbild kommt, heißt das jedoch noch lange nicht, daß *unsere* Sicht verzerrt ist, es kann ja auch die der anderen sein. Wer in diesem Fall Recht hat, ist allerdings schwer zu entscheiden, denn wer oder was sollte da das Kriterium sein? (siehe dazu Funder, 1993). Die Frage nach der Entscheidungsinstanz läßt sich jedoch erkenntnistheoretisch elegant umgehen, wenn man sich in Erinnerung ruft, daß man sowohl Selbstbilder als auch Fremdbilder als *Konstruktionen* verstehen kann, als variable Möglichkeiten, Dinge oder Erfahrungen zu interpretieren. Das Bild, das ich selbst von mir zeichne, und das Bild, das die anderen von mir zeichnen, sind in gleichberechtigte Konstruktionen. Die Frage nach dem „Rechthaben" impliziert dagegen so etwas wie eine von der Person des Erkennenden unabhängig erkennbare Realität und verkennt den konstruktivistischen Charakter unseres Denkens.

Nichtsdestoweniger ist es spannend, das eigene Selbstbild mit dem Bild, das andere von mir haben, zu vergleichen. John und Robins (1994) haben beispielsweise in ihrer Studie gefunden, daß sich Manager, deren Verhalten in einer Gruppensituation beurteilt wurde, im Durchschnitt bessere Leistungen bescheinigten als es die Beobachter und die anderen Gruppenmitglieder taten. Das würde für die Beschönigungs-Verzerrung sprechen. Viel wichtiger aber ist das Ergebnis, daß nicht alle Manager diesem Beschönigungs-Bias anhingen, einige bewerteten sich auch *schlechter* als es die anderen taten. Und hier zeigen sich deutliche *interindividuelle Unterschiede* in der Selbstwahrnehmung, die viel zu oft in den Ansätzen vergessen werden, die versuchen, gleich *allgemeine Gesetzmäßigkeiten* zu konstruieren (da rächt sich die langjährige Vorherrschaft der Sozialpsychologie und die selbstverschuldete Abwesenheit der Differentiellen und Persönlichkeitspsychologie in den Forschungsarbeiten zum Selbstkonzept). So fanden John und Robins, daß diejenigen, die sich selbst als narzißtisch beschrieben und von anderen als narzißtisch beschrieben wurden, in höherem Maße dazu neigten, ihre Leistung im Vergleich zum Urteil der anderen als besser einzuschätzen.

Quelle 3: Sozialer Vergleich

Auch die dritte Quelle, aus der wir Wissen über uns schöpfen, ist sozialer Natur. Es ist der *Vergleich* mit anderen, wie ihn Festinger (1954) in einem der für die Psychologie klassischen Texte formuliert hat. Festinger zufolge sind wir geradezu „drivehaft" bestrebt, unsere Fähigkeiten, Einstellungen und Meinungen an irgendwelchen Maßstäben zu messen, sie zu bewerten: „There exists, in the human organism, a drive to evaluate his opinions and his abilities" (S. 117).

Zum Vergleich benutzen wir, soweit möglich und vorhanden, bevorzugt objektive Größen, z.b. physikalische Meßwerte (wie schnell laufe ich die 100 Meter?). Fehlen derart objektive Standards, weichen wir auf den Vergleich mit anderen aus, und damit werden deren Fähigkeiten und Einstellungen zu Maßstäben, an denen wir uns messen: Wir können besser mit anderen Menschen umgehen, schlechter kochen, wir haben weniger Humor, wir sind einer abweichenden politischen Meinung. Und in jedem dieser Vergleiche steckt eine Selbstdefinition.

Festingers Annahme, daß wir zunächst nach objektiven Vergleichskriterien suchen, überträgt Felson (1985) auf den Prozeß des „reflected appraisal". Er vermutet, daß es von den Inhalten abhängt, in welchem Ausmaß wir unsere Vorstellungen von uns selbst über den Prozeß des „reflected appraisal" bilden. Bei objektiv überprüfbaren Inhalten (Laufgeschwindigkeit, Monatseinkommen) stehen mir relativ zuverlässige Vergleichsstandards zur Verfügung; in diesen Fällen muß ich mich nicht mit Vermutungen abgeben, wie ich wohl in den Augen der anderen dastehe. Bei Merkmalen hingegen, die von vorneherein über die Wirkung *auf andere* und deren Urteil definiert werden, wie beispielsweise physische Attraktivität, Freundlichkeit oder Feindseligkeit, bin ich auf deren Einschätzung angewiesen. Und hier müssen wir uns häufig auf Vermutungen verlassen, wie wir schon diskutiert haben, weil wir direkte Rückmeldung selten erhalten.

Festinger, der Details des sozialen Vergleichs in neun Hypothesen präzisiert, betont vor allem die Folgen des sozialen Vergleichs für Vorgänge in Gruppen und damit für sozialpsychologische Phänomene. Die *intrapsychischen* Folgen des sozialen Vergleichs sind jedoch nicht weniger beträchtlich. Das gilt nicht nur für die Konstruktion des Selbstkonzeptes (vgl. Stahlberg et al., 1985), sondern auch für andere Inhaltsgebiete (vgl. Suls & Wills, 1991). So wird beispielsweise in der Streß- und Bewältigungsforschung untersucht, in welcher Weise soziale Vergleiche helfen können, mit einer Belastung oder einem Schicksalsschlag besser fertig zu werden. Indem ich mich beispielsweise an anderen orientiere, denen es noch schlechter geht, kann der soziale Vergleich zu einer wirksamen Form der Belastungsbewältigung werden (siehe dazu z.B. Affleck & Tennen, 1991).

5.3 Ein Selbstkonzept oder mehrere?

Die Rede von „dem" Selbstkonzept suggeriert Einheit. Daran ändert auch die Tatsache nichts, daß man sich das Selbstkonzept als in einzelne inhaltliche Bereiche – die Schemata – aufgeteilt vorstellt. Denn Selbst-Schemata, so das gängige Verständnis, stehen lediglich für einzelne inhaltliche Facetten eines kohärenten Ganzen: Ich habe *ein* Selbstkonzept, *ein* Bild von mir, nicht mehrere oder gar viele *Selbstkonzepte*. Aber macht der Singular wirklich Sinn? Einige Autoren widersprechen der Vorstellung eines einheitlichen Selbstkonzepts und sehen in ihr eine kulturideologisch bedingte Fiktion (z.B. Sampson, 1985). Wir verfügten nicht über ein Selbstkonzept, so die Annahme, sondern über viele, unterschiedliche. Die in vielen Persönlichkeitstheorien explizit behauptete oder implizit unterstellte Konstruktion der Einheit sollte daher (endlich) zugunsten einer pluralistischen Konzeption aufgegeben werden. Nun leugnet kaum jemand intraindividuelle Variabilität. Ohne jede Frage verändert sich unser Verhalten und unser Erleben über Situationen und Interaktionen hinweg: Die autonome Person, die ich im Beruf und im Freundeskreis bin, hat wenig mit der unselbständigen Person zu tun, zu der ich werde, wenn ich wieder mit meinen Eltern in meinem Heimatort zusammen bin. Die Frage ist jedoch, in welcher Beziehung diese Änderungen zu meinem Selbstkonzept stehen.

Eine Möglichkeit wäre, daß in den jeweiligen Umwelten einfach nur andere Schemata *eines* grundlegenden Selbstkonzeptes aktiviert sind (mal „ich als unselbständige Tochter", mal „ich als eigenständiger erwachsener Mensch"). Markus und Wurf (1987) sehen hier die Konzeption eines *working self* vor, das ist ein auf die aktuelle Situation bezogener Ausschnitt aus der Gesamtkollektion, sozusagen die Zustandsvariante des Selbstkonzeptes. Wir haben ein grundlegendes Repertoire, und aus diesem stellen wir je nach Umwelt die angemessene Auswahl als *working self* zusammen. Im Unterschied zu der Daseinsführung fern der Heimat ist zu Hause ein anderes *working self* aktiv, nämlich jene Selektion an selbstbezogenen Vorstellungen, die sich auf das Leben mit den Eltern bezieht: Erinnerungen an die Kindheit, eine Voreinstellung zum Sich-versorgen-lassen, für warme Strickjacken, Vorliebe für Käsekuchen.

Während die Idee des *working self* die Konstruktion eines einheitlichen Selbstkonzeptes bewahrt, sähe eine radikal pluralistische Konzeption vor, daß wir im Elternhaus und „draußen" in der Tat zu anderen Menschen werden, und das heißt, uns als weitgehend anders wahrnehmen, mit anderen Schemata, anderen Erinnerungen, anderen Erfahrungen. Nun würde es dem psychopathologischen Bild der „Multiplen Persönlichkeit" entsprechen, würden wir tatsächlich je nach Situation oder Umwelt zu einer anderen Persönlichkeit, mit einer gänzlich unterschiedlichen Merkmalsausstattung, mit anderen Erinnerungen, einer anderen äußeren Erscheinung und einem anderen Verhaltensrepertoire („Multiple Persönlichkeitsstörung" gilt als eine Form dissoziativer Störungen; siehe dazu das *DSM-III-R*, das ist die revidierte dritte Version des Diagnostischen und Statistischen Manuals für Psychische Störungen, das von der *American Psychiatric Association* herausgegeben wird; deutsche Übersetzung siehe Wittchen, Saß, Zaudig & Koehler, 1989). Diese radikale Form dissoziierter Persönlichkeit wird jedoch nicht ernsthaft als allgemeines Modell für das Selbstkonzept unterstellt. Vielmehr wird davon ausgegangen, daß bei aller Variabilität ein kohärentes Selbstgefühl bleibt: ich sehe zwar, daß ich mich zu Hause sehr anders verhalte, ich bin jedoch derselbe Mensch, der ich auch in meinen von den Eltern getrennten Lebensraum bin.

In einer nichtpathologischen Form kann Pluralismus im Selbsterleben und im Verhalten auf drei Wegen zustande kommen, auf die wir nachfolgend kurz eingehen: 1. durch unterschiedliche *Selbst-Projektionen*, die ich von mir entwerfe, 2. durch unterschiedliche *Rollen*, die ich einnehme, und 3. durch unterschiedliche *Beziehungen*, die ich unterhalte.

Alle diese Formen beziehen sich dabei auf die *querschnittliche Pluralität*, also auf die zu einem gegebenen Zeitpunkt variierenden Selbstbilder. Pluralität über die Lebensspanne hinweg, im *Längsschnitt*, steht ohnehin nicht im Widerspruch zur Einheit. In welchem Maße sich das Selbstkonzept über Kindheit, Jugend und Lebensspanne hinweg ändert, ist Gegenstand der Entwicklungspsychologie (vgl. dazu z.B. Filipp, 1987; Harter, 1986, 1990; Rosenberg, 1986), aber das heißt nicht, daß nicht zu einem gegebenen Zeitpunkt ein einheitliches Selbstkonzept vorliegt. Auf die gesamte Biographie bezogen, kann es da ruhig vielfältig und bunt zugehen. Keupp (1989) benutzt hier das Bild eines Patchworks, um zu versinnbildlichen, daß wir unsere Identität (in diesem Falle synonym zu Selbstkonzept) über die Zeit und viele (unterschiedliche) Erfahrungen hinweg ganz individuell zusammensetzen.

1. Pluralismus durch unterschiedliche Selbst-Projektionen

Das Selbstkonzept, so wie es im allgemeinen definiert wird, bezieht sich auf die „realistischen" Vorstellungen von mir, darauf, wie ich glaube, tatsächlich zu sein: unsportlich, ein dankbarer Sohn, eine unzuverlässige Freundin. Aus Sicht der Theoretiker, die davon ausgehen, daß unser Selbstbild einer Beschönigungsverzerrung unterliegt, dürfte man allerdings nicht von „realistisch" sprechen, allenfalls von „subjektiv". Aber die Vorstellung eines *Realselbst* ist als Denkmodell nützlich, um davon andere Selbst-Entwürfe abgrenzen zu können, die ganz offensichtlich fiktiven Charakter haben.

Ideal-Selbst: Eine erste Selbst-Projektion ist das Wunschbild oder sind die Wunschbilder, die wir von uns entwerfen, angefüllt mit Vorstellungen, wie wir im Idealfall sein würden. Ein solches Ideal-Selbst spielt beispielsweise in der Persönlichkeitstheorie von Rogers (1959, 1961/1991) und in der von ihm entwickelten Therapieform eine wichtige Rolle, da er annimmt, daß uns aus einer Diskrepanz zwischen dem realen und dem idealen Selbst eine Reihe von Schwierigkeiten erwachsen. Rogers zufolge ist es für unser Wohlbefinden und unsere Persönlichkeitsentwicklung unabdingbar, daß sich Real- und Ideal-Selbst annähern und zudem mit den Erfahrungen, die wir machen, im Einklang stehen.

Soll-Selbst: Freud (z.B. 1923) brachte eine weitere Variante der Selbst-Projektion ins Spiel, obwohl er den Begriff des Selbst nicht benutzt, aber die Idee ist die nämliche. Freud zufolge verfügen wir über ein *Ich-Ideal*, das Bestandteil des *Über-Ich* ist; das Ich-Ideal gibt die Gestalt vor, die wir elterlichen und anderen Normgebern entsprechend im besten Falle annehmen *sollten*. Higgins (1990) spricht vom „ought self", vom „Soll-Selbst", und meint damit ebenfalls das von Normen und Standards („guides") geprägte Selbstbild: die Vorstellungen darüber, welche Merkmale ich besitzen sollte. Keine Frage, daß auch die Widersprüche zwischen dem, wie wir fühlen, denken und handeln, und dem Ich-Ideal bzw. dem Soll-Selbst zu quälenden Konflikten führen können. Das ist ein wichtiges Thema psychoanalytischer Analysen.

Possible selves: Eine ganz andere Spielart der Selbst-Projektion schlagen Markus und Nurius (1986) vor: die *possible selves* (was schlecht zu übersetzen ist, allein schon wegen des im Deutschen ungewöhnlichen Plurals „Selbste"). *Possible selves* sind *prognostische* Entwürfe, Vorstellungen darüber, was oder wie wir in Zukunft realistischerweise werden könnten, im Guten wie im Schlechten. Selbst-Möglichkeiten, die wir uns wünschen, könnten beispielsweise sein: das erfolgreiche Selbst, das weltreisende Selbst, das Familienglück-Selbst; Möglichkeiten, die wir fürchten: das depressive Selbst, das einsame Selbst. *Possible selves* sind, so Markus und Nurius, unsere in lebhafte Bilder umgesetzten Ziele, Wünsche, Befürchtungen. Entscheidend daran ist, daß wir uns tatsächlich ganz konkret und *bildlich vergegenwärtigen*, wie wir in der jeweiligen Selbst-Version sein werden, es sind nicht nur abstrakte Befürchtungen oder Wünsche:

Es ist nicht „Diplomprüfung bestanden", sondern es ist das Bild, wie ich die Urkunde entgegennehme, wie ich dabei aussehe, wer dabei sein wird, was ich empfinde, wie ich reagiere, was ich sage, was ich dabei denke.

Aus dieser lebhaften Imagination beziehen die *possible selves* auch ihren vermutlich starken Einfluß auf unser Verhalten: es ist nicht irgendeine abstrakte *Sache*, die erreicht habend ich mir vorstelle — *ich selbst* bin es in einer ganz bestimmten, konkreten Gestalt, die das erreicht hat. Keine Frage, daß unsere Zukunftsprojektionen uns motivieren, auf ihre Realisierung hin zu arbeiten, wenn wir sie herbeiwünschen, bzw. alles zu tun, damit die gefürchteten nicht Wirklichkeit werden.

Die schier unendliche Vielfalt, welche die *possible selves* in unser zu einem Zeitpunkt existierendes Selbstkonzept bringen, ist offensichtlich.

165

Vermutlich sind unsere Tagträume eine wahre Fundgrube für diese potentiellen „Selbste". James (1890/1981) hatte schon in einem sehr ähnlichen Sinn von solchen Selbst-Varianten gesprochen. Auch er betonte, daß wir mit Optionen leben, sie bieten sich uns zumindest zu einem bestimmten Zeitpunkt an. James sah uns allerdings gezwungen, dem Spiel mit den Möglichkeiten irgendwann einmal ein Ende zu bereiten. Denn Optionen, so James, schließen häufig einander aus, es kommt zu Konflikten und Rivalitäten. Und daher bleibt uns nichts anderes übrig, als uns für einige der möglichen „Selbste" zu entscheiden und damit andere sein zu lassen:

> Not that I would not, if I could, be both handsome and fat and well dressed, and a great athlete, and make a million a year, be a wit, a bon-vivant, and a lady-killer, as well as a philosopher; a philantropist, statesman, warrior, and African explorer, as well as a „tonepoet" and saint. But the thing is simply impossible. The millionaires work would run counter to the saint's; the bon-vivant and the philantropist would trip each other up; the philosopher and the lady-killer could not keep house in the same tenement of clay. (S. 297)

James setzt mit seinen Überlegungen allem voreiligen Pluralismus ein Ende, was zweifellos realistisch ist: Wir können uns zwar sehr vieles vorstellen, was wir unter Umständen alles sein könnten, und nur darauf beziehen sich die *possible selves*, aber wir können eben nicht alles realisieren (die Schauspielerin Kathleen Turner, gefragt, warum sie so offensichtlich zugenommen habe, antwortete, sie habe die Wahl zwischen Gesichtsfalten und einem schmalen Po oder einem glatten Gesicht und mehr auf den Rippen, und sie habe sich eben entschieden). James bedauert den Zwang zur Auswahl und zur Beschränkung keineswegs, im Gegenteil. Die Festlegung auf ein Selbst oder einige wenige „Selbste" stellt aus seiner Sicht weniger einen Verzicht auf ungelebte Möglichkeiten als vielmehr eine Entlastung dar. Denn wenn wir uns erst einmal zu einer Entscheidung durchgerungen haben, so James, bekümmern uns ab sofort nur noch die Selbstentwürfe, für die wir uns entschieden haben, und James nimmt heiter Abschied von den anderen „How pleasant is the day when we give up striving to be young — or slender! Thank god! we say, those illusions are gone. Everything added to the self is a burden as well as a pride" (S. 297).

2. Pluralismus durch Rollenvielfalt

Die vielleicht am meisten vertraute Spielart eines pluralistischen Selbstkonzeptes entsteht dadurch, daß wir im Laufe unserer Sozialisation nahezu zwangsläufig ein Repertoire an unterschiedlichen *Rollen* erwerben.

> Hier stellt sich zunächst die Frage, was Rollen mit dem Selbstkonzept zu tun haben. Aus soziologischer Sicht (siehe dazu Stryker, 1987) ist eine Rolle eine bestimmte soziale Position, mit der ein Set von Verhaltenserwartungen ver-

bunden ist (z.B. die Rolle als Sohn, als Studentin, als Arzt, als Stadträtin, als Bayer, als Professorin). Wir internalisieren solche Rollen, und damit werden sie zu einer *Identität* – meiner Identität als Rheinländerin, als Arzt usw. Stryker zufolge gibt es so viele Identitäten wie es internalisierte Rollen gibt. Sie unterscheiden sich jedoch in ihrer Gewichtigkeit; gewichtige Identitäten sind solche, an die ich eine starke affektive Bindung habe und/oder die ich in vielen Situationen und Beziehungen lebe. Das *Selbst* ist nach Stryker das gesamte Set an Identitäten, das ich zu einem bestimmtem Zeitpunkt innehabe.

Durch die Einnahme mehrerer oder zahlreicher Rollen, und über die verfügen wir allein schon durch grundlegende demographische Positionen, ist uns Vielfalt in der Selbstkonzeption von vornherein gegeben. Das ist kein neuer oder aufregender Gedanke. Es stellt sich allerdings die Frage, wie Rollenpluralität zu bewerten ist: Ist sie eine Belastung, da sie Konflikte beschert und Überlastung erzeugt, wie es im allgemeinen den Frauen zugeschrieben wird, die Beruf und Familie verbinden? Oder ist Rollenvielfalt ein Gewinn?

Thoits (1983, 1986) vertritt die These, Rollenpluralität *fördere* Wohlbefinden und Gesundheit, und das aus mehreren Gründen. Rollen sind mit Privilegien und Ressourcen verbunden, ich habe Zugang zu bestimmten Institutionen, lerne neue Menschen kennen, erwerbe neue Fertigkeiten und neues Wissen. Rollen vermitteln Orientierung, Verhaltenssicherheit, Statussicherheit, Lebenssinn und Lebensziele. Meine Rolle als Mitglied der Bürgerinitiative X oder meine Rolle als Tochter geben mir Halt, denn ich weiß, wie ich zu handeln habe, wo ich stehe, was ich will und für welche Ziele ich mich engagiere. Rollen steigern das Selbstwertgefühl, denn mit jeder Rolle „bin ich wer", gewinne ich an Status- und Standesbewußtsein. Und dann kommt ein letzter Punkt hinzu, den Thoits unterstreicht: Wenn ich mehrere oder viele Rollen innehabe, so werden Verluste, die durch den Wegfall einer Rolle entstehen, leichter ausgeglichen. Habe ich nur eine zentrale Rolle oder Identität, beispielsweise nur meine Arbeit, so trifft es mich hart, wenn diese eine entfällt. Ist der Beruf nur eine Rolle oder eine Identität neben gleichgewichtigen anderen, können diese anderen den Verlust vielleicht nicht unbedingt wettmachen, aber doch auffangen. Der multiple Rollenbonus entfällt allerdings, so vermutet Thoits, wenn eine optimale Rollenanzahl überschritten werde, und damit stellt sich die alles entscheidende Frage: was ist die für mich optimale Anzahl an Rollen?

3. Pluralismus durch soziale Beziehungen

Diese Version eines pluralistischen Selbst hat Gergen (1990, 1991) eingebracht. Er geht davon aus, daß wir tagtäglich in eine Vielzahl von Interaktionen verwickelt sind, die allesamt ihre Spuren in uns hinterlassen. Unsere Interaktionspartner, deren Anzahl sich, so Gergen, durch neue Kommunikationstechniken, durch gesteigerte Mobilität und durch fiktive Medienfiguren geradezu inflationär vermehre, „bevölkern" oder „besetzen" uns. Wir internalisieren die Sichtweisen der anderen, ihre Einstellungen, Meinungen, Werthaltungen. Das, schreibt Gergen, ergebe eine „Multiphrenie", die keinen Raum mehr lasse für ein autonomes Ich (oder Selbst). Wir sind letztlich die anderen, oder zumindest Bruchstücke der anderen.

Die Individuen sind nur Bestandteile der viel fundamentaleren Einheit der Beziehung. In diesem Sinne tut sich nun die Möglichkeit auf, Identität nicht als einen Gegenstand anzusehen, nicht als einen persönlichen Besitz, etwas, das „mir" gehört. Das Selbst ist nunmehr nichts als ein Knotenpunkt in der Verkettung von Beziehungen. Jeder Mensch lebt in einem Netzwerk von Beziehungen und wird in jeder von ihnen jeweils unterschiedlich definiert. (Gergen, 1990, S. 197)

Zu dieser Konzeption eines genuin pluralistischen Selbst (in „Psychologie Heute" von Ernst, 1991, als „Ich der Zukunft" gepriesen), ist zweierlei zu sagen. Zum einen ist fraglos, daß unser Selbstkonzept von anderen geprägt wird, das haben wir schon ausführlich beschrieben. Fraglich ist zum anderen jedoch, ob wir uns tatsächlich auf andere so sehr einlassen, daß deren Sicht und deren Erleben zu einem Stück unserer eigenen Identität wird. Sicherlich begegnen wir Menschen aus unterschiedlichen Kulturen, mit unterschiedlichen Erfahrungen, Einstellungen und Lebensformen. Die Interaktion mit der Frau aus Kalifornien gewährleistet jedoch nicht, daß wir uns ihre Sicht und ihre Einstellungen tatsächlich zu eigen machen. Denn wir gehen in jede Interaktion bereits mit vorhandenen Schemata oder Konstrukten hinein, und wir strukturieren und interpretieren Begegnungen auf der Folie unserer Erwartungen. Da bleibt unter Umständen wenig Raum für die Aufnahme neuer Erfahrungen. Gergen scheint dagegen in seinen Überlegungen von einer ungefilterten Einverleibung von Information auszugehen – eine Position, die Wahrnehmung als pure Abbildung begreift und die gerade in der Psychologie der Personenwahrnehmung von niemandem ernsthaft vertreten wird.

5.4 Selbstbezogene Gefühle

Bei allen bisherigen Überlegungen ging es in erster Linie um *Inhalte* und *Struktur* des Selbstkonzeptes. Die Betonung lag auf dem kognitiven Moment, es ging um die „kühle" Bestandsaufnahme dessen, was wir im James'schen Sinne als zu uns gehörig betrachten. Nun soll es abschließend um die *Gefühle* gehen, die sich mit dem Selbstkonzept verbinden, und da steht das *Selbstwertgefühl* an erster Stelle.

James (1890/1981) definierte das Selbstwertgefühl als Verhältnis zwischen Erfolg und Anspruch, und mit diesem Vorschlag ist er weitaus präziser als es die meisten heute vorliegenden Umschreibungen sind. Viele verstehen unter dem Selbsztwertgefühl die affektive Komponente des Selbstkonzeptes, die Summe aller selbstbezogenen Einschätzungen (Stahlberg et al., 1985). Das Selbstwertgefühl zählt zu jenen Allerweltsvariablen, die in der Persönlichkeitspsychologie und in der Sozialpsychologie in vielerlei Kontexten auftauchen, und es bindet sich eine Fülle an Forschungsarbeiten daran, auf die wir hier nicht eingehen wollen und angesichts der schieren Menge auch nicht können. Wir empfehlen für alle am Selbstwertgefühl Interessierten, zentrale Fachzeitschriften, beispielsweise das „Journal of Personality and Social Psychology" für aktuelle Studienbeispiels zu verfolgen.

In vielen Forschungsarbeiten läuft das Selbstwertgefühl häufig als Variable einfach mit, d.h. bei irgendeiner Fragestellung wird auch untersucht, ob sich Menschen mit hohem im Vergleich zu niedrigem Selbstwertgefühl anders verhalten, beispielsweise mehr oder weniger aggressiv (vgl. dazu Weber, 1994a) oder mehr oder weniger streßresistent; ein hohes Selbstwertgefühl gilt als Ressource, die gegen negative Folgen von Belastungen schützen kann (siehe dazu Kapitel 3); Greenberg et al. (1992) sehen in dem Selbstwertgefühl gar einen Puffer gegen existentielle Ängste.

Erfaßt wird das Selbstwertgefühl in der Regel über Fragebögen; besonders verbreitet ist die Skala von Rosenberg (1965); sie besteht aus 10 Items, die zu sehr generellen und teils extremen Aussagen zwingen, z.B. „Ich bin ein wertvoller Mensch" oder „Ich neige dazu, mich für einen Versager zu halten".

Im allgemeinen wird angenommen, daß wir bestrebt sind, ein möglichst positives Selbstwertgefühl zu entwickeln und zu erhalten (das haben wir bereits an mehreren inhaltlichen Beispielen in diesem Buch ausgeführt), und daher sind wir in der Regel sehr angetan, wenn andere uns positive Rückmeldung geben (siehe dazu Stahlberg et al., 1985). Etwas anders sieht es aus, wenn es um die Frage geht, ob uns daran gelegen ist, in jedem Falle auch die Vorstellungen und das Wissen von uns selbst aufbessern zu wollen. Swann (1990) vermutet, daß wir hier nicht unbedingt nach einer Erhöhung trachten, sondern danach, daß die Vorstellungen, die wir von uns haben, *bestätigt* oder verifiziert werden — die positiven ebenso wie die negativen. Denn Swann geht davon aus, daß wir in erster Linie bestrebt sind, unser Leben und unsere Erfahrungen vorhersagen und kontrollieren zu können, und dazu bedarf es eben einer einigermaßen realistischen Selbsteinschätzung. Unter Umständen ziehen wir daher selbst ein negatives Bild, das wir für realistisch halten, einem schöngefärbten vor. Damit fahren wir auf Dauer auch im Hinblick auf unser Selbstwertgefühl besser, denn wenn wir uns an das Machbare halten, sind wir vor schmerzhaften Einsichten und vor der Erfahrung des Scheiterns eher bewahrt. Ob wir lieber die „Wahrheit" wissen wollen oder lieber der Illusion anhängen — aus persönlichkeitspsychologischer Sicht ist es wenig sinnvoll, solche Annahmen zu generalisieren, wie es im sozialpsychologischen Kontext häufig geschieht. So betonen etwa John und

Robins (1994), daß unsere Bestrebungen, und das gilt auch für das Selbstwertgefühl und die Einschätzung von uns selbst, selten oder gar nicht für alle in gleicher Weise zutreffen, sondern mit unserer Persönlichkeit variieren.

Das Selbstwertgefühl ist nicht das einzige auf unsere eigene Person bezogene Gefühl; schon bei James (1890/1981) war von weitaus mehr und konkreteren Gefühlen die Rede. James unterschied zwei Gruppen selbstbezogener Gefühle: die eine („self-complacency") entspricht dem Wohlgefallen an der eigenen Person, dazu gehören beispielsweise Stolz, Selbstwertgefühl, auch Eitelkeit und Dünkel. Die andere Gruppe („selfdissatisfaction") enthält Gefühle des Mißfallens, beispielsweise Scham und Erniedrigung. Da sich die Forschung zum Selbstkonzept vor allem mit den *negativen* Gefühlen beschäftigt, die aus der Diskrepanz zwischen Anspruch und wahrgenommener Realität entstehen (so beispielsweise die soziale Angst, siehe dazu Schlenker & Leary, 1982), greifen wir zum Ausgleich ein Phänomen heraus, das (auch) mit dem Wohlgefallen an uns zu tun hat: der *Narzißmus*.

Das Konzept des Narzißmus verdiente eine eigene Abhandlung, die wir hier nicht leisten können. Im Kontext dieser kurzen Einführung ist es wichtig klarzustellen, daß unter Narzißmus zwei sehr unterschiedliche Phänomene verstanden werden. Narzißmus gilt zum einen als eine *Störung* des Selbstwerterlebens und wird mit Eigenschaften wie Exhibitionismus, Selbstüberschätzung, Selbsterhöhung, mangelhaftes Einfühlungsvermögen für andere und generelle Indifferenz und Kälte in Beziehung zu anderen in Verbindung gebracht. Auch die Verfahren, die zur Erfassung von Narzißmus vorliegen, gehen von dieser Negativbeschreibung aus (siehe z.B. Buss & Chiodo, 1991, Raskin Terry, 1988). In übersteigerter Form werden diese Merkmale zu Kennzeichen der *narzißtisch gestörten Persönlichkeit*, die als Form der Persönlichkeitsstörung gilt, wie sie in den Klassifikationssystemen für psychische Störungen definiert sind (siehe dazu das *DSM-III-R*; Wittchen et al., 1989).

In der psychoanalytischen Literatur hingegen wird Narzißmus zwar auch als eine Störung betrachtet bzw. zu Störungen in Beziehung gesetzt, und zwar eben dann, wenn es zu grundlegenden Schwierigkeiten im Selbstwerterleben und in der Identitätsbildung kommt (so interpretiert beispielsweise Henseler, 1990, den Selbstmord aus narzißtischer Sicht). Daneben sehen psychoanalytische Ansätze in der Nachfolge von Freud (1914) auch einen „gesunden" Narzißmus vor, hier vor allem Kohut (1966, 1973/1985). Kohut zufolge ist es für unsere psychische Gesundheit unabdingbar, daß wir aus der frühesten Kindheit, in der wir grandiose Vorstellungen eigener Größe, Allmacht und Vollkommenheit hegten und uns als Teil allmächtiger Anderer (den Eltern) fühlten, gemilderte Abkömmlinge in Form eines gesunden Ehrgeizes sowie hohe Ich-Ideale hinüberretten. Wir dürfen uns also in gewisser Weise für großartig und kostbar halten, wir müssen das geradezu, um gegen die vielen narzißtischen Kränkungen gewappnet zu sein, die wir unweigerlich erfahren, so etwa Kritik, Beleidigungen, Übersehenwerden, Mißachtetwerden, Spott, Ironie, Hänseleien.

Narzißmus, das geht aus der Tatsache hervor, daß viele darunter eine Störung verstehen, kommt in unserer Gesellschaft im allgemeinen schlecht weg. Das gilt schon für den Mythos, der dem Phänomen den Namen gab. Hier wird Narziß als der Liebe zu (einem) anderen Menschen unfähig hingestellt und dafür bestraft, indem er den einzigen Menschen liebt, der ihn nicht wiederlieben kann: sich selbst. Kohut (1973/1985) beklagt, daß Narzißmus geradezu ein Tabu sei:

> Während ruhiger geschichtlicher Perioden ist die Einstellung gewisser Gesellschaftsschichten zum Narzißmus ähnlich unaufrichtig wie die der viktorianischen Gesellschaft zur Sexualität. Offiziell wird die Existenz der sozialen Manifestationen, die vom grandiosen Selbst und vom omnipotenten Selbst-Objekt ausgehen, nicht anerkannt – die wichtige Rolle, die der Narzißmus mit unverminderter Kraft im Gesellschaftsleben spielt, ist aber trotz seiner offiziellen Verleugnung überall erkennbar. Ich glaube, daß die Überwindung der verlogenen Einstellung zum Narzißmus heute ebenso erforderlich ist wie die Überwindung der sexuellen Verlogenheit vor hundert Jahren. (S. 210)

Die kulturellen Normen, nach denen wir in der Regel erzogen werden, heißen Bescheidenheit, Selbstverleugnung und Altruismus statt Selbstlob, Freude an der eigenen Person und Selbstbezug, in der aktuellen gesellschaftspolitischen Diskussion Gemeinschaftsorientierung statt Individualismus.

Bei allem Zugeständnis an die anderen und die Gruppe sollten wir uns des Narzißmus' nicht begeben. Da hilft ein letzter Rückblick auf James (1890/1981), der Selbstliebe zu den angeborenen Gefühlen zählte und betonte, wie kostbar wir uns sind

> I must not be a failure, is the very loudest of the voices that clamor in each of our breasts: let fail who may, I at least must succeed. . . . each of us is animated by a direct feeling of regard for his own pure principle of individual existence . . . Whatever is me is precious; this is me; therefore this is precious . . . (S. 303)

Auf einen abschließenden Kommentar zum Thema Selbstkonzept und Selbstschemata können wir mit diesem letzten Zitat verzichten: Wenn es ein Thema gibt, das mitten ins Herz einer Persönlichkeitspsychologie trifft, dann ist es die Erforschung jener Vorstellungen und Gefühle, die ein Mensch von sich und für sich hat. Wir sollten uns den narzißtischen Luxus gönnen, uns mit uns zu beschäftigen.

6. Versuch der Strukturierung eines sechsten Strukturierungsversuches: Triebe und Abwehr

Wie hält man es als Autor und Autorin einer Einführung in die Persönlichkeitspsychologie mit Freud und der Psychoanalyse? Was tun, um mit einem so umfangreichen Werk fertigzuwerden, das Tausende Male schon dargestellt und wiedergekaut wurde? Die meisten Einführungen in die Persönlichkeitspsychologie enthalten − natürlich − auch ein Kapitel über Freud. Da wird dann, manchmal sehr einfühlsam, aber manchmal auch ziemlich lieblos referierend, neben zehn, zwanzig, dreißig anderen Autoren auch Freud abgehandelt, und das naturgemäß mit den vertrauten Stichworten: Es, Ich und Überich; orale, anale, phallische und genitale Phase, Ödipuskomplex, der „kleine Hans", Traumdeutung. Wir wollen Freud eine solche Darstellung in diesem Buch nicht antun. Aber was sonst? Was wäre eine sinnvolle Alternative? Ganz auf ihn und die Psychoanalyse verzichten? Die Notwendigkeit, mit der wir in den bisherigen Kapiteln immer wieder auf Freud bzw. einzelne von ihm entwickelten Konzepte verweisen mußten, stellt klar, daß es ohne Psychoanalyse nicht geht. Auch entspricht es nicht unserer Überzeugung, Freud und mit ihm eine der für die Psychologie einflußreichsten und zugleich meistgehaßten Ansätze auszulassen. Vor die zugespitzte Wahl gestellt, eine abrißhafte, nahezu zwangsläufig zur Karikatur werdende Kurzdarstellung zu verbrechen und auf eine Darstellung der Psychoanalyse gänzlich zu verzichten, haben wir einen dritten Weg gesucht: Anstelle einer Einführung in die Theorie von Freud bieten wir statt dessen eine *Einführung in das Studium von Freud* an, d.h. wir geben Hilfe zur Selbsthilfe. Für diese Verfahrensweise, die für ein Lehrbuch eher ungewöhnlich ist, haben wir drei Gründe.

1. Der didaktische Grund

Wie Sie als Leserin und Leser sicherlich am besten wissen, herrscht gerade in bezug auf Freud eine große Nachfrage nach (kurzen, einführenden, übersichtlichen, verständlichen) Literaturempfehlungen „Welches ist der wichtigste Text . . .?" oder: „Welches ist die beste Einführung . . .?" oder: „Wie komm ich da am besten rein?" Diese Fragen wirken auf diejenigen, die mit dem Werk von Freud einigermaßen vertraut sind, etwa so wie die Frage an einen Schreiner: „Welches ist das wichtigste Werkzeug? Hammer, Säge oder Kneifzange?" Wir wollen am Beispiel der psychoanalytischen Literatur versuchen, das Problem einer sinnvollen Literaturauswahl deutlich zu machen und dabei gleichzeitig wenigstens einige konkrete Vorschläge aus der unendlichen Fülle einschlägiger Arbeiten anbieten. Obgleich die Literatur von und über Freud unvergleichlich viel reichhaltiger ist als die über jede andere Persönlichkeitstheorie, hoffen wir im übrigen auch auf eine gewisse Übertragbarkeit unserer Strategievorschläge auf andere Bereiche.

2. Der lebensgeschichtliche Grund

Studierende – auch hier sprechen wir unmittelbar die Erfahrungen der Leser an – sind von anderen Fächern und von ihrer schulischen Sozialisation her vielfach gewohnt, Lernstoffe als reine Bildungsgüter zu rezipieren, ohne die inhaltlichen Aussagen im mindesten auf die eigene Existenz und den eigenen Erfahrungshindergrund zu beziehen. Nun ist es bei jeder Persönlichkeitstheorie für das Verständnis sicher hilfreich, die Theorie „an sich heranzulassen", also etwa bei den Attributionstheorien zu überlegen, in welchem Maße man selbst im Alltag voreilig attribuiert. Auch bei der Rezeption von Kelly und seiner Theorie der persönlichen Konstrukte ist es sicherlich nützlich, darüber nachzudenken, wie radikal wir die Wahrnehmung unserer Umwelt durch denk- und handlungsleitende Konstrukte strukturieren und häufig auch einengen. Diese Übertragung von Denkansätzen auf die eigene Erfahrung hat dabei nichts mit dem gängigen Stereotyp zu tun, Studierende der Psychologie seien Menschen, die sich mit Hilfe des Gelernten selbst helfen wollen.

So gilt auch für die Psychoanalyse, daß die Beschäftigung mit ihr nicht heißt, sich einer Selbstanalyse zu unterziehen. Im Hinblick auf Freud und seine Theorie ist es allerdings in besonderem Maße Voraussetzung für jedes tiefere Verständnis, daß man Freuds theoretische Konstruktionen zu den eigenen Lebenserfahrungen in Beziehung setzen kann. Denn die psychoanalytische Theorie ist für das Denken des Laien nicht nur ungewohnt, sondern vielfach auch bedrohlich und zudem außerordentlich vielschichtig und voraussetzungsvoll. Das bedeutet, daß es den einheitlichen bequemen Königsweg der (jedermann gleichermaßen empfehlenswerten) Einführung nicht gibt und nicht geben kann, vielmehr jeder seinen Weg nach Lebenserfahrung, Kenntnisstand und vor allem nach dem Ausmaß der Offenheit für solche Reflexionen, die ihn selbst in Frage stellen, wählen muß. Dafür ist ein breites und vielgestaltiges Angebot hilfreicher als eine Aufzählung der wesentlichen theoretischen Sätze oder der Benennung eines einzigen Einführungsbuches als „besonders empfehlenswert".

3. Der werkgeschichtliche Grund

Freud ist 1856 geboren, er starb 1939 mit 83 Jahren. Seine Veröffentlichungen reichen von 1892 bis 1939. Er hat in einem langen Arbeits- und Forscherleben seine wissenschaftlichen Auffassungen unentwegt weiterentwickelt und in entscheidenden Zügen geändert. Es gibt eine erste und eine zweite Angsttheorie, Triebkonzept und Therapiestrategien haben sich gewandelt, den „psychischen Apparat" mit Es, Ich und Über-Ich hat er erst 1923 vorgestellt. Viele Schwierigkeiten und Mißverständnisse resultieren aus diesem Sachverhalt, und es ist erforderlich, seine Aussagen jeweils im Gesamtkontext seiner Arbeiten und seiner Biographie zu sehen. Auch aus diesem Grund ist es seinem Werk angemessener, die verschiedenen Phasen und Schwerpunkte seiner Arbeit in einer kommentierten Literaturliste nachzuzeichnen, als einen monolithisch einheitlichen („Freud hat gesagt . . .") Freud vorzutäuschen. Das ist beileibe kein Vorwurf gegen Freud. Manche lieben zwar Konsistenz in der wissenschaftlichen Aussage; sie hat etwas so beruhigend Vereinfachendes. Für den Fortschritt in der Wissenschaft ist langdauernde zeitliche Konsistenz aber eher von Nachteil.

6.1 Fünf mögliche Zugangswege zu Freud und zur Psychoanalyse

Freud hat seine grundlegenden wissenschaftlichen Arbeiten, die ihn rasch weltbekannt gemacht haben, in den Jahren vor und nach der Jahrhundertwende veröffentlicht; die „Traumdeutung", die er selbst als sein Hauptwerk angesehen hat, ist 1900 erschienen. Da ist es naheliegend zu fragen: Lohnt es heute, fast ein Jahrhundert später noch, sich mit Freud und seinen Originaltexten auseinanderzusetzen? Ist nicht das Wesentliche, die Substanz, längst in neueren Ansätzen aufgegangen? In der Tat gibt es Lehrbücher der Persönlichkeitspsychologie, in denen Freud keine besondere Rolle mehr spielt und er selbst wenig zitiert wird. Auch gibt es Kritiken seiner Theorie, in denen seine Theorie als unwissenschaftlich, unbrauchbar und längt erledigt dargestellt wird. Andere sehen das jedoch unverkrampfter und positiver. Für sie hat Freud durch seine Ideen eine so grundsätzliche Wende im psychologischen Denken eingeleitet, daß auch heute noch große Teile psychologischer Arbeit von diesen Ansätzen geprägt sind. Wenn auch einzelne seiner Behauptungen inzwischen klar widerlegt worden sind, einige seiner Strukturierungen sich als nicht sehr hilfreich und nützlich herausgestellt haben: Die Psychoanalyse kann auch heute noch als der Boden angesehen werden, auf dem viele seither entwickelten persönlichkeitstheoretischen und klinischen Ansätze gewachsen sind, teils in Weiterführungen seiner Ideen, teils in bewußtem, darunter auch polemischem Gegensatz.

Die fünf Zugangswege zu Freud und zur Psychoanalyse, die wir nachfolgend anbieten, sind nicht als vollständige kognitive Landkarte gedacht. Es gibt noch andere Möglichkeiten, sich Freud zu nähern.Vor allem kann es auch sinnvoll sein, bei kleineren Teilaspekten wie etwa Übertragung, Widerstand, Projektion oder den Fehlleistungen anzusetzen. Auch der weite Bereich der Wirkungen von Freud in die Geistesgeschichte jenseits der Psychologie im engeren Fachgebietsinne hinein, hier vor allem in die Philosophie, die Literaturwissenschaft, Anthropologie und in feministische Ansätze, bleibt bei den nachfolgenden Vorschlägen außer Betracht. Und schließlich beschränken wir uns jeweils auf einige wenige Titel, dabei weitgehend auf Buchtitel, weitgehend auf gegenwärtig erhältliche Bücher (einige sind jedoch möglicweise vergriffen!) und weitgehend auf Arbeiten, die im Original oder in Übersetzung in deutscher Sprache vorliegen.

1. Zugang über die Original-Literatur

Das ist die konventionelle Herangehensweise, und da Freud sich mit der sprachlichen Form seiner Arbeiten viel Mühe gegeben hat, ist das eine gute Möglichkeit, ihn und seine Ideen kennenzulernen. Die 18 Bände umfassenden „Gesammelten Werke", die (mit Ausnahme eines späteren Ergänzungsbandes) zunächst im Imago Verlag in London erschienen sind (1940-1952), seit 1960 im Fischer Verlag, sind in vielen Bibliotheken anzutreffen. Im Fischer Taschenbuch Verlag liegt zudem eine preiswerte Studienausgabe vor, die Hauptwerke sind auch als einzelne Taschenbücher erwerbbar. Soweit zum technischen Zugriff. Man bekommt einen guten ersten Einblick, wenn man einmal ein paar Stunden in den Arbeiten von Freud herumschmökert, Themen anliest, die einen persönlich interessieren und sich mit der Struktur und der Vielfältigkeit etwas vertraut macht. Welche Schriften sind nun in erster Linie zu empfehlen? Hier ist es zunächst wichtig, zwischen zwei Zielsetzungen zu unterscheiden: Zum einen gibt es Arbeiten, in denen Freud selbst einen Überblick über seine Theorie bzw. wesentliche Teile daraus gibt; zum anderen gibt es die „klassischen" Texte, Bücher oder einzelne Aufsätze, die für die Theorie grundlegend geworden sind. Alle nachfolgend aufgeführten Schriften finden sich in den Gesammelten Werken oder in der Studienausgabe, wir zitieren sie daher nur mit der Jahreszahl.

Schriften zum Überblick: Für einen Überblick bieten sich jene Arbeiten an, die Freud selbst zu eben diesem Zweck geschrieben hat. Das sind zum einen die *Vorlesungen zur Einführung in die Psychoanalyse* (1915-1917), ein Wiederabdruck einer Vorlesungsreihe, die er an der Universität Wien gehalten hat. Da Freud seine Theorie später beträchtlich erweitert und verändert hat, ist als Ergänzung die *Neue Folge der Vorlesungen zur Einführung in die Psychoanalyse* (1932) wichtig. Sie sind als Ergänzung gedacht, die Weiterführung der Vorlesungsnummern zeigt deutlich, daß es hier nicht um eine eigenständige Einführung geht. Diese Ergänzungen sind im übrigen nie als Vorlesung gehalten worden. Als Überblick gedacht ist auch der kurze *Abriß der Psychoanalyse* (1938). Hier hat Freud im Alter von 82 Jahren noch einmal eine gedrängte Übersicht versucht, die aber unvollendet geblieben ist und nicht mehr den Schwung und die Ausdruckskraft der früheren Arbeiten hat. Bleibt noch die *Selbstdarstellung* (1924), die naturgemäß früher endet, aber sehr knapp und anschaulich über die entscheidenden Jahre der Entwicklung der zentralen Themen und zugleich über seinen Lebensweg und die Entstehung der psychoanalytischen Bewegung informiert.

„Klassische Texte": Die Auswahl der „klassischen" Schriften, die wir hier zum Lesen und zum Eindenken empfehlen, orientiert sich an den zentralen Begriffen der Freudschen Theorie; wir sind dabei recht bescheiden und legen allen Interessierten — in der zeitlichen Reihenfolge ihrer Erscheinung — insgesamt nur sieben Texte ans Herz:

1. *Studien über Hysterie*, die Freud gemeinsam mit Breuer publiziert hat (Breuer & Freud, 1895; sie liegen in einer Neuausgabe als Taschenbuch bei Fischer vor). In den Studien findet sich zum einen die von Breuer geschriebene Krankengeschichte der „Anna O.". Diese Fallgeschichte ist weithin bekannt geworden, wird jedoch von vielen fälschlicherweise Freud zugeschrieben, weil er, von Breuer über den Fall informiert, aus ihr die Grundideen für seine spätere Therapieform entwickelt hat, zumindest dazu angeregt wurde. Die *Studien über Hysterie* enthalten zum anderen vier von Freud geschriebene Krankengeschichten und einen Abschnitt „Zur Psychotherapie der Hysterie", ferner als Einleitung eine von Breuer und Freud gemeinsam verfaßte Theorie über die Entstehung hysterischer Phänomene und „Theoretisches" von Breuer. Die *Studien über Hysterie* markieren die entscheidenden Schritte hin zur Entwicklung der Psychoanalyse als Therapieform, wie sie von Freud vor allem aus der Behandlung hysterischer Störungen heraus entwickelt wurde. Durch die Fallgeschichten sind sie anschaulich und leicht nachvollziehbar zu lesen (bieten natürlich auch entsprechend Angriffsfläche für Kritik). Wichtige und bekannte Stichworte, die hier eingebracht werden, sind: Hysterie, Abwehr, das Symptom als Kompromiß, Abreaktion, kathartische Methode, Hypnose, freie Assoziation, Übertragung, Hysterie, Konversion.

2. *Über den Traum* (1901). Diese Schrift ist eine Kurzfassung des weitaus umfassenderen Werkes, der *Traumdeutung* (1900). Wenn man Freud selbst gefragt hat, welchen Zugang zu seiner Theorie und seiner Therapiemethode er besonders empfehlen könnte, dann hat er auf die „Traumdeutung" verwiesen. Er hat dieses Buch als sein zentrales Hauptwerk an-

gesehen, und er hat Interessenten geraten, anhand dieses Buches die eigenen Träume zu analysieren. Dies sei der beste Weg, sich mit der Psychoanalyse vertraut zu machen. Freud ist später immer wieder in kleineren Aufsätzen (und in den Vorlesungen) auf den Traum und seine Analyse zurückgekommen. Die Kurzfassung enthält alle wichtigen Themen und Ideen und erspart den Eiligen die weitaus mühsamere Lektüre der „Traumdeutung". Wichtige Stichworte sind: Träume als Königsweg zum Unbewußten, Traum und Wunscherfüllung, der Traum als Hüter des Schlafes, latente Traumgedanken und manifester Trauminhalt, Traumarbeit, Verdichtung, Verschiebung, sekundäre Verarbeitung, Traumanalyse.

3. *Drei Abhandlungen zur Sexualtheorie* (1905). Das ist sicherlich diejenige Schrift, deren Themen und Inhalte viele in der allerersten Assoziation mit Freud verbinden: seine Aussagen zum Stellenwert, zu Formen und zur Entwicklung der menschlichen Sexualität. Die drei Abhandlungen, deren Inhalte sich aus dem jeweiligen Untertitel von selbst verstehen, sind: „Die sexuellen Abirrungen" (Stichworte: Perversion, Neurose als Negativ der Perversion, Trieb, erogene Zone, Partialtriebe), „Die infantile Sexualität" (Stichworte: kindliche Sexualität als autoerotisch, orale, anale, phallische Phase, Latenzzeit) und „Die Umgestaltungen der Pubertät". Wer in den Abhandlungen den „Ödipuskomplex" sucht, wird enttäuscht sein, weil Freud ihn hier nur kurz andeutet, in erster Linie in später hinzugefügten Fußnoten. Den Ödipuskomplex, diese besondere Eltern-Kind Konstellation in der phallischen Phase, in der die Kinder Freud zufolge die Eltern begehren (und hier vor allem den gegengeschlechtlichen Elternteil), spricht Freud zwar schon früh an, so in der *Traumdeutung* (1900), er führt ihn jedoch erst in späteren Schriften vollständiger aus; am besten nachzulesen in den *Vorlesungen zur Einführung in die Psychoanalyse* (1915-1917).

4. *Zur Einführung des Narzißmus* (1914). Diese Schrift empfehlen wir mit Blick auf den hohen Stellenwert, den das Konzept des Narzißmus, und hier eben zum großen Teil unter Bezugnahme auf diese Arbeit von Freud, in der neueren Psychoanalyse einnimmt. Freud interpretiert in der „Einführung" Narzißmus in seiner „primären" Form als eine frühe Entwicklungsphase, in der alle erotischen Triebwünsche oder alle „Libido" auf die eigene Person gerichtet ist; erst später spaltet sich die Libido auf in einen ichbezogenen Anteil, der zum Teil als „Ichideal" auf die eigene Person konzentriert bleibt und in die auf andere Menschen gerichtete „Objektlibido". Bei einem ungestörten Entwicklungsverlauf bleibt diese Aufteilung erhalten. Wenn ein Mensch jedoch jegliche Fähigkeit zur Objektliebe oder „Objektbesetzung" verliert und alle Libido auf die eigene Person zurückzieht, erachtet Freud diesen „sekundären Narzißmus" als eine Störung. Neben dem Entwicklungs- und dem Störungsaspekt führt Freud zudem den Stellenwert von Narzißmus für die Gestaltung von Beziehungen aus. Das sind alles Themen, die in den späteren

Konzeptionen von Narzißmus (so beispielsweise bei Kohut, 1966/1985) eine wichtige Rolle spielen.

5. *Jenseits des Lustprinzips* (1920). In diesem Buch legt Freud jene Version der Triebtheorie vor, die allein schon wegen der Wahl der Begriffe weithin bekannt wurde: Freud formuliert eine duale Triebtheorie, indem er dem menschlichen Verhalten zwei Triebe zugrundelegt: den Lebenstrieb oder „Eros" und den Todestrieb. Beiden Trieben schreibt Freud zu, „konservativ" zu sein, indem ihnen ein Drang innewohne, zu einem früheren Zustand zurückzukehren, im Falle des Todestriebes ist das der Drang hin zum Leblosen als dem Zustand vor dem Leben („Das Ziel alles Lebens ist er Tod") und im Falle des Eros hin zur Erhaltung des Lebens. Beide Triebe können sich „mischen", sie können zudem unter dem Einfluß der Abwehr Objekt und Ziel ändern.

6. *Das Ich und das Es* (1923). Das ist für alle, die Freuds zentrale theoretische Aussagen über die Struktur und Dynamik der Persönlichkeit lesen wollen, die wichtigste Schrift. Hier erst bringt er — werkgeschichtlich relativ spät — die bekannte „Zerlegung der psychischen Persönlichkeit" ein, auf die man auch als Laie nahezu zwangsläufig irgendwann einmal stößt: die Unterscheidung von ICH, ES und ÜBER-ICH. Freud führt Funktionen und Entstehung dieser Instanzen aus, beschreibt vor allem auch die aus dem Widerstreit der drei Instanzen resultierenden Formen der Angst und der Angstabwehr. Für alle, die sich nur zu der Lektüre eines Freud-Textes aufraffen können, ist diese Arbeit das „Muß".

7. *Das Unbehagen in der Kultur* (1930). Wir haben uns bei den anderen sechs Schriften auf diejenigen Arbeiten konzentriert, die sich der Entwicklung, der Dynamik und der Struktur der Persönlichkeit sowie Formen der Störungen widmen; diese Auswahl begründet sich aus dem Thema des Buches. Freud ist jedoch in einer Reihe von Schriften auch auf allgemeine gesellschaftliche Phänomene und auf Themen eingegangen, die auf Geschichte und Kultur bezogen sind. Man kann ihn in diesen Arbeiten, in denen er seine angestammte Rolle als Arzt und Therapeut verläßt, als einen Publizisten verstehen, als einen in der Sache teils kundigen, teils unkundigen Laien, der Vorgänge von allgemein menschlichem Interesse kommentiert und spekulativ analysiert.

In *Das Unbehagen in der Kultur* entwirft er ein Bild von der Gesellschaft, die auf Kosten der Triebunterdrückung, d.h. vor allem dem Verzicht auf ungehinderte Sexualität und Aggression, entsteht, und die dem einzelnen zusätzlich noch Arbeitszwang auferlegt. Letztlich bleibt jedoch dem einzelnen, will er überleben, keine andere Wahl, als sich im eigenen Interesse diesen Forderungen zu beugen, was jedoch ohne eine gewisse Kulturfeindlichkeit nicht abgeht. Ablenkungen, Ersatzbefriedigungen, „Rauschstoffe", Religion, Sublimierung und sozialer Rückzug sind „Linderungsmittel" für die Entbehrungen, zu denen die Gesellschaft den einzelnen zwingt, indem er seine Triebe nicht ausleben darf. Wendung der

Aggression gegen die eigene Person und Schuldgefühle sind nach Freud weitere Begeiterscheinungen des grundlegenden Antagonismus zwischen dem Individuum und der Gesellschaft.

2. Der Zugang über Sekundärliteratur

Monographische Darstellungen der Psychoanalyse Freuds durch andere Autoren gibt es in unübersehbarer Fülle. Zunächst einmal findet man in den meisten Lehrbüchern der Persönlichkeitspsychologie kurze Einführungen. Diese können freilich nicht mehr als einen ersten abstrakten Eindruck geben, so wie die Lektüre der Kurzfassung einer Oper im Opernführer nicht mit einem Opernbesuch gleichgesetzt werden kann. Die Darstellung kann auch in manchen Fällen nicht befriedigen, es werden zum Teil plakative Themen wie Ödipuskomplex und die Fallgeschichte des „kleinen Hans" überbetont, die zwar durchaus zur Psychoanalyse Freuds gehören, aber nicht sein Werk ausmachen. So ist etwa die Darstellung in Pervin (1993) aus unserer Sicht wenig gelungen. Lehrbuchtexte sind aber in jedem Falle zu wenig, will man mehr als lediglich ein Dutzend Stichworte kennenlernen, und die häufig noch unverbunden und aus dem Kontext gerissen.

Wenn schon die Beschäftigung mit Freud, dann sollte man sich zumindest die Mühe machen, eine Monographie zu lesen. Deren gibt es zahlreiche, darunter den Klassiker von Brenner (1955/1972). Einen besonderen Rang haben die beiden Einführungen von Erich Fromm 1959 und 1979. Wir empfehlen als Monographie die Arbeiten von Thomas Köhler. Köhler bietet zwei Möglichkeiten, die sich allerdings gegenseitig ergänzen. Zum einen hat er eine sehr dichte, sehr kurze und dennoch verständliche Einführung geschrieben (Köhler, 1995). Daneben sind die beiden ausführlichen Bände von Köhler (1990, 1993) sehr empfehlenswert. Sie sind zum systematischen Einarbeiten ebenso geeignet wie zum gezielten Nachschlagen bei einzelnen Themen. Die Bücher haben den unschätzbaren Vorteil, daß Köhler sich in erster Linie mit der Originalliteratur von Freud auseinandersetzt, zudem aber wichtige Kritiken in die Darstellung integriert.

3. Der Zugang über Biographien

Der theoretische Ansatz, aber auch und vor allem der Lebensweg und das Verhalten von Freud werden erst dann voll verständlich, wenn man ihn in seiner Zeit sieht. Daher sind Biographien sehr hilfreich. Freud selbst war allerdings skeptisch, was den Wert von Biographien betrifft; aus mehreren Äußerungen geht hervor, daß er sein privates Leben eben für seine Privatsache hielt und es bevorzugte, wenn nicht er, sondern seine Theorie im Mittelpunkt stände. Immerhin hatte er sich schon frühzeitig mit der Frage seiner künftigen Biographie auseinandergesetzt, was heißt, daß er offenbar zuversichtlich war, dermaleinst die Bedeutung erlangt zu haben, die andere zum Biographienschreiben motiviert.

Die große klassische Biographie Freuds verdanken wir Ernest Jones, im Original erschienen 1953-1957; die erste deutsche Übersetzung erschien 1960-1962; mittlerweile liegt das dreibändige Werk auch als Taschenbuch vor (1984). Unter den neueren Biographien sind die Bücher von Clark (1980/85) und Gay (1987/1989) hervorzuheben. Bei Jones und bei Gay, weniger bei Clark, verbindet sich die Darstellung des Lebensweges von Freud in bisweilen kleinlich erscheinenden Details mit einer mehr oder weniger extensiven Darstellung seiner Theorie. Diese doppelte Zielsetzung — Leben und Werk zu beschreiben — macht die Biographien entsprechend umfangreich. Hinzu kommt in allen drei Fällen die Darstellung der Entwicklung der psychoanalytischen Bewegung, die allmähliche Ausbreitung seiner Lehre, darunter natürlich auch die Abspaltung der beiden berühmten „Abtrünnigen" Alfred Adler und Carl Gustav Jung. Freud-Biographien sind aufgrund ihres Umfangs und der Menge an Information nicht die Lektüre für das Wochenende, sondern es sind Bücher, die man über die Zeit hinweg liest, und in die man sich einarbeiten muß. An vielen Stellen setzt ihr Verständnis auch die Kenntnis der Theorie voraus und zwingt zu einem kombiniertem Zugang aus Biographie, Sekundärliteratur und Original. Ob man mit Jones, Clark oder Gay besser zurechtkommt, ist eine Frage des persönlichen Stils; wir empfehlen Jones und Gay. Neben den großen umfassenden Biographien gibt es zudem etliche, die sich einzelnen Themen oder Episoden zuwenden, so behandelt beispielsweise Krüll (1979) die Beziehung Freuds zu seinem Vater.

Jones, Gay und Clark sind allesamt Freud von ihrer grundsätzlichen Einstellung her sehr gewogen, hier vor allem Ernest Jones, der nahezu von Anfang an zum Kreis der Freunde um Freud zählte. Auch bei Clark und Gay ist die Hochachtung vor Freud zu spüren, das macht ihre Darstellung manchmal leicht pathetisch, aber es ist nie unangenehm übertrieben. Die Ehrfurcht vor Freud führt jedoch dazu, daß die Biographien nur wenig kritische Auseinandersetzung enthalten, aber das kann man ihnen auch nicht zum Vorwurf machen. Sie verstehen sich eben nicht als Kritiker, sondern eher als Parteigänger.

4. Der Zugang über Psychoanalyse als Therapie

Für Studenten der Psychologie liegt es nahe, Freud nicht als Persönlichkeitspsychologen, sondern als Therapeuten zu sehen und sich deshalb in besonderer Weise für den therapeutischen Ansatz zu interessieren. Auch hier gibt es — neben der Originalliteratur natürlich — eine große Zahl von einführenden Werken, unter denen wir die drei Bände von

Mertens (1992, 1993) „Einführung in die psychoanalytische Therapie", den Band von Luborsky (1988) „Einführung in die analytische Psychotherapie" und das zweibändige Lehrbuch der psychoanalytischen Therapie von Thomä und Kächele (1985, 1992) besonders hervorheben wollen. Einen sehr instruktiven Bericht über den faktischen Umgang Freuds mit seinen Patienten verdanken wir Stroeken (1992).

5. Der Zugang über die Kritik

Eine mögliche Strategie der Annäherung an Freud ist es schließlich auch, mit einer der großen und zentralen Kritiken an seinem Denkansatz zu beginnen. Hier sind vor allem zwei Monographien zu erwähnen, die den Versuch machen, Darstellung und Kritik in einem Band zu vereinen: Ellenberger (1970/1985) und Sulloway (1979/1982). Während sich die meisten Lehrbücher auf pflichtschuldige und in der Regel verhaltende Kritik am Ende des Freudkapitels zu beschränken pflegen, geht es in diesen zwei Bänden härter zur Sache, aber es bleibt bei einer sachbezogenen gründlichen und extensiven Auseinandersetzung mit dem Original. So arbeitet Sulloway den Einfluß heraus, den die damals virulenten biologischen Theorien auf das Denken Freuds ausübte. Freud sei, so Sulloway, nicht der einsame Denker gewesen, der aus seinem Genie heraus mit allen Traditionen brach und in „spendid isolation" eine neue Theorie schuf. Insgesamt kritisiert Sulloway die Nachfolger Freuds wegen ihrer Neigung, Freud und die Entstehung seine Theorie zu einem Mythos stilisiert zu haben. Neben den beiden „klassischen" Kritiken empfehlen wir für eine sorgfältige wissenschaftstheoretische Auseinandersetzung, exemplifiziert an der Fallgeschichte des „Wolfsmanns", Perrez (1979).

Für diejenigen schließlich, die weniger an einer abwägenden Auseinandersetzung, sondern eher einem Verriß interessiert sind, bieten sich zwei Bücher an, die wir zumindest erwähnen wollen: das populärwissenschaftliche Buch „Tiefenschwindel" von Zimmer (1988) und das Buch „Hier irrte Freud" von Eschenröder (1986). Daß wir unsere Vorschläge für mögliche Zugänge zu Freud und zur Psychoanalyse mit zwei äußerst kritischen Büchern beenden, hat nichts zu besagen. Wie wir zu Anfang betont haben, halten wir eine Auseinandersetzung mit Freud in der einen oder anderen Form für notwendig. Und sei es, weil man als Psychologe bzw. Psychologin nicht umhin kommt, sich angesichts der Popularität der Psychoanalyse im guten wie im schlechten Sinne für entsprechende Nachfragen, spitze Bemerkungen und ernsthaftes Interesse zu wappnen.

Literatur

Abramson, L.Y., Seligman, M.E.P & Teasdale, J.D. (1978). Learned helplessness in humans: Critique and reformulation. *Journal of Abnormal Psychology, 87,* 49-74.

Adler, A. (1994). *Praxis und Theorie der Individualpsychologie.* Franfurt a.M.: Fischer Taschenbuch Verlag (Original erschienen 1920)

Adorno, T.W. (1956). *Zur Metakritik der Erkenntnistheorie. Studien über Husserl und die phänomenologischen Antinomien.* Frankfurt a.M.: Suhrkamp.

Affleck, G. & Tennen, H. (1991). Social comparison and coping with major medical problems. In J. Suls & T.A. Wills (Eds.), *Social comparison* (pp. 369-393). Hillsdale, NJ.: Erlbaum.

Allport, G.W. (1949). *Persönlichkeit. Struktur, Entwicklung und Erfassung der menschlichen Eigenart.* Meisenheim: Hain. (Original erschienen 1937: Personality: A psychological interpretation)

Amelang, M. & Bartussek, D. (1990). *Differentielle Psychologie und Persönlichkeitsforschung* (3. überarb. u. erw. Aufl.). Stuttgart: Kohlhammer.

Angleitner, A., Ostendorf, F. & John, O.P. (1990). Towards a taxonomy of personality descriptors in German: A psycho-lexical study. *European Journal of Personality, 4,* 89-118.

Ansbacher, H.L. & Ansbacher, R.R. (1982). *Alfred Adlers Individualpsychologie* (3. Aufl.). München: Reinhardt.

Antonovsky, A. (1979). *Health, stress and coping.* San Francisco: Jossey-Bass.

Antonovsky, A. (1987). *Unraveling the mystery of health.* San Francisco: Jossey-Bass.

Bandura, A. (1977a). *Social learning theory.* Englewood Cliffs, NJ.: Prentice-Hall.

Bandura, A. (1977b). Self-efficacy: Toward a unified theory of behavioral change. *Psychological Review, 84,* 191-215.

Bandura, A. (1986). *Social foundations of thought and action.* Englewood Cliffs, NJ.: Prentice-Hall.

Bandura, A. (1989). Perceived self-efficacy in the exercise of personal agency. *The Psychologist: Bulletin of the British Psychological Society, 2,* 411-424.

Bannister, D. (Ed.). (1985). *Issues and approaches in personal construct theory.* London: Academic Press.

Bannister, D & Fransella, F. (1986). *Inquiring man: The psychology of personal constructs* (3rd. ed.). London: Croom Helm.

Bartlett, F.C. (1932). *Remembering.* London: Cambridge University Press.

Becker, P. (1987). *Interaktions-Angst-Fragebogen. IAF.* (2. Aufl.). Weinheim: Beltz.

Becker, P., Bös, K. & Woll, A. (1994). Ein Anforderungs-Ressourcen-Modell der körperlichen Gesundheit: Pfadanalytische Überprüfungen mit latenten Variablen. *Zeitschrift für Gesundheitspsychologie, 2,* 25-48.

Bell, R.C. (1990). Analytic issues in the use of Repertory Grid Technique. In G.J. Neimeyer & R.A. Neimeyer (Eds.), *Advances in personal construct psychology,* (Vol.1, pp. 25-48). Greenwich, Con.: JAI Press.

Bem, D.J. (1972). Self-perception theory. In L. Berkowitz (Ed.), *Advances in experimental social psychology* (Vol. 6, pp. 2-62). New York: Academic Press.

Bolger, N. (1990). Coping as a personality process: A prospective study. *Journal of Personality and Social Psychology, 59,* 525-537.

Bonarius, H., Holland, R. & Rosenberg, S. (Eds.). (1987). *Recent advances in the theory and practice of personal construct psychology.* London: MacMillan.

Borkenau, P. & Ostendorf, F. (1993). *NEO-Fünf-Faktoren Inventar (NEO-FFI).* Göttingen: Hogrefe.

Brandstädter, J., Reinert, G. & Schneewind, K. A. (Hrsg.). (1979). *Pädagogische Psychologie. Probleme und Perspektiven.* Stuttgart: Klett-Cotta.

Brenner, Ch. (1972). *Grundzüge der Psychoanalyse.* Frankfurt a.M.: Fischer.

Breuer, F. (1989). *Wissenschaftstheorie für Psychologen. Eine Einführung* (4. Aufl.). Münster: Aschendorff.

Briggs, S.R. (1989). The optimal level of measurement for personality constructs. In D.M. Buss & N. Cantor (Eds.), *Personality psychology* (pp. 246-260). New York: Springer.

Bromme, R. (1978). Wissen als Grundlage und Gegenstand therapeutischen Handelns. In M. Keupp & M. Zaumseil (Hrsg.), *Die gesellschaftliche Organisierung psychischen Leidens. Zum Arbeitsfeld klinischer Psychologen* (S. 469-498). Frankfurt a.M.: Suhrkamp.

Bruner, J. S. (1956). ,You are your constructs'. *Contemporary Psychology, 1,* 355-357.

Bruner, J.S. & Taiguri, R. (1954). The perception of people. In G. Lindzey (Ed.), *Handbook of social psychology* (Vol. 2, pp. 634-654). Reading, Mass.: Addison-Wesley.

Brunstein, J.C. (1993). Personal goals and subjective well-being: A longitudinal study. *Journal of Personality and Social Psychology, 65,* 1061-1970.

Buss, D.M. & Chiodo, L.M. (1991). Narcissistic acts in everyday life. *Journal of Personality, 59,* 179-198.

Buss, D.M. & Craik, K.H. (1983). The act frequency approach to personality. *Psychological Review, 90,* 105-126.

Cantor, N. (1990). From thought to behavior: „Having" and „doing" in the study of personality and cognition. *American Psychologist, 45,* 735-750.

Cantor, N. & Kihlstrom, J.F. (1987). *Personality and social intelligence.* Englewood Cliffs, NJ.: Prentice Hall.

Cantor, N., Norem, J.K., Niedenthal, P.M., Langston, C.A. & Brower, A.M. (1987). Life tasks, self-concept ideals, and cognitive strategies in a life transition. *Journal of Personality and Social Psychology, 53,* 1178-1191.

Cantor, N., Norem, J., Langston, C., Zirkel, S., Fleeson, W. & Cook-Flannagan, C. (1991). Life tasks and daily life experience. *Journal of Personality, 59,* 425-451.

Caprara, G. V. & van Heck, G. (1992). Personality psychology. Some epistemological assertions and historical considerations. In G.V. Caprara & G. van Heck (Eds.), *Modern Personality Psychology.* New York: Harvester.

Carver, C.S. & Scheier, M.F. (1992). *Perspectives on personality* (2nd ed.). Boston: Allyn and Bacon.

Cattell, R. B. (1950). *Personality: A systematic, theoretical and factual study.* New York: McGraw Hill.

Cattell, R.B. (1957). *Personality and motivation structure and measurement.* Yonkers-onHudson: World Book.

Clark, R.W. (1985). *Sigmund Freud.* Frankfurt a.M.: Fischer Taschenbuch Verlag. (Original erschienen 1980: Freud. The man and the cause)

Conrad, K. (1941). *Der Konstitutionstypus als genetisches Problem.* Berlin: Springer.

Cooley, C.H. (1902). *Human nature and the social order.* New York: Scribners.

Costa, P.T. Jr. & McCrae, R.R. (1992). *Revised NEO Personality Inventory (NEO-PI-R) and NEO Five-Factor Inventory (NEO-FFI). Professional Manual.* Odessa, FL: Psychological Assessment Resources.

Craik, K.H., Hogan, R. & Wolfe, R.N. (Eds.). (1993). *Fifty years of personality psychology.* New York: Plenum Press.

De Raad, B. & Van Heck, G. (Eds.). (1994). The Fifth of the Big Five (Special Issue). *European Journal of Personality, 8,* (4).

Dörner, D. (1979). *Problemlösen als Informationsverarbeitung* (2. Aufl.). Stuttgart. Kohlhammer.

Dörner, D. (1989). *Die Logik des Mißlingens.* Hamburg: Rowohlt.

Eagly, A.H., Ashmore, R.D., Makhijani, M.G. & Longo, L.C. (1991). What is beautiful is good, but ... A meta-analytic review of research on the physical attractiveness stereotype. *Psychological Bulletin, 110,* 109-128.

Ellenberger, H. F. (1985). *Die Entdeckung des Unbewußten.* Zürich: Diogenes (Original erschienen 1970:) The discovery of the Unconscions.

Emmons, R.A. (1986). Personal Strivings: An approach to personality and subjective wellbeing. *Journal of Personality and Social Psychology, 51,* 1058-1068.

Emmons, R.A. (1992). Abstract versus concrete goals: Personal striving level, physical illness, and psychological well-being. *Journal of Personality and Social Psychology, 62,* 292-300.

Emmons, R.A. & King, L.A. (1989). On the personalization of motivation. In R.S. Wyer & T.K. Srull (Eds.), *Advances in social cognition* (Vol. II, pp. 111-123). Hillsdale, NJ.: Ertbaum.

Epstein, S. (1973). The self-concept revisited. Or a theory of a theory. *American Psychologist, 28,* 404-416.

Epstein, S. (1990). Cognitive-experiental self-theory. In L.A. Pervin (Ed.), *Handbook of personality. Theory and research* (pp. 165-192). New York: Guilford Press.

Epting, F. R. (1984). *Personal construct counselling and psychotherapy.* New York: Wiley.

Ernst, H. (1991). Das Ich der Zukunft. *Psychologie heute,* Heft 12, 20-26.

Eschenröder, Ch. (1986). *Hier irrte Freud: Zur Kritik der psychoanalytischen Theorie und Praxis.* (2. überarb. Auflage). München: Psychologie Verlags Union.

Eysenck, H.J. (1990). Biological dimensions of personality. In L.A. Pervin (Ed.), *Handbook of personality. Theory and research* (pp. 244-276). New York: Guilford Press.

Eysenck, H.J. (1991). Dimension of personality: 16, 5 or 3 ? — Criteria for a taxonomic paradigm. *Personality and Individual Differences, 12,* 773-790.

Felson, R.B. (1985). Reflected appraisal and the development of self. *Social Psychology Quarterly, 48,* 71-78.

Festinger, L. (1954). A theory of social comparison processes. *Human Relations,* 7, 117140.

Feyerabend, P. (1975). *Wider den Methodenzwang. Skizze einer anarchistischen Erkenntnistheorie.* Frankfurt a.M.: Suhrkamp.

Filipp, S.-H. (1985). Selbstkonzept. In Th. Herrmann & E.-D. Lantermann (Hrsg.), *Persönlichkeitspsychologie. Ein Handbuch in Schlüsselbegriffen* (S. 347-353). München: Urban & Schwarzenberg.

Filipp, S.-H. (1987). Das mittlere und höhere Erwachsenenalter im Fokus entwicklungspsychologischer Forschung. In R. Oerter & L. Montada (Hrsg.), *Entwicklungspsychologie* (2. neu bearb. Aufl., S. 375-410). München: Psychologie Verlags Union.

Filipp, S.-H. (1990). Subjektive Theorien als Forschungsgegenstand. In R. Schwarzer (Hrsg.), *Gesundheitspsychologie* (S. 247-262). Göttingen: Hogrefe.

Flick, U. (Hrsg.). (1991). *Alltagswissen über Gesundheit und Krankheit.* Heidelberg: Asanger.

Försterling, F. (1985). Attributional retraining: A review. *Psychological Bulletin, 98,* 495512.

Försterling, F. (1986). Attributional concepts in clinical psychology, *American Psychologist, 41,* 275-285.

Försterling, F. (1988). *Attribution theory in clinical psychology.* New York: Wiley.

Försterling, F. (1994). Attributionstheorie in der Klinischen Psychologie: Gemeinsamkeiten mit Kognitiven und Verhaltenstherapien. In F. Försterling & J. Stiensmeier-Pelster (Hrsg.), *Attributionstheorie* (S. 235-254). Göttingen: Hogrefe.

Försterling, F. & Stiensmeier-Pelster, J. (Hrsg.). (1994). *Attributionstheorie.* Göttingen: Hogrefe.

Fransella, F. & Dalton, P. (1990). *Personal construct counselling in action.* London: Sage.

Freud, S. (1914). Zur Einführung des Narzißmus. In *Gesammelte Werke,* Bd. X. Frankfurt a.M.: Fischer-Verlag.

Freud, S. (1923). Das Ich und das Es. In *Gesammelte Werke,* Bd. XIII. Frankfurt a. M.: Fischer-Verlag.

Freud, S. (1924). Selbstdarstellung. In *Gesammelte Werke,* Bd. XIV. Frankfurt a.M.: Fischer-Verlag.

Fromm, E. (1959). Sigmund Freud. Seine Persönlichkeit und seine Wirkung. Frankfurt a.M.: Ullstein.

Fromm, E. (1979). Sigmund Freuds Psychoanalyse – Größe und Grenzen. München: Deutscher Taschenbuch Verlag.

Funder, D.C. (1993). Judgments of personality and personality itself. In K.H. Craik, R. Hogan & R.N. Wolfe (Eds.), *Fifty years of personality psychology* (pp. 207-214). New York: Plenum Press.

Furnham, A. (1994). Explaining health and illness: Lay perceptions on current and future health, the causes of illness, and the nature of recovery. *Social Science and Medicine, 39,* 715-725.

Gay, P. (1989). *Freud. Eine Biographie für unsere Zeit.* Frankfurt a.M.: Fischer. (Original erschienen 1987: Freud. A life for our time)

Gergen, K.J. (1990). Die Konstruktion des Selbst im Zeitalter der Postmoderne. *Psychologische Rundschau, 41,* 191-199.

Gergen, K.J. (1991). *The Saturated Self.* New York: Springer.

Geuter, U. (Hrsg.). (1986). *Daten zur Geschichte der deutschen Psychologie.* Göttingen: Hogrefe.

Goffman, E. (1991). *Wir alle spielen Theater.* München: Piper. (Original erschienen 1959: The presentation of self in everyday life)

Goldberg, L.R. (1993). The structure of phenotypic personality traits. *American Psychologist, 48,* 26-34.

Greenberg, J., Pyszczynski, T., Burling, J., Simon, L., Solomon, Sh., Rosenblatt, A., Lyon, D. & Pinel, E. (1992). Why do people need self-esteem? Converging evidence that self-esteem serves an anxiety-buffering function. *Journal of Personality and Social Psychology, 63,* 913-922.

Greenwald, A.G. (1980). The totalitarian ego: Fabrication and revision of personal history. *American Psychologist, 35,* 603-618.

Groeben, N. (1979). Normkritik und Normbegründung als Aufgabe der Pädagogischen Psychologie. In J. Brandstädter, G. Reinert & K. Schneewind (Hrsg.), *Pädagogische Psychologie: Probleme und Perspektiven.* Stuttgart: Klett-Cotta.

Groeben, N. & Scheele, B. (1977). *Argumente für eine Psychologie des reflexiven Subjekts.* Darmstadt: Steinkopff.

Groeben, N. & Westmeyer, H. (1975). *Kriterien psychologischer Forschung.* München: Juventa.

Groeben, N. (1986). *Handeln, Tun, Verhalten als Einheiten einer verstehend-erklärenden Psychologie.* Tübingen: Francke.

Groeben, N., Wahl, D., Schlee, I. & Scheele, B. (1988). *Forschungsprogramm Subjektive Theorien.* Tübingen: Francke.

Guilford, J.P. (1964). *Persönlichkeit. Logik, Methodik und Ergebnisse ihrer quantitativen Erforschung.* Weinheim: Beltz.

Haan, N. (1977). *Coping and defending.* New York: Academic Press.

Haney, D., Banks, C. & Zimbardo, P. (1973). Interpersonal dynamics in a simulated prison. *International Journal of Criminology and Penology, 1,* 69-97.

Harter, S. (1986). Processes underlying the construction, maintenance, and enhancement of the self-concept in children. In J. Suls & A.G. Greenwald (Eds.), *Psychological perspectives on the self* (Vol. 3, pp. 137-181). Hillsdale, NJ.: Erlbaum.

Harter, S. (1990). Causes, correlates and the functional role of global self-worth: A life span perspective. In R.J. Sternberg & J. Kolligian (Eds.), *Competence considered.* New Haven, CT: Yale University Press.

Heckhausen, H. (1989). *Motivation und Handeln* (2. überarb. u. erg. Auf.). Berlin: Springer.

Heider, F. (1977). *Psychologie der interpersonalen Beziehungen.* Stuttgart: Klett. (Original erschienen 1958: The psychology of interpersonal relations)

Helwig, P. (1965). *Charakterologie* (4. Aufl.). Stuttgart: Klett

Henseler, H. (1990). *Narzißtische Krisen* (3. Aufl.). Wiesbaden: Westdeutscher Verlag.

Herrmann, Th. & Lantermann, E.-D. (Hrsg). (1985). *Persönlichkeitspsychologie. Ein Handbuch in Schlüsselbegriffen.* München: Urban & Schwarzenberg.

Herrmann, Th. (1991). *Lehrbuch der empirischen Persönlichkeitspsychologie* (6. Aufl.). Göttingen: Hogrefe.

Herrmann, Th. & Grabowski, J. (1994). *Sprechen. Psychologie der Sprachproduktion.* Heidelberg: Spektrum.

Hesse, H. (1974). *Der Steppenwolf.* Frankfurt a.M.: Suhrkamp.

Hesse, H. (1976). *Lektüre für Minuten.* Frankfurt a.M.: Suhrkamp.

Hesse, H. (1978). *Demian.* Frankfurt a.M.: Suhrkamp.

Hewstone, M. & Antaki, C. (1992). Attributionstheorie und soziale Erklärungen. In W. Stroebe, M. Hewstone, J.-P. Codol & G.M. Stephenson (Hrsg.), *Sozialpsychologie. Eine Einführung* (S. 112-143). Berlin: Springer.

Higgins, E.T. (1990). Personality, social psychology, and person-situation relations. Standards and knowledge activation as a common language. In L.A. Pervin (Ed.), *Handbook of personality. Theory and research* (pp. 301-338). New York: The Guilford Press.

Hinkle, L.E. (1974). The effect of exposure to cultural change, social change, and changes in interpersonal relationships on health. In B.S. Dohrenwend & B.P. Dohrenwend (Eds.), *Stressful life events* (pp. 9-44). New York: Wiley.

Hjelle, L. A. & Ziegler, D. J. (1976). *Personality: Theories, basic assumptions, research and applications.* New York: Mebraw-Hill.

Holahan, C.J. & Moos, R.H. (1985). Life stress and health: Personality, coping and family support in stress resistance. *Journal of Personality and Social Psychology, 49,* 739-747.

Holzkamp, K. (1964). *Theorie und Experiment in der Psychologie. Eine grundlagenkritische Untersuchung.* Berlin: de Gruyter.

Holzkamp, K. (1972). *Kritische Psychologie. Vorbereitende Arbeiten.* Frankfurt a.M.: Fischer.

James, W. (1890/ Wiederabdruck 1981). *The principles of psychology* (Vol. I). Cambridge, Mass.: Harvard University Press.

Janke, W., Erdmann, G. & Kallus, K. (1985). *Streßverarbeitungsfragebogen. SVF.* Göttingen. Hogrefe.

Jerusalem, M. (1990). *Persönliche Ressourcen, Vulnerabilität und Streßerleben.* Göttingen: Hogrefe.

John, O.P. (1990). The „Big Five" factor taxonomy: Dimensions of personality in the natural language and in questionnaires. In L.A. Pervin (Ed.), *Handbook of personality. Theory and research* (pp. 66-100). New York: The Guilford Press.

John, O.P., Angleitner, A. & Ostendorf, F. (1988). The lexical approach to personality: A historical review of trait taxonomic research. *European Journal of Personality, 2,* 171-203.

John, O.P. & Robins, R.W. (1993). Gordon Allport: Father and critic of the Five-Factor Model. In K.H. Craik, R. Hogan & R.N. Wolfe (Eds.). *Fifty years of personality psychology* (pp. 215-236). New York: Plenum Press.

John, O.P. & Robins, R.W. (1994). Accuracy and bias in self-perception: Individual differences in self-enhancement and the role of Narcissism. *Journal of Personality and Social Psychology, 66,* 206-219.

Jones, E. (1960-1962). *Das Leben und Werk von Sigmund Freud.* 3 Bde. Bern: Huber. (Original erschienen 1953-1957: The life and work of Sigmund Freud). Als Taschenbuchausgabe erschienen 1984 bei Deutscher Taschenbuch Verlag: Sigmund Freud. Leben und Werk.

Jones, E.E. & Davis, K.E. (1965). From acts to dispositions. In L. Berkowitz (Ed.), *Advances in experimental and social psychology* (Vol. 2, pp. 219-266). New York. Academic Press.

Jones, E.E. & Nisbett, R.E. (1972). The actor and observer: Divergent perceptions of the causes of behavior. In E.E. Jones et al. (Eds.), *Attribution: Perceiving the causes of behavior.* Morristown, NJ.: General Learning Press.

Jung, C.G. (1971-1990). *Gesammelte Werke.* Olten: Walter.

Jung, C.G. (1990). *Die Beziehungen zwischen dem Ich und dem Unbewußten.* München: Deutscher Taschenbuch Verlag. (Teil der C.G. Jung-Taschenbuchausgabe auf der Grundlage der Gesammelten Werke)

Kanfer, F.H., Reinecker, H. & Schmelzer, D. (1991). *Selbstmanagement-Therapie.* Berlin: Springer.

Kant, I. (o.J.). Vermischte Schriften. Leipzig: Barth.

Kebeck, G. & Sader, M. (1984). Phänomenologisch-experimentelle Methodenlehre. Ein gestalttheoretisch orientierter Versuch der Explikation und Weiterführung. *Gestalt Theory, 6,* 193-245.

Kelley, H.H. (1967). Attribution theory in social psychology. In D. Levine (Ed.), *Nebraska Symposium on Motivation 1967* (pp. 192-238). Lincoln: University of Nebraska Press.

Kelley, H.H. (1972). *Causal schemata and the attribution process.* New York: General Learning Press.

Kelley, H.H. (1973). The process of causal attribution. *American Psychologist, 28,* 107-128.

Kelley, H.H. & Michela, J.L. (1980). Attribution theory and research. *Annual Review of Psychology, 31,* 457-501.

Kelly, G.A. (1955). *The psychology of personal constructs.* Vol. 1 and 2. New York: Norton.

Kelly, G.A. (1961). Suicide: The personal construct point of view. In N.C. Faberow & E.S. Schneidman (Eds.), *The cry for help.* New York.

Kelly, G.A. (1970). A brief introduction to personal construct theory. In D. Bannister (Ed.), *Perspectives in personal construct theory* (pp. 1-30). London: Academic Press.

Kelly, G.A. (1986). *Psychologie der persönlichen Konstrukte.* Paderborn: Junfermann.

Keupp, H. (1989). Auf der Suche nach der verlorenen Identität. In H. Keupp & H. Bilden (Hrsg.), *Verunsicherungen. Das Subjekt im gesellschaftlichen Wandel (S. 47-69).* Göttingen: Hogrefe.

Kinsey, A.C., Martin, C.E. & Pomeroy, W.B. (1948). *Sexual behavior in the human male.* Philadelphia: Saunders.

Klages, L. (1910). Prinzipien der Charakterologie. Wiederabdruck 1976: *Sämtliche Werke.* Bd. 4, Charakterkunde I, S. 191-428.

Klages, L. (1943). Graphologisches Lesebuch (4. Aufl.). Bonn: Bouvier.

Klinger, E. (1987). Current concerns and disengagement from incentives. In F. Halisch & J. Kuhl (Eds.), *Motivation, intention and volition* (pp. 337-347). Berlin: Springer.

Klinger, E. (1987). The interview questionnaire technique: Reliability and validity of a mixed idiographic-nomothetic measure of motivation. In N. Butcher & Ch. Spielberger (Eds.), *Advances in personality assessment* (Vol. 6, pp. 31-48). Hillsdale, NJ.: Erlbaum.

Klinger, E., Barta, S.G. & Maxeiner, M.E. (1981). Current concerns: Assessing therapeutically relevant motivation. In Ph.C. Kendall & S.D. Hollon (Eds.), *Assessment strategies for cognitive-behavioral interventions* (pp. 161-196). New York: Academic Press.

Kobasa, S. (1979). Stressful life events, personality, and health: An inquiry into hardiness. *Journal of Personality and Social Psychology, 37,* 1-11.

Köhler, Th. (1990). *Das Werk Sigmund Freuds.* Bd. 1. Heidelberg: Asanger.

Köhler, Th. (1993). *Das Werk Sigmund Freuds.* Bd. 2. Heidelberg: Asanger.

Köhler, Th. (1995). *Freuds Psychoanalyse. Eine Einführung.* Stuttgart: Kohlhammer.

Köhler, W. (1921). *Intelligenzprüfungen am Menschenaffen.* Berlin: Springer.

Koffka, K. (1935). *Principles of Gestalt Psychology.* London: Routledge & Kegan.

Kohlmann, C.-W., Weidner, G. & Messina, C.R. (1995). Avoidant coping style and verbal-cardiovascular response dissociation. *Psychology and health, 10,*

Kohut, H. (1966). Formen und Umformungen des Narzißmus. Wiederabdruck in H. Kohut. (1985). *Die Zukunft der Psychoanalyse.* Frankfurt a.M.: Suhrkamp.

Kohut, H. (1973). Überlegungen zum Narzißmus und zur narzißtischen Wut. Wiederabdruck in H. Kohut. (1985). *Die Zukunft der Psychoanalyse.* Frankfurt a.M.: Suhrkamp.

Krampen, G. (Hrsg.). (1989). *Diagnostik von Attributionen und Kontrollüberzeugungen.* Göttingen: Hogrefe.

Kretschmer, E. (1921). *Körperbau und Charakter.* Berlin: Springer.

Krohne, H.W. (1989). The concept of coping modes: Relating cognitive person variables to actual coping behavior. *Advances in Behavior Research Therapy, 11,* 235-248.

Krohne, H.W. (1990). Streß und Streßbewältigung. In R. Schwarzer (Hrsg.), *Gesundheitspsychologie* (S. 263-277). Göttingen: Hogrefe.

Krüll, M. (1979). *Freud und sein Vater. Die Entstehung der Psychoanalyse und Freuds ungelöste Vaterbindung.* München: C. H. Beck.

Kuhn, T.S. (1962). *The structure of scientific revolutions.* Chicago: University of Chicago Press.

Lapsley, D.K. & Power, F.C. (Eds.). (1988). *Self, ego, and identity.* New York: Springer.

Lazarus, R.S. & Folkman, S. (1984). *Stress, appraisal, and coping.* New York: Springer.

Laux, L. & Weber, H. (1985). Gordon W. Allport. In Th. Herrmann & E.-D. Lantermann (Hrsg.), *Persönlichkeitspsychologie. Ein Handbuch in Schlüsselbegriffen* (S. 239-249). München: Urban & Schwarzenberg.

Laux, L. & Weber, H. (1987). Person-centred coping research. *European Journal of Personality, 1,* 193-214.

Laux, L. & Weber, H. (1993). *Emotionsbewältigung und Selbstdarstellung.* Stuttgart: Kohlhammer.

Lersch, Ph. & Thomae, H. (Hrsg.). (1960). *Persönlichkeitsforschung und Persönlichkeitstheorie.* (Handbuch der Psychologie, Bd. 4). Göttingen. Hogrefe.

Lewin, K. (1946). Behavior and development as a function of the total situation. In L. Carmichael (Ed.), *Manual of child psychology* (pp. 791-844). New York: Wiley. (Wiederabdruck 1982 in Kurt Lewin Werkausgabe, Bd. 6, Bern: Huber und Stuttgart: Klett-Cotta)

Lewin, K., Lippitt, R. & White, R. (1960). *Autocracy and democracy. An experimental inquiry.* New York. McGraw-Hill.

Little, B.R. (1973). Psychological man as scientist, humanist and specialist. *Journal of Experimental Research in Personality, 6,* 95-118.

Little, B.R. (1983). Personal Projects. A rationale and method for investigation. *Environment and Behavior, 15,* 273-309.

Little, B.R. (1989). Personal Project Analysis: Trivial pursuits, magnificent obsessions, and the search for coherence. In D. Buss & N. Cantor (Eds.), *Personality Psychology* (pp. 15-31). New York: Springer.

Lohaus, A. (1993). Testtheoretische Aspekte der Repertory Grid-Technik. In J.W. Scheer & A. Catina (Hrsg.), *Einführung in die Repertory Grid-Technik* (Bd. 1, S. 80-91). Bern: Huber.

Luborsky, L. (1988). *Einführung in die analytische Psychotherapie.* Berlin: Springer.

Maddi, S. R. (1993). The continuing relevance of personality theory. In K.H. Craik, R. Hogan & R.N. Wolfe (Eds.), *Fifty years of personality psychology* (pp. 85-102). New York: Plenum.

Magnusson, D. (1992). Back to the phenomena: Theory, methods, and statistics in psychological research. *European Journal of Personality, 6,* 1-14.

Maher, B. (Ed.). (1969). *Clinical psychology and personality. The selected papers of George Kelly.* New York: Wiley.

Markus, H. (1977). Self-schemata and processing information about the self. *Journal of Personality and Social Psychology, 35,* 63-78.

Markus, H. & Cross, S. (1990). The interpersonal self. In L.A. Pervin (Ed.), *Handbook of personality psychology* (pp. 576-608). New York: Guilford.

Markus, H. & Kitayama, S. (1991). Culture and the self: Implications for cognition, emotion, and motivation. *Psychological Review, 98,* 224-253.

Markus, H. & Nurius, P. (1986). Possible selves. *American Psychologist, 41,* 954-969.

Markus, H. & Sentis, K. (1982). The self in social information processing. In J. Suls (Ed.), *Psychological perspectives on the self* (pp. 41-73). Hillsdale, NJ: Erlbaum.

Markus, H. & Wurf, E. (1987). The dynamic self-concept: A social psychological perspective. *Annual Review of Psychology, 38,* 299-337.

Mayring, Ph. (1990). *Einführung in die qualitative Sozialforschung.* München: Psychologie Verlags Union.

Mead, G.H. (1934). *Mind, self, and society.* Chicago: University of Chicago Press.

Mertens, W. (1992). *Einführung in die psychoanalytische Therapie.* Bd. 1 und Bd. 2 (2. überarb. Aufl.). Stuttgart: Kohlhammer.

Mertens, W. (1993). *Einführung in die psychoanalytische Therapie.* Bd. 3 (2. überarb. Aufl). Stuttgart: Kohlhammer.

Metzger, W. (1975). *Psychologie. Die Entwicklung ihrer Grundannahmen seit der Einführung des Experiments* (5. Aufl.). Darmstadt: Steinkopff.

Metzger, W. (1975). *Gesetze des Sehens* (3. Aufl.). Frankfurt/Main: Kramer.

Meyer, W.-U. & Försterling, F. (1993). Die Attributionstheorie. In D. Frey & M. Irle (Hrsg.), *Theorien der Sozialpsychologie* (2. überarb. u. erw. Aufl.), (Bd. 1, S. 175-214). Bern: Huber.

Milgram, S. (1982). *Das Milgram-Experiment. Zur Gehorsamsbereitschaft gegenüber Autorität.* Reinbek bei Hamburg: Rowohlt.

Miller, G.A. (1969). Psychology as a means of promoting human welfare. *American Psychologist, 24,* 1063-1075.

Mischel. W. (1968). *Personality and assessment.* New York: Wiley.

Mischel, W. (1973). Toward a cognitive social learning reconceptualization of personality, *Psychological Review, 80,* 252-283.

Mischel, W. (1977). On the future of personality measurement. *American Psychologist, 32,* 246-254.

Mischel, W. (1990). Personality dispositions revisited and revised: A view after three decades. In L.A. Pervin (Ed.), *Handbook of personality. Theory and research* (pp. 111-134). New York: The Guilford Press.

Mischel, W. (1993). *Introduction to personality.* (5th ed.). Forth Worth: Harcourt Brace College Publishers.

Murray, H. (1938). *Explorations in personality.* Cambridge: Harvard University Press.

Neimeyer, G.J. & Neimeyer, R.A. (Eds.). (1990). *Advances in personal construct psychology.* Vol. 1. Greenwich, Con.: JAI Press.

Neimeyer, G.J. & Neimeyer, R.A. (1993). Defining the boundaries of constructivist assessment. In G.J. Neimeyer (Ed.), *Constructivist assessment: A casebook* (pp. 1-30). Newbury Park, CA: Sage.

Neimeyer, G.J. & Neimeyer, R.A. (Eds.). (1992). *Advances in personal construct psychology.* Vol. 2. Greenwich, Con.: JAI Press.

Neisser, U. (1988). Five kinds of self-knowledge. *Philosophical Psychology, 1,* 35-59.

Norem, J.K. (1989). Cognitive strategies as personality: Effectiveness, specificity, flexibility, and change. In D. Buss & N. Cantor (Eds.), *Personality psychology* (pp. 45-60). New York: Springer.

Palys, T.S. & Little, B.R. (1983). Perceived life satisfaction and the organisation of personal project systems. *Journal of Personality and Social Psychology, 44,* 1221-1230.

Perrez, M. (1979). *Ist die Psychoanalyse eine Wissenschaft?* (2. überarb. u. erw. Aufl.). Bern: Huber.

Pervin, L.A. (1993). *Persönlichkeitstheorien* (3. Aufl.). München/Basel: Reinhard (UTB).

Peterson, C., Seligman, M.E.P. & Vaillant, G.E. (1988). Pessimistic explanatory style is a risk factor for physical illness: A thirty-five-year longitudinal study. *Journal of Personality and Social Psychology, 55,* 23-27.

Raskin, R. & Terry, H. (1988). A principal-components analysis of the Narcissistic Personality Inventory and further evidence of its construct validity. *Journal of Personality and Social Psychology, 54,* 890-902.

Rausch, E. (1949). Variabilität und Konstanz als phänomenologische Kategorien. *Psychologische Forschung, 23,* 69-114.

Rausch, E. (1952). *Struktur und Metrik figural-optischer Wahrnehmung.* Frankfurt a.M.: Kramer.

Reisenzein, R. (1994). Kausalattribution und Emotion. In F. Försterling & J. StiensmeierPelster (Hrsg.), *Attributionstheorie* (S. 123-161). Göttingen: Hogrefe.

Riemann, R. (1987). *Struktur und Organisation persönlicher Konstrukte.* Regensburg: Roderer.

Riemann, R. (1991). *Repertory Grid Technik.* Göttingen: Hogrefe.

Rogers, C.R. (1956). Intellectualized psychotherapy. *Contemporary Psychology, 1,* 357-358.

Rogers, C.R. (1959). A theory of therapy, personality and interpersonal relationships as developed in the client-centered framework. In S. Koch (Ed.), *Psychology: A study of science* (Vol. III, pp. 184-256). New York: McGraw Hill.

Rogers, C.R. (1991). *Entwicklung der Persönlichkeit* (8. Aufl). Stuttgart: Klett-Cotta. (Original erschienen 1961: On becoming a person. A therapist's view of psychotherapy)

Rosenberg, M. (1965). *Society and the adolescent self-image.* Princeton: Princeton University Press.

Rosenberg, M. (1986). Self-concept from middle childhood through adolescence. In J. Suls & A.G. Greenwald (Eds.), *Psychological perspectives on the self* (Vol. III, pp. 107-136). Hillsdale, NJ.: Erlbaum.

Rosenberg, S. (1989). A study of personality in literary autobiography: An analysis of Thomas Wolfe's Look Homeward, Angel. *Journal of Personality and Social Psychology, 56,* 416-430.

Ross, L. (1977). The intuitive psychologist and his shortcomings: Distortions in the attribution process. *Advances in experimental and social psychology, 10,* 174-220.

Rotter, J.B. (1954). *Social learning and clinical psychology.* Englewood Cliffs, NJ: Prentice-Hall.

Rotter, J.B. (1966). Generalized expectancies for internal verus external control of reinforcement. *Psychological Monographs,* 80, (1, Whole No. 609).

Runyan, W.M. (1981). Why did Van Gogh cut off his ear? The problem of alternative explanations in psychobiography. *Journal of Personality and Social Psychology, 40,* 1070-1077.

Runyan, W.M. (1983). Idiographic goals and methods in the study of lives. *Journal of Personality, 51,* 413-437.

Sader, M. (1964). Voraussetzungsloses Experimentieren und die Werturteilsproblematik. *Archiv für die gesamte Psychologie*, 116, 331-321.

Sader, M. (1986). *Rollenspiel als Forschungsmethode*. Opladen: Westdeutscher Verlag.

Sampson, E.E. (1985). The decentralization of identity. *American Psychologist*, 40, 1203-1211.

Schachter, S. & Singer, J.E. (1962). Cognitive, social and psychological determinants of emotional states. *Psychological Review, 69,* 379-399.

Scheele, B. & Groeben, N. (1988). *Dialog-Konsens-Methoden zur Rekonstruktion Subjektiver Theorien.* Tübingen: Francke.

Scheer, J.W. & Catina, A. (Hrsg.). (1993). *Einführung in die Repertory Grid-Technik.* 2 Bde. Bern: Huber.

Scheerer, E. (1985). Persönlichkeitspsychologie im Nationalsozialismus. In Th. Herrmann & E.-D. Lantermann (Hrsg.). *Persönlichkeitspsychologie. Ein Handbuch in Schlüsselbegriffen* (S. 59-69). München: Urban & Schwarzenberg.

Scheier, M.F. & Carver, C.S. (1992). Effects of optimism on psychological and physical well-being: Theoretical overview and empirical update. *Cognitive Therapy and Research, 16,* 201-228.

Schlenker, B.R. & Leary, M.R. (1982). Social anxiety and self-presentation: A conceptualization and model. *Psychological Bulletin, 92,* 641-669.

Schmidt, R. (1989). *Die Individualpsychologie Alfred Adlers.* Frankfurt a.M.: Fischer.

Schneewind, K.A. (1992). *Persönlichkeitstheorien I und II.* (2. unveränd. Aufl). Darmstadt: Wissenschaftliche Buchgemeinschaft.

Schneewind, K.A., Schröder, G. & Cattell, R.B. (1983). *Der 16-Persönlichkeits-FaktorenTest (16 PF).* Bern: Huber.

Schönpflug, W. (1986). Behavior economics as an approach to stress theory. In M.H. Appley & R. Trumbull (Eds.), *Dynamics of stress* (pp. 81-98). New York: Plenum.

Schopenhauer, A. (1923). Parerga und Paralipomena. Zit. n.: Schopenhauer, A. (1947). *Gesammelte Werke.* Stuttgart: Cotta.

Schwarzer, R. (1993). *Streß, Angst und Handlungsregulation* (3. überarb. u. erw. Aufl.). Stuttgart: Kohlhammer.

Schwarzer, R. (1994). Kausalattributionen als gesundheitsbezogene Kognitionen. In F. Försterling & J. Stiensmeier-Pelster (Hrsg.), *Attributionstheorie* (S. 213-234). Göttingen: Hogrefe.

Schwenkmezger, P., Hodapp, V. & Spielberger, C.D. (1992). *Das State-Trait-Ärgerausdrucks-Inventar (STAXI).* Bern: Huber.

Sechrest, L.B. (1963). The psychology of personal constructs: George Kelly. In J.M. Wepman & R.W. Heine (Eds.), *Concepts of Personality.* New York: Aldine.

Seligman, M.E.P. (1992). *Erlernte Hilflosigkeit* (4. Aufl.). Weinheim: Psychologie Verlags Union. (Original erschienen 1975: Helplessness. On depression, development, and death)

Sheldon, W.H. (1940). *The varieties of human physique: An introduction to constitutional psychology.* New York: Harper.

Sherif, M. (1936). *The Psychology of Social Norms.* New York: Littarper.

Shoda, Y., Mischel, W. & Wright, J.C. (1993). The role of situational demands and cognitive competences in behavior organization and personality coherence. *Journal of Personality and Social Psychology, 5,* 1023-1035.

Shrauger, J.S. & Schoeneman, T.J. (1979). Symbolic interactionist view of self-concept: Through the looking glass darkly. *Psychological Bulletin, 86,* 549-573.

Silver, R.C., Wortman, C.B. & Crofton, C. (1990). The role of coping in support provision: The self-presentational dilemma of victims of life crisis. In B.R. Sarason, I.G. Sarason & G.R. Price (Eds.), *Social support: An interactional view* (pp. 397-426). New York: Wiley.

Skelton, J.A. & Croyle, R.T. (Eds.). (1991). *Mental representations in health and illness.* New York: Springer.

Skinner, F.B. (1978). *Was ist Behaviorismus?* Hamburg: Rowohlt. (Original erschienen 1974: About behaviorism)

Sperber, M. (1971). *Alfred Adler oder das Elend der Psychologie.* Frankfurt a.M.: Fischer.

Stahlberg, D., Osnabrügge, G. & Frey, D. (1985). Die Theorie des Selbstwertschutzes und der Selbstwerterhöhung. In D. Frey & M. Irle (Hrsg.), *Theorien der Sozialpsychologie* (Bd. 3, S. 79-124). Bern: Huber.

Stiensmeier-Pelster, J. (1994). Attribution und erlernte Hilflosigkeit. In F. Försterling & J. Stiensmeier-Pelster (Hrsg.), *Attributionstheorie* (S. 185-211). Göttingen: Hogrefe.

Strauss, J. & Goethals, G.R. (Eds.). (1991). *The self: Interdisciplinary approaches.* New York: Springer-Verlag.

Stroeken, H. (1992). *Freud und seine Patienten* (2. Auflage). Frankfurt a.M.: Fischer.

Stryker, S. (1987). Identity theory: Developments and extensions. In K. Yardley & T. Honess (Eds.), *Self and identity: Psychosocial perspectives* (pp. 89-103). New York: Wiley.

Sulloway, F. (1982). *Freud — Biologe der Seele. Jenseits der psychoanalytischen Legende.* Köln: Hohenheim. (Original erschienen 1979: Freud, biologist of the mind. Beyond the psychoanalytic legend)

Suls, J. (Ed.). (1982). *Psychological perspectives on the self* (Vol. I). Hillsdale, NJ.: Erlbaum.

Suls, J. & Greenwald, A.G. (Eds.). (1985 and 1986). *Psychological perspectives on the self* (Vol. II and III). Hillsdale, NJ.: Erlbaum.

Suls, J. & Wills, T.A. (1991). *Social comparison: Contemporary theory and research.* Hillsdale, NJ: Erlbaum.

Swann, W.B. Jr. (1990). To be adored or to be known: the interplay of self-enhancement and self-verification. In E.T. Higgins & R.M. Sorrentino (Eds.), *Handbook of motivation and cognition* (Vol. 2, pp. 408-448). New York: Guilford Press.

Taylor, S.E. & Brown, J.D. (1988). Illusion and well-being: A social psychological perspective on mental health. *Psychological Bulletin, 103,* 193-210.

Thoits, P.A. (1983). Multiple identities and psychological well-being: A reformulation and test of the social isolation hypothesis. *American Sociological Review, 48,* 174-187.

Thoits, P.A. (1986). Multiple identities: Examining gender and marital status differences in distress. *American Sociological Review, 51,* 259-272.

Thomä, H. & Kächele, H. (1985). *Lehrbuch der psychoanalytischen Therapie. Bd. 1. Grundlagen* (1. korr. Nachdruck). Berlin: Springer.

Thomä, H. & Kächele, H. (1992). *Lehrbuch der psychoanalytischen Therapie. Bd. 2. Praxis* (2. korr. Nachdruck). Berlin: Springer.

Thomae, H. (1968). *Das Individuum und seine Welt.* Göttingen: Hogrefe.

Thomae, H. (1988). *Das Individuum und seine Welt* (2., völlig neu bearbeitete Aufl.). Göttingen: Hogrefe.

Thorne, A. (1989). Conditional patterns, transference and the coherence of personality across time. In D. Buss & N. Cantor (Eds.), *Personality psychology. Recent trends and emerging directions* (pp. 149-159). New York: Springer.

Tucholsky, K. (1994). *Ein Pyrenäenbuch.* Reinbek bei Hamburg: Rowohlt Taschenbuch.

Vaillant, G.E. (1977). *Adaptation to life.* Boston: Little, Brown & Company.

Weber, H. (1987). *Das Stresskonzept in Wissenschaft und Laientheorie.* Regensburg: Roderer.

Weber, H. (1992). Belastungsverarbeitung. *Zeitschrift für Klinische Psychologie, 21,* 17-27.

Weber, H. (1993). Dem Phlegma eine Chance! Argumente gegen das Persönlichkeitsideal des problemzentriert Bewältigenden. In L. Montada (Hrsg.), *Bericht über den 38. Kongreß der Deutschen Gesellschaft für Psychologie in Trier 1992* (S. 770-779). Göttingen: Hogrefe.

Weber, H. (1994a). *Ärger. Psychologie einer alltäglichen Emotion.* Weinheim: Juventa.

Weber, H. (1994b). Veränderung gesundheitsbezogener Kognitionen. In P. Schwenkmezger & L.R. Schmidt (Hrsg.), *Lehrbuch der Gesundheitspsychologie* (S. 188-206). Stuttgart: Enke.

Weber, H. (1994c). Effektivität von Bewältigung: Methoden, Kriterien, Urteile. In E. Heim & M. Perrez (Hrsg.). *Krankheitsverarbeitung* (S. 49-62). Göttingen: Hogrefe.

Weber, H. (1995). Persönlichkeit und Gesundheit. In In K. Pawlik (Hrsg.), *Bericht über den 39. Kongreß der Deutschen Gesellschaft für Psychologie in Hamburg* (S. 458-463). Göttingen: Hogrefe.

Weber, H. & Laux, L. (1993). Emotionsbewältigung: Formen und Intentionen. In L. Laux & H. Weber. *Emotionsbewältigung und Selbstdarstellung* (S. 11-36). Stuttgart: Kohlhammer.

Weber, H. & Piontek, R. (1995). Geschlechtsunterschiede in der Bewältigung von Ärger — ein Mythos? *Zeitschrift für Gesundheitspsychologie, 3,* 59-83.

Weiner, B. (1986). *An attributional theory of motivation and emotion.* New York: Springer.

Weiner, B. (1990). Attribution in personality psychology. In L.A. Pervin (Ed.), *Handbook of personality: Theory and research* (pp. 465-485). New York: Guilford Press.

Weiner, B. (1992). *Human motivation: Metaphors, theories, and research.* Newbury Park, CA: Sage.

Wellek, A. (1950). *Die Polarität im Aufbau des Charakters.* Bern: Francke.

Wertheimer, M. (1911). Experimentelle Studien über das Sehen von Bewegung. *Zeitschrift für Psychologie, 61,* 161-265.

Westmeyer, H. (1977). Psychologie und Wissenschaftstheorie. Einige Überlegungen aus analytischer Sicht. In K. A. Schneewind (Hrsg.), *Wissenschaftstheoretische Grundlagen der Psychologie* (S. 71-92). München: Reinhardt.

Westmeyer, H. (1995). Persönlichkeitspsychologie zwischen Realismus und Konstruktivismus. In K. Pawlik (Hrsg.), *Bericht über den 39. Kongreß der Deutschen Gesellschaft für Psychologie in Hamburg* (S. 748-753). Göttingen: Hogrefe.

Wewetzer, K.H. (1973). Konstruktive Alternativen. Die Psychologie der ‚personellen Konstrukte' von George Kelly. In E. Förster & K.-H. Wewetzer (Hrsg.), *Selbststeuerung.* Bern: Huber.

Windelband, W. (1894). *Geschichte und Naturwissenschaft* (hier zitiert in der 3. Aufl. 1904). Straßburg: Heitz.

Wittchen, H.-U., Saß, H., Zaudig, M. & Koehler, K. (1989). *Diagnostisches und Statistisches Manual Psychischer Störungen. DSM-III-R.* Weinheim/Basel: Beltz.

Wottawa, H. (1988). *Psychologische Methodenlehre.* Weinheim: Juventa.

Wright, J. C. & Mischel, W. (1987). A conditional approach to dispositional constructs: The local predictability of social behavior. *Journal of Personality and Social Psychology, 53,* 1159-1177.

Yardley, K.M. (1982). On engaging actors in as-if experiments. *Journal for the Theory of Social Behavior, 12,* 291-304.

Yardley, K.M. & Honess, T. (Eds.). (1987). *Self and identity: Psychosocial perspectives.* New York: Wiley.

Zimmer, D. (1989). *Tiefenschwindel.* Hamburg: Rowohlt.

Sachregister